皮书系列为
"十二五""十三五"国家重点图书出版规划项目

土地市场蓝皮书

BLUE BOOK OF
LAND MARKET

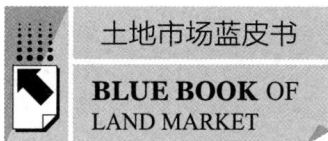

中国农村土地市场发展报告
（2018~2019）

ANNUAL REPORT ON DEVELOPMENT OF CHINA'S RURAL
LAND MARKET (2018-2019)

中国社会科学院金融研究所
中国博士后特华科研工作站
主　编／李光荣　王　力
副主编／胡春梅　贾英姿

社会科学文献出版社
SOCIAL SCIENCES ACADEMIC PRESS（CHINA）

图书在版编目（CIP）数据

中国农村土地市场发展报告. 2018~2019 / 李光荣，
王力主编. -- 北京：社会科学文献出版社，2019.4
（土地市场蓝皮书）
ISBN 978 - 7 - 5201 - 4284 - 7

Ⅰ.①中… Ⅱ.①李… ②王… Ⅲ.①农村 - 土地市
场 - 研究报告 - 中国 - 2018 - 2019 Ⅳ.①F321.1

中国版本图书馆 CIP 数据核字（2019）第 028296 号

土地市场蓝皮书
中国农村土地市场发展报告（2018~2019）

主　　编 / 李光荣　王　力
副 主 编 / 胡春梅　贾英姿

出 版 人 / 谢寿光
责任编辑 / 陈　欣
文稿编辑 / 韩欣楠

出　　版 / 社会科学文献出版社·经济与管理分社（010）59367226
　　　　　地址：北京市北三环中路甲 29 号院华龙大厦　邮编：100029
　　　　　网址：www.ssap.com.cn
发　　行 / 市场营销中心（010）59367081　59367083
印　　装 / 三河市东方印刷有限公司

规　　格 / 开　本：787mm × 1092mm　1/16
　　　　　印　张：21　字　数：315 千字
版　　次 / 2019 年 4 月第 1 版　2019 年 4 月第 1 次印刷
书　　号 / ISBN 978 - 7 - 5201 - 4284 - 7
定　　价 / 148.00 元

本书如有印装质量问题，请与读者服务中心（010 - 59367028）联系

土地市场蓝皮书编委会

主要编撰者简介

李光荣　研究员，经济学博士，世界生产力科学院院士，现任华安财产保险股份有限公司董事长、亚洲金融合作联盟常务副主席、中国民生投资（集团）股份有限公司咨询委员会主席和特华博士后科研工作站站长。担任中国生产力学会副会长、中国保险学会副会长等职务，还受聘担任多家地方政府经济顾问和上市公司独立董事。主要学术著作：《公司并购理论与实践》、《金融工程案例》、《中国保险前沿问题研究》、《民族保险业的生存与发展之道（1~2卷）》、《中国保险业发展报告》、《中国金融风险与经济安全论纲》和《中国农村土地市场发展报告（2015~2016）》等，在中央党校《学习时报》、《中国经济时报》和《财政研究》等报刊发表论文50多篇，主持了"中国金融风险与经济安全研究"、"中国'三农'保险发展战略研究"、"后金融危机时期我国金融安全若干问题研究"和"中国利率市场化改革路径与步骤研究"等多项国家级和省部级重点课题。

王　力　研究员，经济学博士，中国社会科学院金融研究所博士生导师，北京大学经济学院校外导师，特华博士后科研工作站执行站长，主要研究领域为产业经济、区域金融和资本市场等。担任中国生产力学会常务理事和副秘书长、中国保险学会常务理事和副秘书长、中国城市经济学会理事等。主要学术著作：《兼并与收购》、《国有商业银行股份制改革》、《香港创业板市场研究》、《中国创业板市场运行制度》、《中国新三板市场运行制度研究》、《中国上市公司质量评价报告（2017~2018）》、《中国新三板市场发展报告（2017）》、《中国保险业竞争力报告》、《中国融资租赁业发展报告（2014~2015）》、《中国自贸区发展报告（2016）》和《中国农村土地市场发展报告（2015~2016）》等100余部，在国家核心期刊发表《农村土地收益保证贷款市场化思考》、《我国"土地红利"的生成与分配机制探析》、《对我国农村土地确权的调研与建议》和《农村土地制度改革背景下的宅基地确权之策》等学术论文200余篇。

胡春梅 法学博士，特华博士后科研工作站博士后，现从事私募股权投资工作。主要研究领域为金融法、土地金融、股权投资和并购等。参与课题及研究报告十余项，编写《中国农村土地市场发展报告（2015~2016）》。

贾英姿 经济学博士，中国财政科学研究院博士后，财政部国际财经中心研究人员。主要研究领域：政府与私人资本合作（PPP）、地方政府债务融资与风险治理、农村土地市场、金融基础设施服务等。作为主要执笔人参与省部级课题和研究报告十余项，在核心期刊与财经媒体发表论文20余篇，专著2部。

摘　要

　　《中国农村土地市场发展报告（2018～2019）》是国内最早出现的专注于农村土地市场发展的蓝皮书，旨在研究中国农村土地市场制度改革的理论和实践，剖析农村土地市场和农地金融发展现状和存在的问题，并提出若干具有针对性的农村土地市场发展政策建议。全书分为总报告、制度篇、市场篇和金融篇四个部分。

　　总报告分析了2016～2018年农村土地市场发展状况，回顾了农村土地市场发展的热点问题，展望了未来农村土地市场发展趋势。2016～2018年，我国农村土地市场在法制基础、政策支持、基础设施建设、市场参与者引入、服务体系深化等诸多方面有重大发展，特别是政府和市场形成了有机结合、优势互补的关系，有效促进了农业供给侧改革。随着我国农村土地确权工作逐步完成，农村土地市场将迎来前所未有的发展机遇，而金融业将在提高农村土地市场活力和提供流动性方面发挥关键作用。

　　制度篇从历史和现实两个维度梳理了中国农村土地制度发展脉络，重点研究了中国传统社会土地思想的变迁、农村土地财政政策和农业保险制度。我国历代都在总结和思考如何调整农业生产关系与生产结构，以提高土地利用效率，增加社会产出。近年来，我国农业财政政策支持体系基本建立，与此同时，也面临一些亟待解决的问题。我国农业保险制度对推动农业保险发展起到了重要作用，但还缺乏国家层面的顶层设计。

　　市场篇从农地确权与纠纷化解、政府行为及其演进方向、农村土地金融、农地流转交易机构、农村集体建设用地制度等五个方面分析了"三权"分置背景下中国农村土地市场发展的现状和特征，并基于土流网案例，对中国农村产权交易市场社会化服务的现状和问题展开对策研究。报告综合利用实地调研、国际比较、统计研究和案例分析等手段对农村土地市场若干重要问题进行了详细论证。

金融篇重点研究了农村土地金融服务的创新与实践，分别从农村土地经营权抵押贷款业务、农业保险发展、农村土地经营权资本化、农村土地市场交易平台、农村土地市场开发 PPP 模式等方面展开分析，还特别分析了农垦企业国有农地资产化和资本化问题。报告结合我国农村土地金融服务实践提出了若干具有创新性和操作价值的建议。

本报告聚焦于我国农村土地市场的创新发展，着重对农村产权交易市场社会化服务、农村土地金融服务创新与实践以及农村土地市场建设中的政府行为等问题展开深度研究，致力于推动中国农村土地市场的健康发展。

关键词： 农村土地制度　农村土地确权　农村土地市场

序　言

党的十九大提出实施乡村振兴战略，"巩固和完善农村基本经营制度，深化农村土地制度改革，完善承包地'三权'分置制度"。2017 年以来，我国农村承包地确权试点工作的制度框架基本形成，相关市场服务不断深化。围绕农村土地流转和交易，形成了政府支持与市场服务有效结合的新局面，服务内容不断丰富，服务机构不断涌现，以"互联网＋"为代表的服务信息化水平不断提升，农村土地金融服务创新也得到进一步推广。

在此新形势下，《中国农村土地市场发展报告（2018～2019）》付梓出版。本报告采用田野调查的方法，利用最新的调研数据对近两年来农村土地确权、农地纠纷及确权过程中出现的新情况进行客观分析，为我国农村土地政策的有效实施提供了参考。此外，本报告还对农村产权交易市场社会化服务、农村土地金融服务创新以及农村土地市场建设中的政府作为等问题进行了研究，并结合我国农村土地市场发展实践提出了具有操作性的政策建议。

实践证明，只有充分发挥农村土地市场在农业资源配置中的基础性作用，将现代金融和投融资理念引入农村土地经营权交易市场，并注重发挥政府的引导作用，才能有效保障农民的财产权益，壮大集体经济，加快推进我国农业农村现代化进程。《中国农村土地市场发展报告（2018～2019）》研判了中国农村土地市场的发展态势，针对近年来出现的相关热点问题进行了深入分析，提出了若干有针对性的创新对策和创新思路，具有决策参考价值和实践指导意义。

编　者

2019 年 1 月

目 录

Ⅰ 总报告

Ⅱ 制度篇

Ⅲ 市场篇

Ⅳ 金融篇

皮书数据库阅读**使用指南**

总 报 告

General Report

B.1

中国农村土地市场：建设、服务、创新

王 力 胡春梅 贾英姿 周晓亚 张红亮*

摘 要： 近年来，我国农村承包地确权登记颁证试点工作进展顺利，显著推动了农地流转交易市场的发展。政府在推进农村土地市场建设过程中发挥着关键作用，农村土地市场发展迎来了一大批政府与社会资本合作（PPP）模式的项目，农村土地市场中介机构发展迅速，参与农村土地市场的各项投融资服务蓬勃发展。本报告系统总结了2018年农村土地市场发展状

---

* 王力，研究员，经济学博士，中国社会科学院金融研究所博士生导师，北京大学经济学院校外导师，特华博士后科研工作站执行站长，主要研究领域为产业经济、区域金融和资本市场等。胡春梅，法学博士，特华博士后科研工作站博士后，现从事私募股权投资工作，主要研究领域为金融法、土地金融、股权投资和并购等。贾英姿，经济学博士，中国财政科学研究院博士后，财政部国际财经中心研究人员，主要研究领域为政府与私人资本合作（PPP）、地方政府债务融资与风险治理、农村土地市场、金融基础设施服务等。周晓亚，理学博士，现为中国财政科学研究院博士后，主要研究领域为财政金融。张红亮，对外经济贸易大学金融学硕士，北京特华财经研究所研究员，主要研究领域为区域金融、国际贸易、产业经济。

况，分析了我国农村土地市场发展涉及的重点问题，并对农村土地市场发展趋势和重点进行了展望。

关键词： 农村土地市场　农村土地金融　农村土地交易平台　社会化服务

2018 年，我国农村承包地确权试点工作的制度框架基本形成，相关市场服务不断深化。围绕农村土地流转和交易，形成了政府支持与市场服务有效结合和服务创新的新局面，服务种类更加丰富，服务机构不断涌现，"互联网＋"服务的信息化水平不断提升，农村土地金融服务创新得到进一步推广。

一　农村土地市场建设

（一）农村承包地确权现状和问题

农村承包地确权登记颁证工作，事关农村长远发展和亿万农民的切身利益，是我国深化农村土地制度改革的重要任务，是完善农村基本经营制度、保护农民土地权益、促进现代农业发展以及健全农村治理体系的重要基础性工作。2018 年，我国农村承包地确权登记颁证试点工作基本完成，截至2018 年底，全国承包地确权登记完成面积 14.8 亿亩，占实测面积 16.6 亿亩的 89.2%，30 个省份已向党中央、国务院报告了此项工作基本完成，我国农村土地制度改革稳妥推进。[①]

确权显著推动了农地流转交易市场的发展，同时也凸显出一些问题。通过实地调研发现，当前我国农村土地确权存在两类问题：第一类是认知和理

---

① 《2018 年完成承包地确权登记面积 14.8 亿亩》，中国农业网，http://www.agronet.com.cn/news//271062.html。

解问题，如农民地权认知薄弱、平均受教育水平较低及地方政策实施形式化、宣传讲解不到位等，仍然有大部分受访农民不理解农村土地确权的含义和真正意图；第二类是土地纠纷问题，主要涉及征地拆迁纠纷、财产瓜葛纠纷和租赁纠纷，这些纠纷对确权工作效果产生了负面作用，但多数受访农民对纠纷处理的预期结果持乐观态度。

对于确权后的农地投资趋势，我们得出两个基本判断：一是由于存在上述问题，短时期内依赖农村土地确权政策难以迅速拉动个体土地投资；二是少数民族地区受访农民比非少数民族地区农民有更强的农地流转意愿，这些地区有较大概率早于汉族地区出现个体农地投资的增长。

总之，"确实权、颁铁证"是正确处理农民和土地关系的重大政策。我们建议：（1）继续增强农民特别是少数民族地区农民对农村土地确权政策的理解，使农民充分认识农地确权的内涵、目的和意义；（2）积极引导农民增加土地投资并加速农地流转，加快发展非农经营，进一步增加农地投资，盘活整体农村土地资产；（3）建立长期有效的农地纠纷调节机制，让各地村委会起到地方政府和农民之间的桥梁作用，推动农民学习相关法律并加强实践，逐步自发形成"政府—村委会—农民"三位一体的农地纠纷调解机构。

（二）政府在农村土地市场建设中的角色和行为

政府在推进农村土地市场建设过程中发挥着关键作用，改革调整农村土地制度是解决"三农"问题的首要任务、基本路径和重点难点。新时代农村土地市场建设过程中，政府的角色也在发生变化。当前，市场还处于初期发展阶段，市场效益尚未明显显现，市场流动性较差，投融资总量不大，市场参与者积极性还有待提高。政府肩负建设和监管的双重任务，既要培育市场和市场主体，又要夯实市场基础和监管架构。今后，随着市场规模不断扩大，市场参与者增多，政府的角色也会发生变化，逐渐从市场的建设者角色退出，专注于监管者的角色，从制定市场规则转变为适应市场规则、遵守市场规律，从直接推动市场交易行为转变为间接引导、监测矫正市场行为。

邓小平关于中国社会主义农业改革和发展"两个飞跃"的论断，对各级政府推进农村土地资源有效配置产生了重要影响。20 余年来，农村劳动力转移、引导土地流转、发展适度规模经营等政策，成为各地政府促进农业农村发展的主要抓手，以主导并推动制度变迁，引导并规范市场行为，搭建并运营农地市场，自然而然地推动农村土地市场的发育、建设和发展。

新时代农村土地市场建设发展中的政府行为，也随着市场发展而不断变化发展。以天津市为例，天津是京津冀协同发展国家战略的重要支撑节点，农业农村资源要素丰富，农业产业发展兴旺，具有典型的大城市郊区现代都市型农业特点。天津全市现有耕地面积 664.55 万亩，其中基本农田面积 548.83 万亩，一般耕地 115.72 万亩，由农户承包的土地 392 万亩。近年来，在推进农村土地市场建设发展方面，天津市已建成了覆盖全市的农村产权流转交易市场体系和制度基础。从 2013 年开始，天津市农委会同市财政局等有关部门出台了"农村承包土地规范化规模化流转试点"支持政策，有效促进了农村土地资源的有效配置。其主要举措包括以下三方面。

一是推动农村产权制度基础性改革。天津市着眼于构建"产权清晰、权能完整、流转顺畅、保护严格"的现代农村集体产权制度，从加强农村承包土地管理、农村集体资金资产资源监督管理和构建新型农业经营体系入手，加快推进农村产权制度领域的基础性改革。

二是政府专项资金扶持为市场"输血"。市政府安排专门的扶持资金，稳妥有序地鼓励、支持、引导农村土地市场交易行为，对规范化规模化流转农村承包土地的家庭农场、土地股份合作社等农业经营主体进行补贴。2013～2017 年，天津市累计投入 7820.5 万元，扶持家庭农场 69 个、土地股份合作社 83 个，累计投入财政资金 2187.2 万元，建成市级平台（天津农交所）1 个，区级平台 10 个，乡镇平台 151 个。

三是组织保障有力推动了市场建设。天津市从市场平台的建设出发，采取"小步慢走"的方式稳步开展农村土地市场的建设工作，陆续推进了建设平台、规范合同、健全网络、加强监管等关键工作。2011 年以来，天津市农委牵头，与宝坻区人民政府、市产权交易中心共同出资 2000 万元组建了天津农村产权交易所有限公司（以下简称"天津农交所"），印发了全市统一规范的《天津市农村土地承包经营权流转合同示范文本》，天津市农委在农村土地承包经营权登记工作中建立了全市统一的农村土地承包经营权管理信息系统和土地经营权流转信息网，建立了由市农委牵头、12个市级部门参加的市农村产权流转交易市场建设发展联席会议制度以更好地进行市场监管。

（三）农村土地市场中的PPP

2015～2017年，农村土地市场发展迎来了一大批采用政府与社会资本合作（PPP）模式的项目，将政府引导与市场化资源有机结合，通过政府投入小部分财政性引导资金，并配套提供制度、法律、政策等保障措施，引导社会资本参与农村土地市场开发或农村公共服务项目投资、建设、运营，实现了"引资"和"引智"相结合的政策目标。

2015～2017年，我国出台了一系列支持农村土地市场开发PPP模式的政策。这些政策，配合我国已有的相关法律和政策，从五个方面支持了农村土地相关PPP模式的开发，包括农村土地分类方式、农村土地所有权、农村土地供应方式、农村土地使用权出让方式、农村土地市场开发规范性政策等。现行PPP模式所涉及土地大部分为建设用地，也有一小部分为农用地，项目实施过程中可能出现农用地转化为建设用地等情况。根据《中华人民共和国土地管理法（修正案）》有关要求，我国农村和城市郊区的土地（除法律规定属于国家所有的以外），宅基地和自留地、自留山均属于农民集体所有，在土地使用上实行用途管制、有偿使用、耕地保护、建设用地审批等制度，采用PPP模式的项目用地符合划拨用地条件的，可以通过划拨方式取得土地使用权。根据财政部、发改委、人民银行有关政策精神，对PPP模式实行多样化土地供应，采取多种方式保障项目建设用地。农村土地使用权出让包括协议、招标、拍卖和挂牌等多种方式，同时允许租赁作为出让方式的补充。

我们将PPP模式在农村土地市场开发中的应用总结为以下七大模式。

（1）土地一、二级开发＋PPP模式。PPP模式兼具公共性和运营性，而单纯的土地一级开发项目不具有运营性、单纯的二级开发项目大多也不具有公共性。从政策上看，单纯的一、二级开发也不具备 PPP 模式运作条件。因此，在项目实施中，在一级开发中引入运营性元素、在二级开发中引入公共性元素，或者一、二级联动开发。

（2）片区综合开发 + PPP 模式。鉴于片区开发的复杂性，需要根据各子项目的特点来选择具体的实施模式，或同时选择多种实施模式，比如 BOT、TOT、BOO 和 O&M 等。其中，各项目的用地性质往往决定了社会资本能否顺利获得国有土地使用权及其所附项目的所有权，并对具体 PPP 实施模式造成影响。

（3）特色小镇 + PPP 模式。该模式的土地利用包括住宅用地、产业用地、商业用地和公共服务用地、农村集体土地等，用地保障是亟待解决的问题，要在新增城镇建设用地困难和耕地保有量严格要求下保证项目的土地利用开发。

（4）全域旅游 + PPP 模式。全域旅游 + PPP 项目分为三种：一是完全无收益的旅游公共产品，由政府全额承担所需费用，是纯政府付费类项目；二是有一定收益，但存在巨大资金缺口的特许经营类公共产品，是政府可行性缺口补助类项目；三是完全能够自主经营并实现回报的公共产品，衍生出旅游产业链，是使用者付费类项目。

（5）休闲农业 + PPP 模式。在休闲农业的土地开发方面，一是支持农民发展农家乐，闲置宅基地整理结余的建设用地可用于休闲农业；二是鼓励利用村内的集体建设用地发展休闲农业，支持有条件的农村开展城乡建设用地增减挂钩试点，发展休闲农业；三是鼓励利用"四荒地"（荒山、荒沟、荒丘、荒滩）发展休闲农业，中西部少数民族地区和集中连片特困地区利用"四荒地"发展休闲农业，对其建设用地指标给予倾斜；四是加快制定乡村居民利用自有住宅或者其他条件依法从事旅游经营的管理办法等。

（6）农业产业园 + PPP 模式。现代化农业产业园主要趋向于特色园区建设和运营，包括农旅结合体、田园综合体、农业科技园、农业休闲园、农业博览园以及家庭农场等。该模式发挥财政资金的引领作用，通过 PPP、政府购买服务、贷款贴息等方式，撬动更多金融和社会资本投入园区建设，鼓励地方创新产业园管理体制和产业园投资、建设、运营方式。

（7）保障性住房 + PPP 模式。保障性住房主要包括廉租房、公租房、经济适用房、政策性租赁住房、定向安置房等。这类住房有别于完全由市场定价的利益化商品房，采取 PPP 模式有助于解决资金方面问题，并由中标社会资本方牵头组建的项目公司承担融资、建设和运修任务。

基于上述模式总结，本报告对农村土地市场开发 PPP 模式的典型案例进行了分析，如某片区城中村改造 PPP 项目、某特色小镇 PPP 项目、某现代农业产业园 PPP 项目等，重点研究了项目的投资方案和交易结构。报告中的案例对于市场实践机构有较强的参考意义和价值。

我们得出两点结论：一是当前农村土地开发存在融资难、融资不足问题，市场仍有大量资金需求，采用 PPP 模式优势明显，既能够借助多元化投资来减轻政府支出压力，又能通过对社会资本方的激励来提质增效；二是 PPP 模式在农村土地市场开发中的应用还处于初步阶段，存在诸多问题和不确定性。

二 农村土地市场中介机构发展

农村土地流转交易服务市场，主要由农村产权交易机构、社会化服务机构和流转交易服务平台等机构构成。农村产权流转交易市场是为各类农村产权依法流转交易提供服务的平台，包括现有的农村土地承包经营权流转服务中心、农村集体资产管理交易中心、林权管理服务中心和林业产权交易所，以及各地探索建立的其他形式的农村产权流转交易市场。

（一）农村产权交易机构

各类农村产权交易机构是农村产权流转交易有形市场的载体，其法人性质分为企业法人（分为营利性、非营利性）和公益性事业单位，其中营利性企业法人占据大多数。全国各地的农村产权交易所中，成都、重庆两地在2008 年率先成立，其余均是在 2009 年及以后成立。截止到 2016 年底，省级或省会级的综合性农村产权交易所共有 17 家，覆盖四川、重庆、湖北、广东、上海、北京、安徽、浙江、天津、云南、山东、江苏、河北、辽宁、广西 15 个省份。其中上海有两家，分别是上海农村产权交易所和上海农业要素交易所；河北省有两家，分别是河北省农村产权交易中心和河北省农村产权交易平台/河北省农村产权交易网，后者由神州数码河北信息服务有限公司来运营；广西壮族自治区是北部湾产权交易所下设农村产权交易中心。

农村产权交易机构运营模式较为多样化，既有信息传递、价格发现、交易中介的基本功能，又有贴近"三农"，为农户、农民合作社、农村集体经济组织等主体流转交易产权提供便利和制度保障的特殊功能，适应交易主体、目的和方式多样化的需求，不断拓展服务功能，逐步发展成集信息发布、产权交易、法律咨询、资产评估、抵押融资等为一体的为农服务综合平台。

经过多年的发展，构建省级的统一农村产权交易市场已成为业界的共识。作为农村产权交易先行者的四川省最具代表性。在建构省级统一农村产权交易市场的过程中，成都农村产权交易所发挥着核心作用。先自上而下，在本市辖区内成立了区县级分（子）公司以及镇村两级服务站，服务网点按照"六统一模式"进行管理，初步形成了一个交易平台、四级服务体系的市级完整市场。在此基础之上，又通过多种方式来与省域内的其他市州进行合作，构建省级统一农村产权交易市场，如设立了德阳分所，通过共建方式延伸到省内的其他 6 个地市，覆盖 39 个区县，与其他 10 个市州、83 个区县实现了联网运行。

农村产权交易市场尚处于建设期和培育期，交易活跃度与土地确权进度以及当地政府关注程度和政策支持力度关系密切。大多数农村产权交易机构的数据披露不是很充分。据公开资料，西部的成都、中部的武汉以及东部的江苏交易市场最为活跃，累计交易额都超过了百亿元，成都农交所更是超过了 500 亿元。

围绕农村产权交易，市场衍生出多种服务，各类服务机构发展迅速。从其提供的服务内容来看，大致上可以分为六大类：运营服务、金融服务、技术服务、经纪服务、收储服务和培训咨询服务。这些企业和机构根据自身具有优势的能力和资源，通常定位于服务职能，配合农村产权交易机构的工作。其经营服务活动有利于市场边界的扩展，减少信息不对称，增强流动性，是完整市场拼图不可或缺的一部分。

近10年的快速发展过程中也暴露了诸多问题，制约了农村产权交易机构更好更快地发展，以下几个问题较为突出：农村产权改革的落实困难、农村产权进场交易比例低、农村产权交易机构的宣传工作滞后、农村产权交易机构的主管部门多元和农村产权交易机构重建设、轻运营等。

本报告建议：一是应针对发展中的突出问题，及时总结经验和教训，汇聚行业的广泛共识；二是加强农村产权改革的落实工作，做好"还权赋能"工作；三是加快建立统一的市场标准，突破多元管理的藩篱；四是提升农村产权交易机构市场化运营水平。在不断解决问题的过程中，推动中国农村土地流转交易市场的进步。

（二）农村土地市场社会化服务

2015年以来，我国大量农村产权交易中心的成立催生服务农村产权交易市场的社会化服务。2016~2018年，农村土地流转服务行业快速崛起，相关服务平台在团队、资源、资金、运营模式、信息规模及服务领域等方面展开了激烈竞争。与此同时，这类平台也面临着服务缺乏统一标准、企业缺乏长效造血机制及行业缺乏官方认证和管理等多重问题。针对这些问题，本报告从向政府提供社会化服务模式切入，结合面向农户与农业新型经营主体的社会化服务实践，提出逐步解决行业存在问题的思路，实现通过社会化服务平台的参与有效促进农村产权交易市场活跃、规范、高效发展的目标。

为农村产权交易市场提供社会化服务的平台主要分为两类：一是基于互联网的农地流转交易平台，如土流网、搜土地、土地资源网、聚土网和神州土地网等。平台数量从2015年的不足10家增至2016年的20家，其中实现全国性运营的不超过10家，且经营年限、市场份额、服务能力差异较大。二是非专业但具有农地交易信息的综合网站，如58同城、房天下、赶集网等，以交易工业用地及其建筑为主、提供农地流转信息为辅。

作为实施农村土地交易流转的主要角色，"土地经纪人"尚缺乏行业标准和职业规范，实际经纪服务中收费标准不一，受到客户资金实力、付款意愿、交易季节等因素影响。经纪服务企业也一直在低调试水，不敢大规模推进，社会资本在此大环境下同样不敢大规模投入此类平台。截至2017年12月，对外公布获得投资的平台仅6家，总投资规模未超过人民币5亿元。

存在多个监管部门。大部分省市的农村产权交易市场服务机构由农业部门（含供销系统）负责监管，一些机构由国土资源（含不动产登记部门、国土开发投资类公司）或财政部门兼管。

社会化服务平台服务内容、标准差异较大。最早由流转服务转向农村产权服务的社会化服务平台成立于2009年，同期仅有少量农村产权交易市场建成。以服务范围已覆盖全国的5家平台为例，共21大项服务内容，服务项目横跨了农业和国土两大领域以及农户、农村新型经营主体、农交中心三大主体。各家社会化服务平台的服务系统发展有待进一步完善。

现阶段重要的问题是要找出优化服务模式最可行的着力点，有效改善社会化服务平台的发展环境。目前，我国农村产权交易市场社会化服务行业仍处于发展初期、自主快速发展壮大的实力仍然较弱，加强政府政策引导，实现政府公益性平台和社会资本的经营性平台相结合、审批服务和运营服务相协调显得尤为重要。

三 农村土地市场金融服务发展

2016～2018年，随着农村土地市场快速发展，农村社会金融生态环境正在发生较大变化，日趋成熟。我们发现，"三农"客户群体结构、农民收入总量与结构、涉农金融需求等一系列变化正在发生，而金融机构对这些变化进行了积极回应和反馈，参与农村土地市场的各项投融资服务蓬勃发展，一个专注服务于农村土地市场的"农地金融"服务体系正在形成。

农地金融，即农村土地金融，指农业土地经营者以其拥有的土地产权等向金融机构或社会公众融资行为关系的总和。农地金融的产品不再局限于传统的银行土地抵押贷款，而是产品创新和渠道创新并举。按照演变顺序和层次，农地金融实现形式可分为农地货币化、农地资本化及农地证券化，三种形式逐级高级化。近两年，各类专注于服务农村土地市场的金融产品如雨后春笋般层出不穷，银行、保险机构、证券公司积极参与农地金融市场发展，相关互联网农地交易平台的农地金融对接服务需求也日益增多。从产品类型看，农地金融可分为农地信用合作社金融服务、农地抵押贷款、农地债券、农地信托、农地保险、农地证券化等。从抵押形式看，农地金融分为基于农地产权抵押的金融服务模式、"农地 + 地上设施等"组合担保模式、"金融机构 + 第三方"担保模式等。

农地金融发展面临的主要问题有四个：一是农村土地流转市场不完善。农村土地作为抵押物的安全性不高、变现难度大，不利于形成农村土地公允价值。土地经营权流转缺少规范的合同方案和完善的市场制度等基础设施，经常造成土地流转纠纷。土地流转平台、供需对接与交易支持系统的不完善，使得各试点地区由不同性质的机构来完成此项工作，缺乏权威性。二是农村土地产权关系不清。如部分地区还存在土地承包经营权颁证不完全、土地用益物权不确定以及抵押权缺失等一系列问题。三是缺乏农村土地价值评估制度，不利于发现农村土地的内在价值。各地区开展的农地价值评估缺乏权威性，阻碍了全国性农地金融制度的推广。四是农地金融风险分担和补偿机制不健全。保险公司和担保公司分担金融机构贷款风险的作用有限，且缺乏政府部门建立的风险补偿基金。

（一）银行业农地金融

农地金融与地方政府的合作更加紧密，银政合作更加成熟。以农业银行为例，一是积极向地方党政汇报并获取农行开展业务试点的支持，规范完善抵押登记手续，推动土地流转平台建设，逐步解决业务推进的制度性障碍问题。二是积极争取政府农业主管部门的支持和配合，在土地承包经营权抵押登记及处置上，提高业务受理效率，落实好抵押经营权的他项权利，保障其合法权益。三是借鉴甘肃"双联贷"、内蒙古"富农贷"，主动营销政府扶贫项目和配套政策支持，探索在地方政府设立或注资政策性担保公司、建立风险保障基金、提供贷款财政贴息等机制下，开展"农行＋政府＋农村土地经营权＋农户"的银政合作模式贷款业务。从2010年开始，农业银行先后在福建、山东、重庆、湖北、吉林等地试点开办农村土地承包经营权抵押贷款业务，在坚持农村土地所有权不变的前提下，将其中的经营权用于抵押发放贷款。

（二）保险业农地金融

农业保险分为政策性农业保险和商业性农业保险，二者在经营目标和操作过程上有较大区别。我国政策性农业保险是由政府主导、组织和推动，由财政给予保费补贴，按商业保险规则运作，以支农、惠农和保障"三农"为目的。而商业性农业保险以营利为目的，经营范围更广泛。

我国农业保险经历了不同的发展时期，包括试点、停办、政策性导向、商业性导向、政策性与商业性相结合的阶段。自2004年中国保监会试点至今已15个年头。农业保险经营机构不断壮大，农业保险市场集中度更高，制度不断完善，农业保险补贴范围不断扩大且比例不断提高，农业保险的保费规模和覆盖面逐渐扩大。截至2016年底，已有31家财产保险公司参与农业保险，农业保险市场垄断的格局基本被打破。从保费收入集中度看，2016年中国人民财产保险公司和中华联合财产保险公司两家市场份额占据全部份额的一半以上，达63.05%，前十家经营农业保险的保险公司市场份额占比为94.61%。

（三）信托业农地金融

农地信托是农村集体经济组织或者农户个人作为委托人将农地经营权信托给土地信托机构，土地信托机构作为受托人可将土地经营权以出租、转让、转包、入股等方式给土地开发经营者并收取租金、转让金或股利，也可与专业土地开发公司签订土地开发合同，收取开发收益。从业务特征看，土地流转信托的整体方案为"事务管理＋资金信托"，经营主体为专业农业经营机构，信托收益为"固定＋浮动"。

2013~2015年，中信信托等机构在农地信托方面进行了深入研究和实践创新，成功探索了一条农地信托的可行路径。然而，2015年之后，鲜有新的土地流转信托计划设立。有学者认为，目前土地流转信托发展较为缓慢的原因主要有两个：一是资源整合难度大、项目营利性弱；二是农村土地分属数量繁多，农业受天气和自然灾害影响的不确定性较高，且土地流转信托期限很多在十年以上，总体风控难度较高。[①] 2016年12月，中国信托登记有限责任公司的成立，标志着可以实现信托产品的集中登记、发行和交易，有利于探索农村土地经营权流转的有效的具体方式。2017年以来，我国各地政府积极推进农村土地确权工作，结合信托登记，为农地信托的进一步发展夯实了法制基础。有的省份已发布相关政策鼓励应用农地信托推动农村土地经营权放活，如海南省政府出台《关于完善农村土地所有权承包权经营权分置办法发展农业适度规模经营的实施意见》（以下简称《意见》），在解读中专门提到"我省流转面积占国土'二调'耕地总面积的33%，《意见》鼓励采用土地股份合作、土地托管、土地信托、联耕联种、代耕代种等多种方式放活土地经营权"。

（四）证券业农地金融

长期以来，土地的金融属性主要体现在城镇的国有土地上，由此而来的土地财政、地方债问题至今未有彻底解决的途径。自上一次土地制度调整为"所有权与承包经营权相分离"的二元权利体系后，在规模经营农业不断发展的推动下，"弱化所有权，稳定承包权，放活经营权"一直是农村土地制度改革的方向，农户土地承包经营权期限一再延长，实质上已经形成"长

---

① 陈赤、刘发跃：《"三权分置"改革与土地信托新机遇》，《当代金融家》2017年第2期。

久不变"的普遍预期，2016年11月"三权分置"的基本确立，为抵押和担保等行为扫清了障碍，农村土地的金融属性不断深化具备了制度基础。2016~2018年，农村土地经营权资本化创新方兴未艾，农地入股、股份合作、经营权抵押贷款、农村土地信托等资本化手段，不仅提升了农村土地经营权作为重要生产资本的流动性，也极大地促进了农业规模化经营的进程。其中，农村土地经营权入股，是这一时期证券业参与农地金融、支持"三农"和农业供给侧改革的重要创新实践。

农村土地经营权入股，是指农民将土地经营权作为生产资本的一种，转化为平台企业的股权，从而实现享受规模化农业生产经营效益的目的。农地入股实现资本化模式中的平台主体地位非常重要，在降低农村土地经营权流转交易成本和保障农民利益的同时，提升农民与其他市场主体的博弈能力。一方面，据其平台主体营利与否可以将其划分为非营利性的社团法人和营利性的合作社法人两种模式；另一方面，依据政府是否在这一过程中起主导作用，又可将农地入股划分为政府主导模式和合作社（村集体）主导模式。目前，农地入股主要有三种方式，分别为农地入股农业产业经营公司、农地入股农民合作社以及农地入股农村合作社后再入股农业公司。收益分配主要采用"保底＋分红"方式，但也有少量区域采用直接按股分红、按股分享销售收入的方式。农地入股可称为农村土地经营权资本化进程中至关重要的一环，其意义在于这一进程是诸多农地经营权资本化形式的重要基础，许多地区的农村土地经营权抵押贷款和土地信托是依托于农地入股这一模式快速发展壮大的。农村土地经营权入股实现了农民的风险共担和利益共享，这对于农民持续获得财产性收入和产业化农业主体规模化获得土地用于经营都具有重要的现实意义。

（五）农村土地市场交易平台的金融服务

农村土地市场目前还处在培育初期，出于对风控要求较高、抵押品处置难等限制的考虑，金融机构直接对接市场交易者提供金融服务的范围还比较有限。现实情况是，大量交易较为分散且单笔交易规模不大，交易双方对交易信息掌握的不对称程度较高、投融资需求较为复杂和不确定。在这方面，提供交易服务的市场化服务平台对帮助客户达成交易有较高的积极性，借助互联网平台的信息透明性和撮合优势，为客户提供特定交易的金融服务信息与业务对接。

以土流网提供的金融服务为例，该平台通过整合资源、服务创新并全流程参与土地经营权抵押贷款服务，在我国土地经营权抵押贷款实践中起到了积极的作用。一方面，土流网利用自身集合市场参与者和交易信息的优势，初步构建了基于交易大数据的估值体系，支持市场建立客观的、科学的、符合市场需求的评估机制。另一方面，在农地抵押品处置领域，利用互联网平台技术优势，提高银行和市场的匹配度，解决抵押土地经营权快速变现需求，解决银行处置变现的后顾之忧。土流网认为，农村土地金融服务市场相关方主要包括土地需求方、土地经营方、金融机构、政府部门、其他服务提供方等，互联网交易平台能够整合农村土地金融服务市场各方资源，实现金融服务的优化配置。

四　小结

2016～2018年，我国农村土地市场在法制基础、政策支持、市场基础设施建设、市场参与者引入、市场服务体系深化等诸多方面均有重大发展，值得关注的是，在此过程中，政府和市场形成了有机结合、优势互补的关系，共同创造了大量创新的机制和实践，有效促进了农业供给侧改革。我们也认识到，探索的路上总是充满挑战，为此，本书的各位分报告作者在各自的研究报告中对发展过程中出现的各类问题给予充分认识和全面审视，结合各自所属行业的丰富实践经验提出了很多极具创新和富有价值的建议，供各位读者参考。

随着我国农村土地确权工作的完成，农村土地市场的产权基础得到全面夯实，农村土地市场将迎来前所未有的重大机遇，其中金融行业将在促进市场活力和流动性方面发挥关键作用。在政府引导、鼓励和支持下，社会资本参与积极性更高，农村土地的流转交易作为一个行之有效的"点"，将有效带动整体农村经济效率和质量的提升，农村各项基础设施和服务也将因此受益，农村人民生活质量将得到更大改善。

参考文献

陈赤、刘发跃：《"三权分置"改革与土地信托新机遇》，《当代金融家》2017 年第 2 期。

《海南农村土地"三权分置"如何实施　农业厅给你 10 个答案》，南海网，http：// www. hinews. cn/news/system/2017/06/22/031167509. shtml。

《中国农村土地市场发展报告（2015～2016）》，社会科学文献出版社，2016。

制 度 篇

System

B.2

中国传统社会土地思想变迁研究

彭 波*

摘 要： 中国历史上，许多思想家针对土地问题提出了自己的见解，
形成了丰富的中国土地思想遗产。本报告对先秦到清末的中
国传统社会土地思想进行梳理，并对其变迁做出研究和说
明。随着时代进步，人们对于土地制度具有了越来越深刻的
理解。

关键词： 中国传统社会 土地制度 土地思想

---

* 彭波，历史学博士，商务部国际贸易经济合作研究院副研究员，主要研究领域为金融、历史、
外贸。

一　序言

作为一个农业国家，传统社会的中国对土地极其重视。《大学》说："有德此有人，有人此有土，有土此有财，有财此有用。"历代仁人志士，只要是关心天下大事、国家兴亡、人民福祉的，无不关心土地问题。

土地问题如此重要，因此在中国几千年的历史长河当中，太多人对此提出了自己的见解，发表过自己的改革或者改良的方案与设想。当然，这当中有很多人的见解是具有创新性的，也有很多人是人云亦云而已。有些人的意见得到了实施，有些人的观点则仅仅停留在文字上。后者也可能存在两方面的原因：一是因为不切实际；二是因为没有被人充分理解。能够最终落实的，其实施效果也不同：有些收到了良好的效果，如李克的"尽地力之教"、商鞅的"废井田，开阡陌"、曹魏的屯田、南北朝隋唐的均田制、王安石的"方田法"、张居正的"清丈"等；也有些政策付诸实施之后效果不彰，甚至适得其反，比如说王莽的"王田制"等；还有一些政策效果不是非常清晰，如秦代与清代在西北的屯田，这种政策有一定的作用，但是并不显著，而且成本较高。

由于古往今来关于土地问题的思考太多，在此无法一一记述，只能挑选那些比较有特色、有影响的思想进行简单说明。虽然如此，难免挂一漏万。

二　先秦土地思想

（一）周代之前的土地思想

上古时期肯定存在大量关于土地的认识与实践，但是流传下来的极少。

唐杜佑《通典》卷三说："昔者黄帝，经土设井，以塞争端，立步制亩，以防不足，使八家为井，井开四道，而分八宅，凿井于中。"这可能仅仅是一种传说，但不会完全是子虚乌有之事，多少有点历史的记忆和现实的痕迹，在某种程度上反映了西北地区在生产生活中对井水的依赖及围绕井水的土地规划措施。

又如《周书·文传篇》援引《开望》说："土广无守，可袭伐；土狭无食，可围竭。"就反映了当时对人地比例与军事行动之间关系的认识：如果敌国土地广大但是人口很少，就可以通过袭击来征伐；如果敌国人口众多但是土地狭小，粮食不足，就可以通过围困来击败它。

这段话还反映了中华民族迈入文明阶段时期，中原大地上列邦列族之间充满了冲突与战争的紧张关系，而土地、人口与生产之间的综合平衡关系，能够决定国家的安危存亡。

（二）西周时期的土地思想

西周初期，中央政权比较稳定。与商朝相比，农业对国民经济的重要性提升了，所以国家对于土地高度重视，控制能力也在不断加强。

周灭商以后，以分封作为国家基本制度，除王畿作为周王的直辖领地以外，其他土地或者分配给自己的亲戚与功臣，建立大大小小的诸侯国；或者承认当地统治者的权力与地位，保持其土地占有形式不变。战时，周王命令诸侯国直接承担军事义务；平时，征收贡品和委派徭役。按照同样的逻辑，在诸侯国内，诸侯也将自己管辖范围内的土地及义务分配给卿大夫，卿大夫再把土地分封给更下层的奴隶主管理……如此进行层层分封。

意识形态作为上层建筑反映经济基础，在这一时期形成了"溥天之下，莫非王土"[①] 的观念。这种土地王有论的出现，表明中国古代社会形态进入了相当文明的阶段，也体现出当时王权的强大。在这种土地所有制格局中，土地占有权和管理权是相分离的，土地的所有权集中，利于整个社会的稳定；管理权和使用权则相对分散，这样有利于生产效率的提升。当时整个社会心理都承认并接受这样的权利结构。

---

① 《诗经·小雅·北山》。

对比世界其他国家的历史，可以发现西周这种土地关系及观念，在世界各国的封建时代是普遍存在的，比如说中世纪的欧洲、印度与日本，大都存在类似的结构。

（三）春秋时期的土地思想

1. 春秋前期的土地思想

在春秋初期，产生了"土地国宝论"，具体表现在晋国计划迁都时的议论当中。有些官员主张选择临近盐池的区域，因为那里比较富裕。但韩献子建议迁都新田，因为那里"土厚水深，居之不疾，有汾、浍以流其恶。且民从教，十世之利也"①。他进而提出了一套"土地国宝论"，即所谓"夫山、泽、林、盐，国之宝也"。他的话具有这样三层含义：一是强调国家的发展依赖于对土地资源的利用方式；二是要求有良好的卫生条件，利于民众的身体健康；三是重视发展政府与民众之间和谐稳定的关系。

土地国宝论是土地王有论的演变和发展，反映了当时统治阶层对于自然资源认识的深化。

农业生产对自然条件的依赖性很强，春秋时期还出现了在开发利用土地、开展农业生产当中应该依照自然条件的主张。成公二年（公元前590年），晋国战胜了齐国，宾媚人受命求和，但他反对晋国提出的"改田向东"的条件，指出："先王疆理天下，物土之宜而布其利，故《诗》曰：'我疆我理，南东其亩。'今吾子疆理诸侯，而曰'尽东其亩'而已，唯吾子戎车是利，无顾土宜，其无乃非先王之命也乎？"②"改田向东"主要出于军事的考虑，却违反了农业生产的内在规律，是不可接受的。因此宾媚人这种要求是合理的，更重要的是这个反驳被晋国方面接受了，证明农业生产必须适应自然条件的认识在春秋时期已经被普遍意识到了。

春秋时期的政治家们还强调土地占有的社会意义。作为最重要的物质财

---

① 《左传·成公六年》。
② 《左传·成公二年》。

富，个人对于土地的权益必须与政治地位和军事功勋保持一致。与政治地位相适应是为了维持政治秩序的稳定，与军事功勋相适应是为了奖励军功。当时晋国叔向指出："大国之卿，一旅之田；上大夫，一卒之田。夫二公子者，上大夫也，皆一卒可也。"他认为应该把土地作为封赏功臣的手段："夫爵以建事，禄以食爵，德以赋之，功庸以称之，若之何以富赋禄也。"[1]在时人的认识中，作为土地分配的依据，社会政治地位和战功比经济实力更重要，这个原则在从春秋到隋唐的1600年当中得到全面遵循。

2. 管仲的土地思想

管仲（？～前645）是春秋战国时期齐国的著名政治家，他辅佐齐桓公四十年，推行一系列改革，效果显著，使齐国力量大振，齐桓公也成为春秋第一个霸主。管仲的政治理念高度重视市场，同时他认为土地也非常重要。《管子》76篇，与土地相关的内容很多，下面简单介绍其中最可靠也是最重要的内容。

管仲把社会职业分为士、农、工、商四类，主张不同职业的人分别居住的地方："处士……就闲燕，处工就官府，处商就市井，处农就田野。"[2]认为这样有利于社会的稳定和人们职业技能的提高。在具体细节上，管仲提出了"叁其国而伍其鄙"[3]的划分区域措施，"叁其国"是把非农村土地划为士、工、商三部分共二十一乡，其中士乡十五，工、商之乡各三；"伍其鄙"是将国都邻近土地分为五属，规划农业人口的生产和生活。

管仲还提出了"相地衰征"的政策措施。春秋时期，人地关系变化，传统的生产关系难以维持，管仲认为："相地而衰征，则民不移。"[4]要求按土地的农业生产力把农田分成若干等级，据以确定税额，较之把土地面积作为唯一的标准要合理得多。管仲不仅重视耕地本身，还重视对于土地资源的综合开发利用，"陆、阜、陵、墐、井、田、畴均，则民不憾"[5]。

---

① 《国语·晋语八》。

② 《国语·齐语》。

③ 《国语·齐语》。

④ 《国语·齐语》。

⑤ 《国语·齐语》。

3. 子产的土地思想

子产（？ ~前 552），春秋时期郑国的大贵族，在执掌郑国朝政期间，推动了一系列重要的改革，明显增强了郑国的实力。史载："子产使都鄙有章，上下有服，田有封洫，庐井有伍。"① 将城市和农村的行政体制规范化，把农用土地用经界灌溉系统装备起来，在人口安置和村社形式上实行五家为组的编制，这些都是较为先进的土地政策措施，有利于经济的发展，因而得到民众的拥戴，他们称颂道："我有田畴，子产殖之。子产而死，谁其嗣之？"② 表达了对执政者重视土地管理的肯定态度。

昭公四年（公元前 536 年），郑国"作丘赋"。当时的行政单位是四丘为一甸，把每甸人民所应负担的军赋改由每丘人民来负担，缩小纳税单位，平均军赋负担。

4.《大学》的土地思想

《大学》旧称曾子作，宋之后的四书之一。《大学》中专门集中的经济观点并不多，虽然如此，仅有的这些观点对后世经济政治观念的影响很大。

关于土地，《大学》指出："有德此有人，有人此有土，有土此有财，有财此有用。"强调人是影响国家发展和社稷安危的首要因素，同时也强调土地的作用，认为土地是国家的经济基础。这里的土，既有象征国家疆界的政治意义，又有作为生产资料的经济内涵。古人说"纲举目张"，这个词就可以形容中国传统社会的治国大纲。

（四）战国时期的土地思想

春秋战国之交中国社会急速变革。公元前 594 年，鲁国实行"初税亩"③；公元前 548 年，楚国实行与管仲"相地而衰征"差不多的"量入修赋"④；公元

---

① 《左传·襄公三十年》。
② 《左传·襄公三十年》。
③ 《左传·宣公十五年》。
④ 《左传·襄公二十五年》。

前 408 年，秦国推行"初租禾"①。史家一般认为这些政策都意味着土地的经营管理更加自由，地权的私有化程度在提高。

1. 商鞅的算地论与田地改革

商鞅（约前 390～前 338），卫国人，后入秦国，在任秦国左庶长、大良造等职期间，主持了秦国的变法。

商鞅变法最重要的一点是"开阡陌封疆"②，从法律上取消井田制，准许土地自由买卖，这是中国土地关系发展史上非常重要的一步。同时，商鞅还强化了封建行政体制，推行县制，把秦国划分为三十一个县，保证中央对土地的垂直管理，这是在政治制度上与封建土地私有制相配合的重要措施。

春秋时期叔向主张土地颁赐应兼顾社会地位与军功，商鞅变法则进一步向军功倾斜。商鞅规定："宗法非有军功者，不得为属籍。明尊卑爵秩等级，各以差次名田宅。"③ 让土地和社会地位直接与军功挂钩，从而提升秦国上下投身战争的积极性。对于担任公职的人，则通过"辕田"的形式给予经济报偿。享受辕田者以该土地上的租税实物作为报酬，但是不世袭，也不拥有土地所有权。

在土地所有制问题上，他提出了"定分"的主张，要求用法律形式确认财产的所有权，在他看来，一样东西只有"名分已定"④，才能使其稳定地为所有者拥有。

春秋战国时期，各国统治者热衷于扩张领土、侵略他国，"争城以战，杀人盈城；争地以战，杀人盈野"，但是对于土地的经营管理是比较粗放的。对此，商鞅指出："凡世主之患，用兵者不量力，治草莱者不度地。"⑤ "地大而不垦者与无地同。"⑥ 区别了原始土地形态与作为生产资料的土地之间的不同内涵，提示一国政府不能仅仅满足于占有更大的国土，还应对国土

① 《史记·六国年表》。
② 《史记·商君列传》。
③ 《史记·商君列传》。
④ 《商君书·定分》。
⑤ 《商君书·算地》。
⑥ 《商君书·算地》。

进行良好的开发。商鞅还认为："地诚任，不患无财。"① 只要土地资源得到充分良好的开发利用，社会财富就不匮乏。因此要求对土地进行全面的调查核算，作为制定土地政策的客观依据，在此基础上把土地利用同兵役联系起来，显示了农战理论的特点。这方面应该受到《管子》与李克的影响，而又有自己的创造与进步。

商鞅还提出了"人地动态调整论政策"，以便更好地发挥土地的潜力。"有地狭而民众者，民胜其地；地广而民少者，地胜其民。民胜其地者，务开。地胜其民者，事徕。"② 意思是如果一块土地人口过多，就迁移出去。如果人口过少，不能充分利用开发土地，就招徕民众。

2. 孟子的恒产论与井田制思想

孟轲的"恒产论"和井田制思想对中国后世土地思想的发展影响极为深远。从孟子到民国，两千多年间，关于土地的思想，中国知识分子普遍受孟子的思想影响。

孟轲（约前372～前289）是孔子学说的重要继承者之一，字子舆，邹（今山东邹城）人，有"亚圣"之称。早年受业于子思的门人，曾任齐宣王客卿，后退而著书。

孟轲提出了"仁政"的思想，主张统治者实行仁政，而仁政最核心的内容之一是让人民拥有稳定平均的土地田产。他认为："民之为道也，有恒产者有恒心，无恒产者无恒心，苟无恒心，放辟邪侈，无不为已。"③。孟轲理想中的恒产是这样的："五亩之宅，树之以桑，五十者可以衣帛矣。鸡豚狗彘之畜，无失其时，七十者可以食肉矣。百亩之田，勿夺其时，数口之家可以无饥矣。谨庠序之教，申之以孝悌之义，颁白者不负戴于道路矣。七十者衣帛食肉，黎民不饥不寒，然而不王者，未之有也。"④ 他强调要帮助小农实现自给自足，在维持温饱的条件下进行简单再生产。

---

① 《商君书·错法》。
② 《商君书·算地》。
③ 《孟子·滕文公上》。
④ 《孟子·梁惠王上》。

　　孟子关于土地的最重要的思想是系统提出了"井田制"。他说："夫仁政，必自经界始。经界不正，井地不钧，谷禄不平。是故暴君污吏必慢其经界。经界既正，分田制禄可坐而定也。夫滕，壤地褊小，将为君子焉，将为野人焉。无君子莫治野人，无野人莫养君子。请野九一而助，国中什一使自赋。卿以下必有圭田，圭田五十亩，余夫二十五亩。死徙无出乡，乡田同井，出入相友，守望相助，疾病相扶持，则百姓亲睦。方里而井，井九百亩，其中为公田，八家皆私百亩，同养公田。公事毕，然后敢治私事，所以别野人也。此其大略也，若夫润泽之，则在君与子矣。"①

　　孟轲对土地予以充分重视，他曾指出："诸侯之宝三：土地、人民、政事。"② 把土地和人民的重要性置于国政之上。孟轲还肯定："广土众民，君子欲之。"③ 在争战不断的战国时期，这种观点为国家的统一提供了理论支撑。

　　3.《管子》的土地理论

　　《管子》作者托名于齐相管仲，但研究者一般认为实际上是战国至西汉不同作者的论文汇集，可能也包含了管仲本身的思想与政策。今本《管子》系由西汉刘向所整理编成。

　　《管子》提出"均地分力"和"与之分货"的思想。《管了》认为，实行"均地分力"可以最大限度地调动农民的生产积极性，"不忘其功，为而不倦"，"不惮劳苦"，"审其分"，进而"尽力"而作。④

　　为了促进地力的开发，《管子》还主张开展大规模的土地改良。《管子》研究了土地特性及相应种植等问题，指出："凡草土之道，各有榖造。或高或下，各有草土。"土地质地有上、中、下三等，每等又可细分为 30 类；"九州之土，为九十物，每土有常，而物有次"⑤。在发展农业生产当中要考

①《孟子·滕文公上》。
②《孟子·尽心下》。
③《孟子·尽心上》。
④《管子·乘马》。
⑤《管子·地员》。

虑植物对土壤气候的适应程度，顺应其生长规律。

4. 战国时期其他土地思想

李悝（前455～前395），一作李克，曾任魏文侯相多年，主持变法，为战国初期魏国的强盛做出了很大的贡献。为了发展农业，李克着眼于提高土地的生产效率，提出并实施了著名的"尽地力之教"[1]。在李悝看来，农业是一国之本，"农事害"为"饥之本"[2]，对国家实力的影响极为重要，"农伤则国贫"[3]。因此，他要求政府采取有力措施，提高农民的生产积极性，精耕细作，从整体上提升农业的收益。

荀子是战国时期儒家学派的重要代表，他非常注重生态保护与人类生计之间的关系。他指出："草木荣华滋硕之时，则斧斤不入山林，不夭其生，不绝其长也。鼋鼍、鱼、鳖、鳅鳝孕别之时，罔罟毒药不入泽，不夭其生，不绝其长也。"[4] 主张国家应该保护自然环境，使"万物皆得其宜，六畜皆得其长，群生皆得其命"[5]，就能够让人们过上良好的生活。荀子的这个观点在中国历史上也产生过重要的影响，对于促进环境保护与维护经济的长远发展产生过重要的作用。

三 中古时期的土地思想

（一）秦汉时期的土地思想

秦统一中国之后，于始皇三十一年（公元前216年）颁行政令，"使黔首自实田"[6]，让实际耕作的地主和农民呈报自己所有的土地，从法律上承认了他们对于这些土地的权益。这一法令有利于封建秩序的稳定和经济发

---

① 《汉书·食货志上》。
② 《汉书·食货志上》。
③ 《说苑·反质》。
④ 《荀子·王制》。
⑤ 《荀子·王制》。
⑥ 《史记·秦始皇本纪》。

展，同时也埋下后世中国社会土地兼并程度加剧的伏笔。

秦汉时期，围绕土地问题的思想主张很多，主要可以归入以下三大主题：一是调整统治集团内部的土地关系；二是调整统治阶层与基层民众之间的土地关系；三是保障军事用度的政策措施，其中比较重要的是屯垦问题。秦汉时期在土地问题当中提出的观点、建议、方案和理论，对后世影响很大。

1. 贾谊的"地美论"

贾谊（前200～前168），洛阳（今河南洛阳东）人，曾被汉文帝召为博士，后先后为长沙王和梁王的太傅。

面对当时诸侯国尾大不掉的局面，他提出"割地定制"，主张在藩王中实施割地承袭政策，使诸侯国代代分割，日益零散，以确保中央政府的宏观控制权威。贾谊列举了这一做法的五大好处：其一，加强对诸侯国的指挥能力，"如身之使臂，臂之使指，莫不从制。诸侯之君敢自杀不敢反，心知必菹醢耳，不敢有异心，辐凑并进而归命天子"；其二，树立中央的正面形象，使天下人都看到"天子无所利焉，诚以定制而已"，"故天下咸知陛下之廉"；其三，稳定诸侯国政治生态，"地制一定，宗室子孙虑莫不王，制定之后，下无背叛之心，上无诛伐之志，上下欢亲，诸侯顺附"；其四，强化国家法制力量，"地制一定，则帝道还明而臣心还正，法立而不犯，令行而不逆"，"细民乡善"，"大臣效顺"；其五，实现国家长治久安，"地制一定，卧赤子衽席之上而天下安，待遗腹，朝委裘，而天下不乱，社稷长安，宗庙久尊，传之后世，不知其所穷"①。

贾谊的方案在后来被总结为"推恩令"，在化解当时的中央与诸侯国矛盾方面发挥了良好的效果。

2. 晁错的实边论

晁错（？～前154），颍川（治所在今河南禹县南）人。历任太常掌故、太子舍人、门大夫、太子家令、御史大夫等职。

---

① 《新书·五美》，载《贾谊集》，上海人民出版社，1976，第35～36页。

西汉时期，边疆面临匈奴的入侵，军事压力比较大。晁错于文帝十一年（公元前 169 年），连续上呈《言兵事疏》、《守边劝农疏》和《复言募民徙塞下疏》，比较系统地阐述了戍边垦殖的主张。他着重分析了边疆局势对屯垦的紧迫需求，指出："陛下幸忧边境，遣将吏，发卒以治塞，甚大惠也。然令远方之卒守塞，一岁而更，不知胡人之能，不如选常居者，家室田作，且以备之。"① 晁错建议用经济手段来激励人们戍边垦殖的积极性："先为室屋，具田器。……乃募民之欲往者。皆赐高爵，复其家，予冬夏衣，廪食，能自给而止。……塞下之民，禄利不厚，不可使久居危难之地。胡人入驱，而能止其所驱者，以其半予之，县官为赎其民。如是，则邑里相救助，赴胡不避死，非以德上也，欲全亲戚而利其财也。"②

晁错的措施建议得到朝廷的采纳，对西汉后来的屯田活动起到了有力的指导和促进作用。

后来，汉武帝时期的赵充国、桑弘羊继续提倡屯田。东汉时期王符、虞诩、崔寔为了应对西北地区羌族的叛乱，也一再提出过关于屯垦的建议。曹操更是通过屯田的办法，平定了北方。此后直到清末，统治阶层在面对边疆不宁之际，都一再重提屯田的做法。

3. 董仲舒等人的限田主张

西汉中期以后，土地的兼并日益严重，危害了社会的稳定，引起了地主阶级思想家的密切关注。此时，董仲舒率先提出了限田主张。

董仲舒（前 179 ~ 前 104），广川（今河北枣强县东）人，汉景帝时为博士，武帝时先后出任江都王相、胶西王相，对西汉政治影响比较大。这位儒学大师对当时的土地占有状况深表忧虑，他指出："……富者田连仟佰，贫者无立锥之地。又颛川泽之利，管山林之饶，荒淫越制，踰侈以相高。邑有人君之尊，里有公侯之富，小民安得不困?"③

董仲舒主张："古井田法虽难卒行，宜少近古，限民名田，以澹不足，

---

① 《汉书·晁错传》。
② 《汉书·晁错传》。
③ 《汉书·食货志上》。

塞并兼之路。盐铁皆归于民。去奴婢，除专杀之威。薄赋敛，省徭役，以宽民力，然后可善治也。"①

董仲舒此论得到普遍认同，限田主张作为井田制不得已的替代方案在后世反复被人提及，如汉哀帝时的辅政之臣师丹便建议："今累世承平，豪富吏民訾数巨万，而贫弱愈困。盖君子为政，贵因循而重改作。然所以有改者，将以救急也。亦未可详，宜略为限。"②

4. 井田制议论的发展

这一时期井田制得到了普遍的重视和研究。

《周礼》亦称《周官》或《周官经》，儒家"三礼"之一，搜集周王室官制和战国时代各国制度，添附儒家政治理想，汇编而成。《周礼》中涉及土地制度之处颇多，其中包括全国性土地规划、土地分配原则等内容。《地官·大司徒》中说："凡造都鄙，制其地域而封沟之，以其室数制之。不易之地家百亩，一易之地家二百亩，再易之地家三百亩。"《地官·小司徒》中指出："乃均土地，以稽其人民而周知其数。……乃经土地，而井牧其田野：九夫为井，四井为邑，四邑为丘，四丘为甸，四甸为县，四县为都，以任地事而令贡赋。"《地官·遂人》："……以岁时稽其人民，而授之田野……以土均平政。辨其野之土，上地、中地、下地，以颁田里。上地，夫一廛，田百亩，莱五十亩，余夫亦如之；中地，夫一廛，田百亩，莱百亩，余夫亦如之；下地，夫一廛，田百亩，莱二百亩，余夫亦如之。"

《春秋三传》之一《谷梁传》也重视井田制："初者，始也。古者什一，藉而不税。初税亩非正也。古者三百步为里，名曰井田。井田者，九百亩，公田居一。私田稼不善，则非吏；公田稼不善，则非民。初税亩者，非公之去公田而履亩十取一也。以公之与民为已悉矣。古者，公田为居。井灶葱韭尽取焉。"

班固（32～92），字孟坚，扶风安陵（今陕西咸阳东北）人。《汉书》

---

① 《汉书·食货志上》。
② 《汉书·食货志上》。

是他花费 20 年心血修成的巨著。该书高度重视井田制，大抵总结前人意见，从不同角度加以分析讨论。

5. 王莽的土地改制思想

西汉后期，土地兼并不断发展，阶级矛盾不断激化，统治集团日益不安。在此背景下，王莽建立起短暂的新朝，并实施了王田制等政策。

王莽（前 45～23），字巨君，成帝时受封新都侯，后称假皇帝，公元 8 年称帝，后于公元 23 年被农民起义军所杀。他于始建国元年（公元 9 年）宣布实行王田制，并提出了他的理论依据，大致借用董仲舒的理论。王莽命令："今更名天下田曰'王田'，奴婢曰'私属'，皆不得买卖。其男口不盈八，而田过一井者，分余田，予九族邻里乡党。故无田，今当受田者，如制度。敢有非井田圣制，无法惑众者，投诸四裔，以御魑魅，如皇始祖考虞帝故事。"① 王田制的实质是取消土地私有制，让国家重新占有全部土地，在此基础上仿行古代田制实施授田。

在实际贯彻中，王田制因为违反社会发展规律，遭遇到了巨大的困难。这使王莽不得不于始建国四年（公元 12 年）颁令停止王田制的实施："诸名食王田，皆得卖之，勿拘以法。犯私买卖庶人者，且一切勿治。"②

6. 东汉时期的限田论

荀悦（148～209），字仲豫，颍阴（今河南许昌）人。早年隐居，献帝时被曹操征辟入府，后升黄门侍郎、秘书监、侍中等职。

荀悦认识到汉朝常采取的削减土地税措施并非改善农民困境的根本途径，由于地权的集中，获得减税利益的必然是那些拥有大量土地的豪强地主，真正贫苦的农民反而不受其利。荀悦认为"夫土地者，天下之本也"，要求"正其本"。荀悦并不主张恢复古代的井田制，而是认为："既未悉备井田之法，宜以口数占田，为之立限，人得耕种，不得买卖，以赡贫弱，以防兼并，且为制度张本，不亦宜乎？"③

---

① 《汉书·王莽传》。
② 《汉书·王莽传》。
③ 《汉纪·卷八》。

仲长统（180~220），字公理，高平（今山东微山西北）人。曾任尚书郎，参与过曹操的诸多军事活动。在他所撰写的《昌言》中，仲长统提出了以土地问题为中心的治理对策，这些对策包括土地制度、土地开发、地税征收等内容。仲长统的经济对策集中体现在他的十六条"政务"纲领中，他把"明版籍以相数阅"、"限夫田以断并兼"和"急农桑以丰委积、去末作以一本业"[1]，作为重要的政策目标加以强调。

仲长统提出过一些具体的政策建议："今田无常主，民无常居。吏食日廪，班禄未定。可为法制，画一定科。租税十一，更赋如旧。今者土广民稀，中地未垦。虽然，犹当限以大家，勿令过制。其地有草者，尽曰官田，力堪农事，乃听受之。若听其自取，后必为奸也。"[2] 要求根据当时的特定条件，约束豪强的无限占有土地却不耕作的行为，鼓励普通百姓垦辟荒田谋生。"其地有草者，尽曰官田，力堪农事，乃听受之"的观念具有非常强烈的现实意义。

（二）三国至南北朝时期的土地思想

1. 三国时期的土地思想

三国时期，大乱之后，人民流离，统治者争于恢复生产，因此这一时期屯田制广为流行。据史料记载，曹魏、孙吴、蜀汉都推行过屯田政策，其中尤以曹操的屯田最为成功，并在理论上做过具体阐明。曹操强调："夫定国之术，在于强兵足食，秦人以急农兼天下，孝武以屯田定西域，此先代之良式也。"[3]

当时人少地多，曹操的丞相主簿司马朗提出当时"承大乱之后，民人分散，土业无主，皆为公田"，可趁机"复井田"[4]。但他的建议没有被采纳。

---

① 《后汉书·仲长统列传》。
② 《后汉书·仲长统列传》。
③ 《三国志·魏书·武帝纪》。
④ 《三国志·魏书·司马朗传》。

刘备刚占取益州（今四川成都）的时候，有人要求把那里的屋宅田地分赐给将士，赵云表示反对，他认为："益州人民，初罹兵革，田宅皆可归还，令安居复业，然后可役调，得其欢心。"① 赵云的建议很深刻，与宋明时代的"免役法"及"一条鞭法"的内涵是相通的。这条意见得到刘备的赞同，对恢复蜀国的社会稳定和经济发展起了积极的作用。

2. 占田制及其反映的土地思想

占田制发布于晋武帝太康元年（公元280年），其中明确规定了对王公贵族和一般农户的土地限额，主要内容为："王公以国为家，京城不宜复有田宅。今未暇作诸国邸，当使城中有往来处，近郊有刍藁之田。今可限之，国王公侯京城得有一宅之处，近郊田大国田十五顷，次国十顷，小国七顷，城内无宅城外有者，皆听留之。"② 对于政府各级官吏，则按品位高低有差别地占田。

占田制在土地思想上也有着特定的意义。首先，它是对土地私有权益的一种承认和维护。占田制没有表示要把土地收归国有，只是对民户和官吏等的占田进行数量上的限制，这与所谓王田、井田等主张根本不同。其次，从分配土地的条例上看，等级差别地占有土地被正式确定了下来，这是封建分配观念在土地问题上的集中反映，也是和这一社会的政治体制相一致的。作为分配占有土地的客观依据，除了等级之外，还有劳动力的实际状况，这既是先秦时期同类观点的继续，也为以后的均田制奠定了历史前提。

占田制通过土地占有关系的有限调整，促进了社会经济状况的好转，"天下无事，赋税平均，人咸安其业而乐其事。"③

3. 北魏均田制及李安世的决策理论

公元485年，北魏孝文帝时期开始在全国范围内实施均田制。这一政策对于安置流民、恢复生产和适当限制土地兼并势力起到了很大的作用。

一般认为，均田制遵循的是给事中李安世上疏中的理论。李安世的理论

---

① 《三国志·蜀书·赵云传》。
② 《晋书·食货志》。
③ 《晋书·食货志》。

有这样几个特色。首先，高度重视对人地城市宏观关系的把握。把"量地画野"和"邑地相参"作为"经国大式"和"致治之本"。其次，论及了充分发挥资源效益，"使土不旷功，民罔游力"，突破了单纯道德谴责的思路，给予均田制以更纯粹的经济意义。最后，重视法规程序。提出解决土地纠纷的时候要经过验、证、据、讼、判等程序和手续。

李安世还提出了土地分配当中的"力业相称"原则，即土地的占有规模必须和人的劳动能力和经济实力相适应。均田制要求给农民提供基本的生产生活资料，以维持再生产，但是不同农民的经济状况与生产能力是不一样的，需要区别对待。所以在均田制的具体实施过程中又提出了"先贫后富"①的原则，强调优先分配土地给最困苦的农户。"先贫后富"原则一直到唐代均田制的实行中仍然保持着。

（三）隋唐时期的土地思想

隋唐时期的土地政策承袭北魏，以均田制和屯田制为主。

1. 隋朝时期关于土地问题的讨论

隋文帝杨坚对土地开垦和分配十分重视。隋朝数次颁行均田令，如公元592年，朝廷"发使四出，均天下之田"②。隋炀帝杨广即位后，也于大业五年（公元609年），"诏天下均田"③。

隋朝的土地政策优待军人，开皇十年（公元590年），隋文帝发布诏令："凡是军人，可悉属州县，垦田籍帐，一与民同。"④给予士兵与农户平等受田的权利。

隋朝在推行均田制的同时，继续根据前朝的经验，组织屯田，但是效果未必都好。当时主其事的贺娄子干主张根据边地实际选择经营项目，提高戍屯效益，他指出："陇西、河右，土旷民稀，边境未宁，不可广为田种。比

---

① 《通典·食货志》。
② 《隋书·食货志》。
③ 《隋书·食货志》。
④ 《隋书·高祖纪》。

见屯田之所，获少费多，虚役人功，卒逢践暴。屯田疏远者，请皆废省。但陇右之民以畜牧为事，若更屯聚，弥不获安。只可严谨斥候，岂容集人聚畜，请要路之所，加其防守，但使镇戍连接，烽候相望，民虽散居，必谓无虑。"① 贺娄子干的减省屯田主张在中国古代是很少出现的。

隋朝还出现过随着人口增长，土地不足分配，以功赐田与济贫授田发生矛盾的情况。两者之间谁更重要？史载："太常卿苏威立议，以为户口滋多，民田不赡，欲减功臣之地以给民。"表示民田更加重要。这种想法当然遭到功臣的反对。王谊上奏表示："百官者历世勋贤，方蒙爵土。一旦削之，未见其可。如臣所虑，正恐朝臣功德不建，何患人田有不足。"②

2. 唐朝均田制的制定思想

唐朝也很重视土地关系。李世民曾说："国以民为本，人以食为命，若禾黍不登，则兆庶非国家所有……今省徭役，不夺其时，使比屋之人，恣其耕稼，此则富矣。"③ 唐玄宗李隆基也发布诏令，指出："制国以立法为先，教人以占著为事……今正朔所及，封疆无外！虽户口岁增，而赋税不益。莫不轻去乡邑，共为浮惰。或豪人成其泉薮，或奸吏为之囊橐，逋亡岁积，流蠹日滋。"④ 因此必须公平高效实施均田，稳定人口，确保社会安定和生产持续发展。

从东汉崔寔开始，就非常重视土地开发中的区域协调问题，唐代均田制在实践中注重把土地分配和人口迁徙有机结合，有利于国土的均衡开发。

此外，唐代还在均田过程中推行若干特定的政策，如在授田中坚持"先课后不课，先贫后富，先无后少"⑤ 的原则，对于受田的继承权，规定"诸永业田，皆传子孙，不在收授之限。即子孙犯除名者，所承之地亦不追"⑥，"诸因王事没落外藩不还，有亲属同居，其身分之地，六年乃追，身

① 《隋书·贺娄子干传》。
② 《隋书·王谊传》。
③ 《贞观政要·论务农》。
④ 《全唐文·科禁诸州逃亡制》。
⑤ 《唐六典·尚书户部》。
⑥ 《通典·田制下》。

还之日，随便先给。即身死王事者，其子孙虽未成丁，身分地勿追。其因战功及笃疾废疾者，亦不追减，听终其身也"①。大致是综合平衡各方面的利益与要求。

唐代的均田制是均田制及长期以来国家一系列配置土地资源的高级阶段，但是在经济社会发展的同时，这种制度成功的背后也包含着否定自身的因素。那就是随着人口的增长与土地资本的增殖，人地关系不断变化，政府直接掌握的土地资源不断减少，均田制也就逐渐变得难以为继。

3. 陆贽的土地思想

唐朝均田制在推行过程中筹划仔细，所以经济政治效果较为突出，但是没有能够发挥出抑制土地兼并的作用。到中唐以后，抑兼并重新成为社会关注的议题。在这方面，陆贽的分析比较深入。

陆贽（754～805），字敬舆，嘉兴（今属浙江）人。代宗时考中进士，历任多职，深受皇帝器重。陆贽同情民苦、抨击聚敛，对唐中后期的两税法持反对态度。

陆贽反对土地兼并，认为"天下之物有限，富室之积无涯，食一人而费百人之资，则百人之食不得不乏；富一家而倾千家之产，则千家之业不得不空"②。以往的抑兼并理论大都仅从贫富均等和制度严密等方面着眼，而陆贽则注意到财富资源的有限性问题。在陆贽看来，"夫以土地王者之所有，耕稼农夫之所为，而兼并之徒居然受制。官取其一，私取其十，稿人安得足食？公廪安得广储？风俗安得不贪？财货安得不壅？"③

陆贽指出："国之纪纲，在于制度；商农工贾，各有所专；凡在食禄之家，不得与人争利。此王者所以节材力，厉廉隅，是古今之所同，不可得而变革者也。"④"与民争利"是中国古代经济思想史上的一个命题，它一般是指封建国家通过超经济的行政干预以攫取民间财富的行为，而陆贽却看到官

---

① 《通典·田制下》。
② 《陆宣公奏议》卷十二《均节赋税恤百姓第六·论兼并之家私敛重于公税》。
③ 《陆宣公奏议》卷十二《均节赋税恤百姓第六·论兼并之家私敛重于公税》。
④ 《陆宣公奏议》卷十二《均节赋税恤百姓第六·论兼并之家私敛重于公税》。

僚可以借助国家权力进行土地兼并的危害性，显示了新的时代特色与他独特的眼光。

陆贽推崇井田制，指出：“古先哲王疆理天下，百亩之地，号曰一夫；盖以一夫授田，不得过于百亩也。欲使人无废业，田无旷耕，人力田畴，二者适足，是以贫弱不至竭涸，富厚不至奢淫，法立事均，斯谓制度。”①

4. 李翱的土地制度方案

李翱（？ ~836），字习之，成纪（位于今甘肃秦安县）人，唐朝文学家、哲学家，历任中央与地方的多处官职，关心社会问题。

李翱认为当时的土地占有制度不合理，对当时的财政制度持激烈的批评态度：“重敛则人贫，人贫则流者不归而天下之人不来。由是土地虽大，有荒而不耕者，虽耕之而地力有所遗，人日益困，财日益匮。”② 在他看来，只有实施节用裕民的财政政策，才能充分发挥土地效益，促进经济发展，即所谓“轻敛则人乐其生，人乐其生则居者不流而流者日来。居者不流而流者日来，则土地无荒，桑柘日繁，尽力耕之，地有余利，人日益富，兵日益强。”③

中国封建社会中的土地理论，大多着眼于等级制度、豪强兼并、戍边垦殖三大主题，而李翱则以减轻税赋负担作为解决土地问题的关键，其思路是新颖的，但思路是错误的，甚至是倒退的。正如东汉荀悦所说：国家简单地减免赋税，真正得益的只能是占有大量土地的富人，反而可能促进他们对农民土地的兼并。这一点，在后来明清的实践中得到了证明。明中后叶士大夫们不断要求国家减税，结果却是富了官僚地主，穷了国家与人民。官员士大夫们田连阡陌，而普通农民们却贫穷到无以维生，国家同样财政枯竭。清朝建立，吸取明朝的教训，坚决打击官僚地主的偷税漏税行为。可见李翱的思想代表了官员地主的利益，却大害于贫民与国家。

---

① 《陆宣公奏议》卷十二《均节赋税恤百姓第六·论兼并之家私敛重于公税》。
② 《李文公集·平赋书》。
③ 《李文公集·平赋书》。

四 近世的土地思想

唐宋之际，土地关系发生了较大变化。近世①，土地权益的市场分配与交易成为主流，政府的分配不占重要地位。

（一）两宋时期的土地思想

1. 宋代土地政策的转变

宋代社会经济的发展水平超过唐代，但由于政府实施"田制不立"的土地政策，导致土地占有关系发生一系列重大变化，使这一时期的土地思想具有新的历史特点。北宋初年，荒地较多，土地兼并现象不太严重，为了较快地恢复生产和发展经济，政府发布了一些诏令，鼓励人民垦辟土地。如宋太祖赵匡胤于乾德四年（公元966年）诏曰："所在长吏，告谕百姓，有能广殖桑枣，开垦荒田者，并只纳旧租，永不通检。"②

北宋政府的上述措施，对当时全国范围内的荒土垦辟起了积极作用，江南大部地区农业经济日益繁荣，如"吴中自昔号称繁盛，四郊无旷土，随高下皆为田"③，即使在四川等内地，也是"旷土尽辟"④。但是，由于宋初并不像西晋、北魏、隋唐等朝那样采取颁发田制的办法，在放任农户垦荒的同时，忽视了对豪族富家兼并土地的必要约束，造成了日后尾大不掉的兼并狂潮。

赵匡胤对此认为："富室连我阡陌，为国守财，缓急盗贼窃发，边境骚动，兼并之财，乐于输纳，皆我之物。"⑤ 这种论调具有合理的一面，但是客观上也为土地兼并大开方便之门，加剧了土地集中的趋势。

---

① 这里的"近世"指的是宋朝到清朝这一时期。
② 《宋会要辑稿·食货一之一六》。
③ 范成大：《吴郡志》卷二。
④ 《续资治通鉴长编》卷一百六十八《皇祐二年六月》载丁度奏疏。
⑤ 王明清：《挥尘后录余话》卷一《祖宗兵制名框廷备检》。

富室的兼并可能会破坏生产。当时有人揭露说："今之淮、楚、荆、襄，与夫湖广间，沃野绵亘，不知几千百里。然禾黍之地，鞠为茂草，肥饶之壤，荡为荒秽，耕夫过之掉臂不顾，何耶？意者土未加辟，豪强操契券以夺之。"① 湖南、广西一带，"闲田甚多，或为兼并之家占据阡陌，而自租税，终不入官，田野小民，未必蒙被恩惠"②。兼并势力甚至延伸到学田，"赡士公田，多为形势之户侵占请佃，逐年课利入于私家，以致士子常患饔廪不给"③。这种危害在东汉时就被仲长统就注意到了。

2. 李觏的土地思想

李觏（1009～1059），字泰伯，南城（今属江西）人。试太学助教，后又任太学说书、海门主簿。李觏的经济思想比较丰富，撰有《平土书》《富国策》等专著，土地问题便是其中的最主要部分。

李觏推崇井田制，但并不主张恢复古制，只想依据这条原则实施限田。他指出："土，天下之广也，而一块莫敢争，先为之限也。"他强调，"限人占田，各有顷数，不得过制"，以达到"游民既归而兼并不行，则土价必贱。土价贱，则田易可得。田易可得而无逐末之路、冗食之幸，则一心于农，一心于农，则地力可尽矣"④。李觏注意到的问题及提出的方案与前人大多相同，但是所分析的内涵则更具有经济学逻辑，反映当时商品价格意识在南宋士人的心中已经有了相当地位。

在土地开发问题上，李觏重视富人和资本的作用，认为："田皆可耕也，桑皆可蚕也，材皆可饬也，货皆可通也，独以是富者，心有所知，力有所勤，夙兴夜寐，攻苦食淡，以趣天时，听上令也。"⑤ 李觏发现由于一些贫民无力自耕土地，不得不依靠富人的资本，"则富家之役使者众；役使者众，则耕者多，耕者多，则地力可尽矣。然后于占田之外，有能垦辟者，不

---

① 杨冠卿：《客亭类稿》卷八《垦田》。
② 《建炎以来系年要录》卷一百六十二《绍兴二一年九月己酉记事》。
③ 《宋会要辑稿·食货五之二六》。
④ 《富国策第二》，载《李觏集》，中华书局，1981，第135～136页。
⑤ 《国用第十六》，载《李觏集》，中华书局，1981，第135～136页。

限其数。昔晁错言于文帝，募天下入粟县官，得以拜爵。今宜远取秦汉，权设爵级，有垦田及若干顷者，以次赏之。富人既不得广占田而可垦辟，因以拜爵，则皆将以财役佣，务垦辟矣。如是而人有遗力，地有遗利，仓廪不实，颂声不作，未之信也"①。这种政策本质是政府用社会地位向富人交易资本，或者富人向政府购买政治地位与社会声望。这样既能限制土地的兼并，又可依靠富人的财力发展农业生产。

3. 张载的复井田论

张载（1020～1077），字子厚，凤翔郡县（今陕西眉县）人。仁宗进士。历任丹州云岩县令、崇文院校书、签书渭州判官公事、同知太常礼院等职。张载的思想对后世中国的影响比较大。

张载的思想比较保守，主张恢复"封建"，即西周时期领主分封制，在封建的背景下实施井田制。他认为："井田而不封建，犹能养而不能教；封建而不井田，犹能教而不能养。"② 中国古代赞同井田制的人不少，但大多认为事过境迁，要恢复井田制难乎其难，而张载却断言实施井田制非常容易。他设想实施井田制的办法非常简便："其术自城起，首立四隅；一方正矣，又增一表，又治一方，如是，百里之地不日可定，何必毁民庐舍坟墓，但见表足矣。方既正，表自无用，待军赋与治沟洫者之田各有处所不可易，旁加损井地是也。"③ 这当然是一种空想。

除了张载之外，当时主张或赞成井田制的还有程颢、程颐等人。程颢肯定井田制能"使贫富均"，因而实施其必将是"愿者众，不愿者寡"④。程颐也"常言要必复井田、封建"⑤，但是到了晚年，他改变自己的看法。

4. 王安石变法中所体现的土地思想

王安石（1021～1086），字介甫，临川（今属江西）人。仁宗时考中进

---

① 《富国策第二》，载《李觏集》，中华书局，1981，第136页。
② 《月令统》，载《张载集》，中华书局，1978，第297页。
③ 《经举理窟·周礼》，载《张载集》，中华书局，1978，第249页。
④ 《河南程氏遗书》卷十。
⑤ 《河南程氏遗书》卷十。

士，神宗时被召为翰林学士兼侍讲、参知政事、同中书门下平章事，相当于宰相。在这期间，王安石发起并实施了著名的变法，变法内容很广泛，其中与土地有关的变法种类有青苗法、农田水利法、免役法、方田均税法等，其中农田水利法和方田均税法直接关系到土地问题。

农田水利法的目的是鼓励各地兴修水利和开垦荒田。史载："凡有能知土地所宜，种植之法，及修复陂湖河港或原无陂塘、圩埠、堤堰、沟洫而可以创修；或水利及众而为人所擅有，或田去河港不远为地界所隔，可以均济流通者；县有废田旷土可以纠众兴修；大川沟渎，浅塞荒秽，合行浚导；及陂塘堰埭可以取水灌溉，若废坏可兴治者；各述所见，编为图籍，上之有司。其土田追大川，数经水害，或地势污下，雨潦所钟，要在修筑圩焊堤防之类以障水势，或疏导沟洫亩浍，以泄积水。县不能办，州为遣官。事关数州，具奏取夺。民修水利，许贷常平钱谷给用。"[1] 王安石要求对全国水利设施进行调查并整修，具有宏观眼光。在实际损伤方面，则主张发动国家、地方及民众多方面的积极性。

方田均税法的目的是要平均不合理的财政负担。北宋初期，由于土地买卖兼并已久，地籍紊乱，富者田产日增而田赋并未随之增加，贫者田产日少而田赋并不随之减少。据《宋史》载，当时纳税者才十之三，甚而有私田百亩者，只纳四亩的税。方田均税法的思路是通过土地清丈以确定实际占有面积，作为征收合理税赋的依据。宋仁宗时大理寺丞郭谘和秘书丞孙琳曾在洛州、蔡州等地实行均税，使用千步方田法计算土地面积，清查民田，取得一定效果，"其时均定税后，逃户归业者五百余家，复得税效不少，公私皆利，简当易行"[2]。后来在庆历新政期间，欧阳修也建议采用这种办法均税。因"议者多言不便"[3] 而作罢。到了王安石变法时，方田均税政策进一步周密化了。方田法首次颁行于熙宁五年（公元 1072 年）。到第二年，又补充了两条修订规定：其一，土地是否分为五等，可视各地实际情况而定；其

---

① 《宋史·河渠志》。

② 《论方田均税札子》，载《欧阳修全集》下，中国书店，1986，第 822 页。

③ 《论均税札子》，载《欧阳修全集》，中国书店，1986，第 890 页。

二，确定各户土地等级时，除田户和官方外，应由甲头数人作为第三方参与。这样既照顾到各地的实际情况，也通过不同利益方相互监督，避免舞弊行为。

宋代以前，国家往往在战乱之后掌握大量荒地，从而有能力重新分配土地。但在宋代，人地关系变化，私有制经济空间发展，朝廷掌握土地有限，无力推行占田、均田等田制。在此条件下，方田法便适时地成为国家土地管理的制度形式。

5. 叶适的土地思想

叶适（1150~1223），字正则，温州永嘉人。南宋孝宗时进士，曾任太常博士、江淮制置使等职。在中国古代思想的发展史上，他是"永嘉学派"的集大成者。他反对复古，认为"若将行其法度以制四海之命，不去其所以害是者，而劫劫然，惴惴然，害之愈深，守之愈固，鹰而不解，滞而不通，此岂有古今之异时哉?"[①] 这种思想对其土地理论有直接影响。

叶适的土地思想当中包含两个新颖观点：其一是明确提出了反对抑兼并；其二是批判复井田论调。反对抑兼并的理论依据是肯定富人的社会作用，他指出："县官不幸而失养民之权，转归于富人，其积非一世也。小民之无田者，假田于富人；得田而无以为耕，借资于富人；岁时有急，求于富人；其甚者庸作奴婢，归于富人；游手末作，俳优伎艺，传食于富人；而又上当官输，杂出无数，吏常有非时之责无以应上命，常取具于富人。然则富人者，州县之本，上下之所赖也。富人为天子养小民，又供上用，虽厚取赢以自封殖，计其勤劳亦略相当矣。乃其豪暴过甚兼取无已者，吏当教戒之；不可教戒，随事而治之，使之自改则止矣……夫人主既未能自养小民，而吏先以破坏富人为事，徒使其客主相怨，有不安之心，此非善为治者也。"[②]

叶适鲜明地否定恢复井田制。他指出："井田之制，百年之间，士方且相与按图而画之，转以相授而自嫌其迁，未敢有以告于上者，虽告亦莫之听

---

① 《水心别集·民事下》，载《叶适集》第三册，中华书局，1961，第787页。

② 《水心别集·民事下》，载《叶适集》第三册，中华书局，1961，第657页。

也。"① 认为井田制在当时的条件下，为法琐细，无法实行。

叶适还反对官方介入土地的民间买卖，认为"民自以私相贸易，而官反为之司契券而取其直。而民又有于法不得占田者，谓之户绝而没官；其出以与民者，谓之官自卖田，其价与私买等，或反贵之。然而民乐私自买而不乐与官市，以为官所以取之者众而无名也。"②

6. 朱熹等人的经界理论

历史发展到宋代，土地关系日益复杂，笼统的抑兼并和限田越来越缺乏现实的可行性，在这种历史条件下，出现了朱熹等人的土地经界说。

"经界"一词最初由战国时孟轲提出。他曾强调："夫仁政，必自经界始，经界不正，井地不钧，谷禄不平。是故暴君污吏必慢其经界，经界既正，分田制禄，可坐而定也。"③ 从此以后，正经界就成为士人官僚们经常讨论的话题。如唐代柳宗元在谈到当时的地籍问题时说："夫如是不一定经界，核名实，而姑重改作，其可理乎？"④ 到了宋代，由于不存在重新大规模分配田地的可能性，所以重视经界的人越来越多，如程颢所说："经界不可不正，井地不可不均，此为治之大本也。"⑤ 张载强调："治人先务，未始不以经界为急"⑥ 等。南宋以后，财政压力不断提升，正经界理论逐步付诸实施。

南宋规模最大的一次正经界是在绍兴年间由李椿年主持的。李椿年，浮梁（治所在今江西景德镇北）人。北宋哲宗时进士，历任司农丞、度支郎中、婺州知事等。李椿年认为经界混乱是导致土地兼并的根源，指出："孟子曰：'仁政必自经界始。'井田之法坏而兼并之弊生，其来远矣。况兵火之后文籍散亡，户口租税，虽版曹尚无所稽考，况于州县乎？豪民猾吏，因缘为奸，机巧多端，情伪万状，以强吞弱，有田者未必有税！有税者未必有

---

① 《水心别集·民事下》，载《叶适集》第三册，中华书局，1961，第655页。
② 《水心别集·民事下》，载《叶适集》第三册，中华书局，1961，第652页。
③ 《孟子·梁惠王上》。
④ 《柳河东集》卷三十二《答元饶州论政理书》。
⑤ 《二程全书·明道文集·论十事札子》。
⑥ 《吕大临横渠先生行状》，载《张载集》，中华书局，1961，第384页。

田，富者日益兼并，贫者日以困弱，皆由经界之不正耳。"①

在这种思想的指导下，李椿年经朝廷同意，在平江一府进行试点，然后推行开来，历时六七年，收到实效。后来朱熹在宋光宗绍熙年间还提道："经界一事，最为民间莫大之利，其绍兴中已推行处，至今图籍尚有存者，则其田税犹可稽考，贫富得实，诉讼不繁，公私之间，两得其利。"②

朱熹（1130～1200），字元晦、仲晦，号晦庵，原籍婺源（今属江西），生于尤溪（今属福建）。高宗时进士，历任多职。在中国古代思想发展史上，朱熹是程朱理学的集大成者，而在经济思想方面，经界论又是其土地思想的主要内容。

对于封建社会中的农村阶级关系，朱熹持有较为独特的观点，他认为不同阶级之间的利益是互为依存，可以调和的："乡村小民其间多是无田之家，须就田主讨田耕作。每至耕种耘田时节，又就田主生借谷米，及至终冬成熟，方始一并填还。佃户既赖田主给佃生借以养活家口，田主亦借佃客耕田纳租以供赡家计，二者相须方能存立。"③ 这实际上也是一种为富人辩护的理论。由于他既对土地兼并势力持较为开通宽松的态度，又希望缓解由于土地占有不均所导致的社会危机，所以只能从正经界等土地管理的操作性层次寻找两全之策。

在理论上，朱熹阐述了经界的重要意义，指出："版籍不正，田税不均，虽若小事，然实最为公私莫大之害。盖贫者无业而有税……富者有业而无税……则公私贫富，俱受其弊。"④ 关于造成经界混乱的原因，朱熹认为是"人户虽已逃亡而其田土只在本处，但或为富家巨室先已并吞，或邻后至宗亲，后来占据，阴结乡吏隐而不言耳"⑤。

此外，宋代其他在各地推行经界的官员也不少。

---

① 《文献通考·田赋五》。
② 《朱文公文集》卷十九《备奏经界状》。
③ 《朱文公文集》卷一百《劝农文》。
④ 《朱文公文集》卷二十一《经界申诸司状》。
⑤ 《朱文公文集》卷二十一《经界申诸司状》。

宋代土地思想转变部分原因是迫于外部军事压力，提升了土地政策的财政职能，加重了土地管理中的财政成分。

（二）元明时期的土地思想

元朝统治者入主中原之后，对土地的开发给予了相当重视。至元二十三年（公元 1286 年），政府颁布《农桑条例》强调："凡荒田除军营极定及公田外，其余投下探马赤军的自行冒占，经官司勘当得实，悉交民耕种，先给贫民，次及余户。"① 两年以后，又命令"募民能耕江南旷土及公田者，免其差役三年，所输租免三分之一"②。至元二十九年（公元 1292 年）命令："沙州瓜州民徙甘州，诏于甘肃两界，画地使耕，无力者则给以牛具农器。"③

除了历代皆有的土地兼并之外，元代独特的土地现象——大规模赐田，也带来了严重的社会问题。泰定元年（公元 1324 年）的中书平章政事张珪就指出："天下官田岁入，所以赡卫士给戍卒，自至元三十一年以后，累朝以是田分赐诸王、公主、驸马及百官、宦者、寺观之属，遂令中书酬直海漕，虚耗国储。其受田之家，各任土著奸吏为庄官，催甲斗级，巧名多取；又且驱迫邮传，征求饩廪，折辱州县，闭偿逋负，至仓之日，变鬻以归。官司交忿，农民窘窜。"④

1. 马端临的土地思想

随着土地私有制的不断发展，人们的认识水平不断提高，这一时期的土地理论也出现了新的发展。如马端临就肯定了地权私有。马端临（1254～?），字贵平，乐平（今属江西）人。曾任慈湖、柯山二书院山长，台州路学教授。他用 20 年时间编著《文献通考》，在回顾和评析历史上土地制度的演变时，明确肯定土地私有是历史发展的必然。马端临写道："……秦汉以来，官不复可授田，遂为庶人之私有，亦其势然也……三代以上，田产非庶人所得私

---

① 《元史·食货志》。
② 《续资治通鉴》卷八十八。
③ 《元史·世祖纪十四》。
④ 《元史·张珪传》。

也，秦废井田而捐田产以予百姓矣。"①

马端临列举了这样几条恢复井田制的前提条件：一、了解土地的肥瘠；二、查清农户人口；三、知道民夫的勤惰配；四、掌握每户人口的年龄；五、只有每人的职业才能分配；六、防止官吏的干扰。在马端临看来，这些在当时的条件下都是做不到的。如果强制推行井田制，就势必"强夺民之田以召怨荫"②，而这是不利于社会的稳定和经济的长远发展的。在分析北魏均田制时，马端临也指出："是令其从便买卖，以合均给之数，则又非强夺之以为公用而授无田之人。"③ 他的这种看法在当代得到很多学者的认同。

2. 明初方孝孺等人的田制思想

明代初期，统治集团重视安置流民和开发土地等问题，为了恢复农业生产，明朝政府采取过很多方法，收到了较好的效果。在此背景下，很多人积极建言建策，推动生产更快更好发展与社会长治久安。

但土地兼并在明朝并未绝迹，而且在中期以后愈演愈烈。与前代情况有所不同的是，除豪富之家侵占民田外，明代高层统治集团也通过建立皇庄的方式大量占有土地。这种现实情况促使土地理论重新成为社会热点。

明代中期以前，复井田的观点一度比较流行，如衢州教授胡翰和洪武进士、翰林学士兼右春坊大学士解缙和方孝孺等，都持此一主张。

方孝孺（1357～1402），字希直、希古，浙江宁海人。曾任汉中府学教授、翰林博士、侍讲学士等职。方孝孺复古思想浓厚，推崇井田制是"三代圣人公天下之大典"，"酌古今之中，尽裁成之理"的理想土地制度，它在古代取得了"富庶胜于今，风俗美于今，上下亲洽过于今，国之强盛且久过于今"的显著效果，在明初的特定历史条件下，更应推行，因为"今天下丧乱之余，不及承平十分之一，故均田之行莫便于此时"④。至于实行井田制过程中的技术困难，方孝孺提出了变通的办法，不平整的土地未必要

---

① 《文献通考·自序》。
② 《文献通考·自述》。
③ 《文献通考·田赋二》。
④ 《逊志斋集》卷十一《与友人论井田》。

划成井田，"但使人人有田，田各有公田，通力趋事，相救相恤，不失先王之意则可矣。江汉以北，平壤千里，画而井之，甚易为力也"①。

3. 丘濬的土地思想

丘濬（1420～1495），字仲深，号琼台，广东琼山人。英宗时考中举人，曾担任文渊阁大学士、户部尚书兼武英殿大学士等重要职务。

丘濬十分重视土地的作用，"民之所以为生产者，田宅而已。有田有宅，斯有生生之具"②。对于当时士人们热衷于恢复井田制的观念，丘濬认为："井田已废千余年矣，决无可复之理……不若随时制宜，使合于人情，宜于土俗，而不失先王之意。"③ 如何实现在限制占田，不使社会贫富过于悬殊的同时，又要遵循经济规律与既定事实呢？对此，丘濬制定了一个名叫"配丁田法"的方案，他建议说："请断以一年为限，如自今年正月以前，其民家所有之田，虽多至百顷，官府亦不之问。惟自今年正月以后，一丁惟许占田一顷。于是以丁配田，因而定为差役之法。丁多田少者，许买足其敷。丁田相当，则不许再买，买者没入之。其丁少田多者，在吾未立限之前，不复追咎；自立限以后，惟许其鬻卖，有增买者并削其所有。"④ 这个方案比较有价值的地方是把占田数量与承担的差役捆绑在一起，"以田一顷，配人一丁，当一夫差役。其田多丁少之家，以田配丁，足数之外，以田二顷，视人一丁，当一夫差役，量出雇役之钱。田少丁多之家，以丁配田，足数之外，以人二丁，视田一顷，当一夫差役，量应力役之征。"⑤

在当时特定的历史条件下，丘濬的方案其实是存在成功的可能性的。因为明朝前中期的差役与土地占有挂钩，占有土地多则差役重，成本高，利益不大，所以当时人多不愿买田。明中期"一条鞭法"实行后，土地占有与差役脱钩，土地兼并遂不可控制。

---

① 《逊志斋集》卷十一《与友人论井田》。
② 《大学衍义补》卷十四《固邦本·制民之产》。
③ 《大学衍义补》卷十四《固邦本·制民之产》。
④ 《大学衍义补》卷十四《固邦本·制民之产》。
⑤ 《大学衍义补》卷十四《固邦本·制民之产》。

4. 张居正的土地清丈主张

张居正（1525～1582），字叔大，号太岳，江陵（今属湖北）人，嘉靖进士。在明神宗时期张居正任首辅之官达十年，直接掌管朝政。

在土地关系方面，张居正不但提出要抑制兼并，而且付诸实施。

当时土地负担不均，穷人负担重，富人负担反轻，对此，张居正主张："查刷宿弊，清理逋欠，严治侵渔揽纳之奸。"① 通过核实田亩"清影占，则小民免包贴之累，而得守其本业；惩贪墨，则闾阎无剥削之扰，而得以安其田里。"②

张居正对历史与社会现实有清醒认识，知道这个政策必然会遭遇强烈反弹，但他坚定不动摇："丈田一事，揆人之情，必云不便，……苟利社稷，死生以之，仆比来唯守此二言，虽以此蒙垢致怨，而于国家实为少裨。"③他要求："所在强宗豪民敢有挠法者，若潞城、饶阳公族等者，皆请下明诏切责。"④

由于张本人的坚持及获得朝廷的支持，这一土地政策建议得以实施并落实。万历六年（公元1578年），明政府正式下令"料田"（度田），凡庄田、民田、职田、荡田、牧地，全属丈量范围。为了达到预定的政策目标，还特别规定任何田地都没有特殊权。

这一次清丈田亩工作总体来看效果不错。到万历八年（公元1580年）底，全国田地为7013976顷，比隆庆五年（公元1571年）增加了2336026顷。到万历十年（公元1582年），全国清丈完成时，田亩数字接近或超过洪武二十六年（公元1393年）的水平。

---

① 《张太岳文集》卷二十六《答应天巡抚宋阳山论均粮足民》，载《张太岳集》，上海古籍出版社，1984，第317页。

② 《张太岳文集》卷二十六《答应天巡抚宋阳山论均粮足民》，载《张太岳集》，上海古籍出版社，1984，第317页。

③ 《张太岳文集》卷三十一《答福建巡抚耿楚侗谈王霸之辩》，载《张太岳集》，上海古籍出版社，1984，第300页。

④ 《张太岳文集》卷四十七《太师张文忠公行实》，载《张太岳集》，上海古籍出版社，1984，第597页。

更重要的是，当时普遍存在的占田多却负担轻，占田少却负担重的不平等情况在一定程度上得到纠正，普通百姓生活得到了改善。如在浙江，在土地清丈后，"民间虚粮赔累之弊尽汰"①。在山东，"清丈事极其妥当，粮不增加，而轻重适均，将来国赋，既易办纳，小民如获更生"②。在福建，履田丈量使"民间无不税之田，计亩均粮，公家无不田之税"③。

（三）明清之际到鸦片战争时期的土地思想

明清之际社会经济继续向前发展，人口不断增长，人地关系日益紧张，加上明清易代所造成的冲击，使得这一阶段的土地思想及建议方案具有独特的历史特点，与前代相比具有较大的突破，其中有些思想家的见解水平比较高。

1. 王夫之的土地民有论

王夫之（1619～1692），字而农，号姜斋，又号夕堂，湖广衡州府衡阳县（今湖南衡阳）人。与顾炎武、黄宗羲并称明清之际三大思想家。

在中国历史上，王夫之第一次明确肯定土地私有的历史合理性。王夫之强调："王者能臣天下之人，不能擅天下之土。……若夫土，则天地之固有矣。王者代兴代废，而山川原隰不改其旧。其生百谷卉木金石以养人，王者亦待养焉，无所待于王者也，而王者固不得而擅之。"④ 在另一部著作中，王夫之指出："地之不可擅为一人有，犹天也。天无可分，地无可割，王者虽为天之子，天地岂得而私之，而敢贪天地固然之博厚以割裂为己土乎？"⑤

王夫之还认为土地兼并也是合理的，他认为土地的兼并来自吏治的腐败，使"村野愚懦之民以有田为祸，以得有强豪兼并者，为苟免逃亡、起

---

① 《天下郡国利病书》卷八十七《浙江九·义乌县〈田赋书〉》。
② 《张太岳文集》卷三十三《答山东巡抚何来山言均田粮核吏治》，载《张太岳集》，上海古籍出版社，1984，第421页。
③ 《天下郡国利病书》卷九十一《福建一·福州府〈土田〉》。
④ 《船山遗书·噩梦》。
⑤ 《读通鉴论·（晋）孝武帝》。

死回生之计。唯强豪者乃能与墨吏猾胥相浮沉，以应无艺之征"①。因此，土地兼并反映的不仅仅是土地关系，也是国家与人民的关系，是政权与社会的关系。

王夫之的解决方案是区别自耕与佃耕，按不同税率征税。"轻自耕之赋，而佃耕者倍之。"② 王夫之的认识是深刻的，设想是独特的，也是具有一定的可行性的，与现代社会的累进税有异曲同工之妙。只是在当时的历史条件下，还没有发展到实施这种政策的程度。

2. 顾炎武的田租论

顾炎武（1613～1682），原名绛，字忠清，后改名炎武，字宁人，号亭林，江苏昆山人。曾参与反清复明活动，任南明的兵部司务。

在顾炎武的家乡苏州、松江等地租赋很重，所以顾炎武较多关注田赋问题。他发现明朝政府把公田之租转嫁到平民之田税上，批评说"国家失累代之公田，而小民乃代官田纳无涯之租赋，事之不平，莫甚于此"③。

顾炎武认为"犹执官租之税以求之固已不可行，而欲一切改从民田以复五升之额，又骇于众而损于国"④，较好的办法是彻底重新洗牌，丈量苏州各县土地，不论土地的公私，一律根据土地的肥沃程度分三等缴纳赋税：由高到低分别缴纳 2 斗、1 斗 5 和 1 斗，这样就能使"民乐业而赋易完，视之绍熙以前犹五六倍"，"去累代之横征而立万年之永利"。⑤

苏州一带不但土地集中，而且地租很高："吴中之民有田者十一，为人佃作者十九。其亩甚窄，而凡沟渠道路皆并其税于田之中。岁仅秋禾一熟，一亩之收不能至三石，少者不过一石有余，而私租之重者至一石二三斗，少亦八九斗。佃人竭一岁之力，粪壅工作，一亩之费一缗，而收成之日所得不过数斗，至有今日完租而明日乞贷者。"⑥

---

① 《船山遗书·噩梦》。
② 《读通鉴论·（隋）文帝》。
③ 《日知录》卷十《苏松二府田赋之重》。
④ 《日知录》卷十《苏松二府田赋之重》。
⑤ 《日知录》卷十《苏松二府田赋之重》。
⑥ 《日知录》卷十《苏松二府田赋之重》。

对此，顾炎武也要求给予减轻："当禁限私租"，以收获的三分之一为限，上田的地租最高不得超过八斗，这样才可使"贫者渐富而富者亦不至于贫"①。

3. 颜李学派的土地思想

颜元（1635～1704），字易直，又字浑然，号习斋，直隶博县北杨村（今属河北省）人。王源（1648～1710），字昆绳，大兴（今属北京）人，康熙年间举人。李塨（1659～1733），字刚主，号恕谷，蠡县（今属河北）人。康熙年间举人，曾任通州学政。李塨是颜元的学生，他俩被看作颜李学派的代表。后来由于王源的加入，这一学派的影响更为广泛。

颜李学派及王源比较重视土地问题。颜元年轻时就写了《王道论》（后改为《存治编》一书，还就土地问题专门撰著了《井田》等文章）。王源也曾著有《平书》，其中的分土、制田等节，与王夫之的"土地民有论"相呼应。王源还提出了"有田者必自耕"的原则，与后世孙中山"耕者有其田"的主张有相通之处。这种主张现在看来当然行不通，但在当时是创新之见。

至于非农用土地的自由买卖方面，王源则持宽松的态度："野外不令有私地，而城中不能尽公。不如听人私相买卖、建造收其房租为便。"② 这是中国传统社会中很少见的专门论及城市土地政策的见解，具有近现代的色彩。

颜李学派不主张过分运用国家行政干预力量强行分配土地，而希望强调有田自耕、过限归佃，通过经济的、过渡的途径达到均田的目的。这既是对传统土地思想中"力业相称"原则的继承，也是为了维护小农社会经济地位和社会稳定。

五 晚清时期的土地思想

在鸦片战争爆发前夕，清朝出现了土地兼并的恶性膨胀。如乾隆时的权

---

① 《日知录》卷十《苏松二府田赋之重》。
② 《平书订》卷十原注。

臣和珅被查抄家财时，计有"地亩八千余顷，估银八百万两"①。不仅如此，连其家丁刘、马也各占有"地亩六百余顷，估银六十万两"②。又如广东巡抚百龄，在不到一年时间里，就兼并土地五十余万亩；道光时的大学士琦善占有土地竟达二百五十六万一千二百余亩。

土地兼并加剧了社会贫富悬殊，导致下层农民无以为生，不得不起义反抗，这一时期规模较大的事变有白莲教农民起义和天理教农民起义。

随后的鸦片战争、太平天国等事件又严重冲击了社会的经济基础，导致地权关系出现了剧烈动荡。这一时期的有识之士也对土地问题提出了各种各样的见解及解决办法。

1. 龚自珍的农宗论

在这种严峻的社会形势下，龚自珍提出了解决土地危机的建议方案——农宗论。龚自珍（1792～1841），字璱人，号定庵。汉族，仁和（今浙江杭州）人。清代思想家、诗人、文学家和改良主义的先驱者。

龚自珍认为：以长子财产继承权为基础的宗法关系是缓和封建土地占有矛盾的最佳途径："百亩之农，有男子二，甲为大宗，乙为小宗。小宗者，帝王之上蕃，实农之余夫也，有小宗之余夫，有群宗之余夫。小宗有男子二，甲为小宗，乙为群宗。群宗者，帝王之群蕃也。余夫之长子为余夫。大宗有子三、四人若五人，丙丁为群宗，戊闲民。小宗余夫有子三人，丙闲民。群宗余夫有子二人，乙闲民。闲民使为佃。"③

农宗方案在本质上是一种有差别的土地占有权利架构，只是阶级矛盾被包含在宗族之内。而且，这种制度其实非常类似于欧洲中世纪及日本近代以前的长子继承制，只能在比较落后的经济条件下实施。近代欧洲与日本等国尚不能实行，晚清就更无实践可能了。

2. 《天朝田亩制度》及其理论意义

1851 年，爆发了由洪秀全领导的太平天国起义。1953 年 3 月，太平军

---

① 薛福成：《庸庵笔记》卷三《查抄和珅住宅花园清单》。
② 薛福成：《庸庵笔记》卷三《查抄和珅住宅花园清单》。
③ 《农宗》，载《龚自珍全集》，中华书局，1959，第 49 页。

攻克南京，将它定为太平天国的首都，改名天京。同年，颁布了《天朝田亩制度》。这是一个以解决土地问题为中心的纲领性文件，既是洪秀全等人土地理论的反映，又是中国历代农民起义中提出的土地要求的最集中体现。

《天朝田亩制度》明确提出了"凡天下田，天下人同耕"，"有田同耕，有饭同食，有衣同穿，有钱同使，无处不均匀，无人不饱暖"的口号。这种思想反映了广大穷苦农民的意愿，又与明清时期一些地主阶级的理论阐述不无关联。如清初唐甄（1630~1704）在《潜书》中就提出："天地之道故平，平则万物各得其所。及其不平也，此厚则彼薄，此乐则彼忧。"[①] 早先的颜李学派也提出过这样一个观点，即"天地间田，宜天地间人共享之"[②]。显然，这与太平天国的土地制度思想有着更相近的含义。

平均土地思想同时又深受外国宗教思想的影响。在《原道醒世训》中，洪秀全写道："天下凡间，分则之则有万国，统言之则实一家……天下多男人，尽是兄弟之辈，天下多女子，尽是姊妹之群。何得存此疆彼界之私，何得起尔吞我并之念？"[③] 这明显是基督教内在的宗教平等观在社会经济领域的表现。

3. 曾国藩的土地思想

曾国藩（1811~1872），号涤生，湖南湘乡人。道光进士，历任内阁学士、礼部侍郎、兵部侍郎、吏部侍郎、两江总督、直隶总督等职。曾国藩于咸丰二年（公元1852年）奉旨帮办湖南团练，进而改编为湘军，直接参与镇压了太平天国起义。他的土地观点与这一特殊经历密切相关。

在对太平天国等起义军的镇压过程中，曾国藩迫于财政压力和恢复生产秩序的目的，在重新统治区域大力维护土地私有产权关系。他提出："以查亩为第一义"[④]，就是要尽快恢复原来的地权关系。这种清算包括两方面，其一是依据太平军攻占前的田单，"有契者验契给单，无契者取具田邻户族

---

① 《潜书·大命》。
② 《存治编》卷一。
③ 《太平天国》（一），上海人民出版社，1957，第92页。
④ 《署桐城县薛令元启禀拟查亩催征八条》，《曾文正公全集》批牍，卷五，第10页。

保结给单"，"查出无单之田，勒令充公"①。其二是准予逃亡地主以索还旧产之权，"如有遗失田契者"，"准其补契"②。这些都是为了恢复太平天国起义前的土地占有关系。

对于当时的一批荒芜土地，曾国藩提出了自己的处理见解，他主张："业主、佃户并无人者，由局查明报县立案。一面募人佃种，声明业主何人，倘日后回乡，仍将原田归还。此项荒田只可目以归局经理之名……"惟荒田与逆产不能相提并论，逆产者田已充公，而由官招佃也，荒田者田本有主，而暂时归局募佃也。③

另外，曾国藩也曾发表过一些薄敛减役、安定流民的言论，其目的则是为了促进农业土地的正常耕作，他在一则文章《劝戒州县》中指出："军兴以来，士与工商生计或未尽绝，惟农夫则无一人不苦，无一处不苦。农夫受苦太久，则必荒田不耕。军无粮，则必扰民；民无粮，则必从贼；贼无粮，则必变流贼，而大乱无了日矣。故今日之州县，以重农为第一要务。病商之钱可取，病农之钱不可取。薄敛以纾其力，减役以安其身。无牛之家，设法购买；有水之田，设法疏消。要使农夫稍有生聚之乐，庶不至于逃徙一空。"④ 这见解如能付诸实施，对改善农民生活、增进土地效益是有一定积极作用的。而就土地思想方面来说，这番建议并无新的创见。

曾国藩的这套观念与做法，是中国封建时代恢复生产过程中普遍存在的体系。在满清末年镇压农民起义，恢复生产秩序的过程当中，也的确发挥了较好的作用。

4. 包世臣的土地思想

包世臣（1775~1855），字慎伯，晚年自号倦翁，又号小倦游阁外史，

① 《署桐城县薛令元启禀拟查亩催征八条》，《曾文正公全集》批牍，卷五，第10页。
② 《署徽州府刘守傅祺禀拟招垦荒田情形》，《曾文正公全集》批牍，卷五，第13页。
③ 《署安徽何藩司景等会详议复荒产续还业主及安置难民由》，《曾文正公全集》批牍，卷五，第24页。
④ 《劝戒州县四条》，《曾文正公全集》杂著，卷二，第50页。

安徽泾县人。嘉庆时考中举人，曾任江南新喻（今新余）知县等官，还当过幕僚。

他的土地问题见解较集中地体现在写于第一次鸦片战争以前的《庚辰杂著二》一文中。包世臣重视农业生产，他明确认识到人的劳动对土地效益具有直接的关系，指出："百亩之粪，上农食九人，下食五人，人事之不齐，则收成相悬如此。"① 从这种观点出发，他认为造成当时国贫民苦的主要原因是"力作率不如法"②。他具体分析说："……说者谓生齿日繁，地之所产，不敷口食，此小儒不达理势之言。夫天下之士，养天下之人，至给也。人多则生者愈众，庶为富基，岂有反以致贫者哉？今天下旷土虽不甚多，而力作率不如法。士人日事占毕声病，鄙弃农事，不加研究，及其出而为吏，牟侵所及，大略农民尤受其害。故农无所劝，相率为游情。西北地广，则广种薄收，广种则粪力不给，薄收而无以偿本。东南地窄，则弃农业工商，业工商则人习淫巧，习淫巧则多浮费。"③

为了促使土地效用的正常发挥，包世臣提出兴修水利和开展屯田的主张，他指出："水利与屯田，同理而殊势。水利者明农之先务，主于足民；屯田者足食之上理，主于裕国。故水利之兴，多在闲暇之时，民足而国储亦富；屯田之兴，多在有事之秋，国裕而民急亦解。"④ 鉴于苏松一带漕赋过重，"吴中民户，国租所入仅足当漕"⑤ 的状况，包世臣和林则徐一样，希望在北方一带兴修水利，垦辟农田，"召东南习农而无地者，厚资之"，以鼓励其生产积极性。而畿辅开屯"一有成效，即可将江浙之赋或减轻，或酌改为本折兼征，则民气得苏，官困亦解"⑥。

---

① 《安吴四种》卷二十六《庚辰杂著二》。
② 《安吴四种》卷二十六《庚辰杂著二》。
③ 《安吴四种》卷二十六《庚辰杂著二》。
④ 《安吴四种》卷七上《畿辅开屯以救漕弊议》。
⑤ 《安吴四种》卷七上《畿辅开屯以救漕弊议》。
⑥ 《安吴四种》卷七上《畿辅开屯以救漕弊议》。

5. 陶煦的减租主张

陶煦（1820～1891），字村，江苏元和（今吴中区和相城区）人，是当地的一个中医。《租核》是他论述农村经济问题的专著，其中所发表的减租主张较为系统深刻，在中国近代土地思想史上占有一定的地位。

陶煦生活在苏南，是中国最发达的地区之一，但是当时的地租向来沉重，佃农生计压力很大。陶煦对苏州一带特殊的地权结构进行了分析，他指出："三春虽种菽麦，要其所得不过如佣耕之自食其力而无余，一岁仅恃秋禾一熟耳。秋禾苗不过收三石，少者止一石有余，而私租竟有一石五斗之额。"[1] 可见当年顾炎武就发现的问题，在200多年后，不但没有解决，反而日益加重了。

陶煦发现吴中的地租权利关系比较特殊："吴农佃人之田者，十八九皆所谓租田，然非若古之所谓租及他处之所谓租也。俗有田底、田面之称，田面者，佃农之所有，田主只有田底而已。盖与佃农各有其半，故田主虽易而佃农不易，佃农或易而田主亦不与。有时购田建公署架民屋，而田价必田主与佃农两议而瓜分之，至少亦十分作四六也。又田中事田主一切不问，皆佃农任之，粪壅工作之资，亩约钱逾一缗，谷贱时亦七、八斗之值也。"[2]

陶煦还对清朝比较流行的永佃制进行了具体分析，他指出："至于田，则城市之人，皆以田连底面者为滑田，鄙弃不取，而一取买田底，以田面听佃者自有之。盖佃者无田面为之系累，则有田者虽或侵刻之，将今岁受困，来年而易主矣。惟以其田面为恒产所在，敬虽厚其租额，高其折价，迫其限日，酷烈其折辱敲吸之端，而一身之所事，畜子孙之所依赖，不能舍而之他。甚者有田之家，或强夺佃者之田面，以抵其租，或转以售于人。彼佃者虽无如何，亦终倦倦不忍去也。"[3] 永佃权不仅不能使佃农的合法权益得到基本保障，有时反而成为地主进行重租盘剥的有利条件，这看法是十分深刻的。

在探讨地租过重的历史根源和演变趋势时，陶煦还较为敏锐地指出：

① 《租核·重租论》。
② 《租核·重租论》。
③ 《租核·重租申言·别异》。

"上自绅富，下至委巷工贾、胥吏之侪，赢十百金即莫不志在良田。然则田日积而归于城市之户，租日益而无限量之程，民困之由，不原于此乎?"①这实际上涉及中国近代经济发展的若干重要现象，例如投资流向、城市控制农村、地租构成的多重性等。在他看来，由于这种现象的无限制蔓延，导致了农村经济的严重凋敝，直接危及农业生产的正常进行。这促使陶煦将"培本"论作为其减租主张的思想基础。

6. 孙中山"耕者有其田"的思想

孙中山（1866~1925），名文，曾化名中山樵，字德明，号日新，后改号逸仙，广东香山（今中山）人。近代思想家、革命家。

孙中山经历丰富，学贯中西，所以他的土地思想也受到中西两方面的影响。

1890年，孙中山提出要学习西方国家，开展山地垦种，他说："试观吾邑东南一带之山，秃然不毛，本可植果以收利，蓄木以为薪，而无人兴之。农民只知斩伐，而不知种植，此安得其不胜用耶?"②

1894年，孙中山写成《上李鸿章书》，在上书中孙中山高度重视土地问题："欧洲富强之本，不尽在于船坚炮利、垒固兵强，而在于人能尽其才，地能尽其利，物能尽其用，货能畅其流——此四事者，富强之大经，治国之大本也。"③

在甲午战争后赴美英等国期间，他曾在伦敦与"爱尔兰土地国有会的成员和流亡的俄国革命者交换过土地问题的意见"④。不久又在日本和深受亨利·乔治思想影响的日本学者宫崎寅藏等人相谈，并和章太炎、梁启超等流亡学者商讨土地理论。据梁启超回忆，20世纪初孙中山曾对他说："今之耕者，率贡其所获之半于租主而未有已，农之所以困也。土地国有后，必能耕者而后授以田，直纳若干之租于国，而无复有一层地主从中朘削之，则农

---

① 《租核·重租申言·推原》。
② 《致郑藻如书》，载《孙中山全集》第1卷，中华书局，1981，第1~2页。
③ 《农功》，载《孙中山全集》第1卷，中华书局，1981，第3页注。
④ 章开源、林增平主编《辛亥革命史》中册，人民出版社，1980，第53页。

民可以大苏。"①

孙中山平均地权的主张首次出现是在 1903 年。该年秋天，孙中山在日本东京组织军事训练班，他为学员制定的誓词是："驱除鞑虏，恢复中华，创立民国，平均地权"。1905 年，孙中山在同盟会纲领当中正式提出了平均地权的口号。

1906 年秋冬间孙中山制定的《中国同盟会革命方略》中提出了"涨价归公"的观点："文明之福祉，国民平等以享之。当改良社会经济组织，核定天下地价。其现有之地价，仍属原主所有；其革命后社会改良进步之增价，则归于国家，为国民所共享。肇造社会的国家，俾家给人足，四海之内无一夫不获其所。敢有垄断以制国民之生命者，与众弃之！"② 现代西方国家普遍征收房地产税，这实际上也是一种"涨价归公"。

关于孙中山土地思想的来源，他自己说"即井田之遗意也"，只是因为"井田之法，既板滞而不可复用，则惟有师其意而已"③。同时也受到西方思潮的影响。孙中山曾表示："亨氏之土地公有，麦氏之资本公有，其学说得社会主义之真髓。"④ 这里的麦氏指的是马克思，亨氏指的就是亨利·乔治。

到民国期间，孙中山又进一步提出了"耕者有其田"的主张。

六　总结

中国的农业生产开始得很早，而农业生产与土地制度直接联系在一起。早在七八千年之前，中国南北多处地区，如湖南、河南、浙江等地，就先后开始了农业生产，而耕地的遗迹也多见诸考古报告当中。不同的技术与自然条件，不同的土地制度安排之下，农业的生产效率是截然不同的。对此，历来有识之士早有认识，不断思考如何调整生产关系与生产结构，以提高土地

① 转引自梁启超《杂答某报》，《新民丛报》第 86 号（1905 年）。
② 《中国同盟会革命方略》，载《孙中山全集》第 1 卷，第 297 页。
③ 《三民主义》，载《孙中山全集》第 5 卷，中华书局，1985，第 193 页。
④ 《在上海中国社会党的演说》，载《孙中山全集》第 2 卷，中华书局，1982，第 518 页。

利用效率，增加社会产出。从井田制到名田制，再到均田制与"不抑兼并"，土地的生产效率也在不断提高。

不仅如此，中国国土广大，面临内外压力众多，军事冲突不断。如何维持必要且充足的军事力量，保卫国家的安全与人民的生命财产，也是一个重大问题。而军事力量也依赖于经济资源的支撑。在传统中国社会，唯有农业生产才可能长期支持庞大的国防力量。因此，统治集团心知肚明，如何平衡军事部门与非军事部门之间的资源分配关系，提升军事能力，也大致只能落实到土地之上。因此，历来社会精英，也对此反复权衡，交相辩难，理论与实际结合，不断摸索。井田制、名田制、屯田制、均田制等，不仅仅是生产制度，也是军事制度。

进一步说，中国历来广土众民，南北东西纵横各数千里，各地情况千差万别，自然条件不同，经济基础各异，适宜的土地制度当然也不尽相同。种植水稻地区与种植小麦地区，相关的土地制度就有差异，相应的社会关系也不同。研究表明，水稻区、小麦区在长期的生产当中，甚至培养出迥然有异的民风习俗。人是与自然及劳动对象相互成就、共生共长的。当南方的租佃制度不断发展，人们日益接受土地的市场化与私有化的时候，北方的学者们还多抱持井田制的古老信念。当然，这不仅仅是信念的不同，也是资本及经济条件不同。条件不同，自然思考就不同。

时代在变化，人们的认识水平在提高，视野不断开阔，对于土地制度也具有越来越深刻的理解。从唐朝对土地私有化市场化的配置的不适应不理解，发展到宋元明时期的理解接受，再到清朝对土地私有化市场化的肯定，中国人对土地问题的认识也得到了提升。孙中山和梁启超所看到、所思考的，不但与孟子、管子等人截然不同，与清代的林则徐和颜李学派也相差甚远，自然提出的政策与解决方案也不尽相同。

总体来说，人是与所生活的环境相互作用、相互成就的。与其他动物相比，人类不但能够适应环境，还能够改造环境。更重要的是，人类具有主动改造环境的意愿，人类会通过思考，不断探求改造环境的路径。这一点，在中国数千年的土地思想史与土地制度变迁史当中，表现得既明显又深刻。

参考文献

《孙中山全集》，中华书局，1985。

范成大：《吴郡志》卷二。

《续资治通鉴长编》。

王明清：《挥麈后录余话》。

杨冠卿：《客亭类稿》卷八《垦田》。

B.3

中国农村土地财政政策研究

詹 卉 李成威*

摘 要: 农村土地财政政策是现代财政民生属性的重要内容,是推动现代农业发展的重要保障,治理农村土地资源外部性的重要手段。当前背景下,聚焦财政支持农村土地的领域,重点支持土地适度规模经营、土地污染治理和农村生产要素市场建设;创新财政支持农村土地的方式,进一步整合财政涉农资金、加大财政引导金融支农力度以及探索更多采用政府与社会资本(PPP)合作方式。

关键词: 财政政策 农村土地功能 现代农业 PPP

农村土地是农业生产、农民生活、农村发展的最基本的生产资料,不仅担负着经济发展的重任,同时也是农民生活最基本的保障,与乡村振兴息息相关。财政是国家治理的基础和重要支柱,财政政策与农村土地密切相关。我国农村土地具有生产功能、保障功能、承载功能、生态功能、文化功能和资产功能,财政政策在推动和规范农村土地上述功能发挥过程中取得了一定成效,但也存在一些问题。

---

* 詹卉,经济学博士、副研究员。现就职于中国农业发展银行农村金融发展研究院,主要研究领域为农村金融。李成威,经济学博士,中国财政科学研究院外国财政研究中心副主任、研究员,研究领域为土地财政、土地金融。

一 农村土地财政政策的意义

（一）农村土地财政政策是现代财政民生属性的重要内容

俗话说，土地是农民的"命根子"，就在于土地不仅是农民收入的重要来源，在城乡二元社会保障体制下，土地还在一定程度上发挥着农民的社会保障功能，农民对土地存在高度依赖性，土地是其获得收入、维持基本生存的主要手段。另外，农村土地是农业生产最重要的生产资料，而第一产业为第二、第三产业发展提供了基本的生产资料，是第二、第三产业和宏观经济发展的基础性部门，可以说，农村土地在很大程度上关系到整个宏观经济社会发展。现代财政秉持的是"以人为本"的民生财政理念，其根本目的就是推动人的全面发展，只有以人为本的财政才是可持续的、稳固的财政。因此，支持农村土地建设发展是现代财政必不可少的重要内容。

（二）农村土地财政政策是推动现代农业发展的重要保障

提高农业生产效率必须发展现代农业。现代农业是运用现代科学技术、现代组织管理方法、适应宏观经济社会发展需要的农业，对保障粮食安全、提高农民收入、缩小城乡差距和提高农业国际竞争力有重要意义。其中，提高农村土地生产经营效率，是建设现代农业的基础和前提。当前，我国农村土地以分散经营为主，无法实现规模化、标准化、集约化生产和产销对接，不能适应市场经济发展要求，已经在一定程度上制约了农业生产从数量型向质量型、效益型转变，成为建设现代农业的主要瓶颈。另外，农村土地长期缺乏水利设施、耕地保护等基本条件建设，欠账较多，无法适应提高农业生产率和建设现代农业的需要。因此，必须发展土地的适度规模经营，通过土地适度规模经营释放现代农业活力，并加强土地整治和基本条件建设，发展现代农业，进而化解粮食安全等公共风险。防范和化解公共风险是财政的基本功能，推进农村土地适度规模经营和土地整治，财政必须发挥积极作用。

（三）农村土地财政政策是治理农村土地资源外部性的重要手段

外部性即外部影响、溢出效应。农村土地具有明显的外部性特征，突出表现在：一是农村土地是粮食生产的重要生产资料，而粮食安全同能源安全、金融安全并称为世界最重要的三大安全，是一国最重要的安全战略之一。二是土地是最重要的自然资源之一，不仅为人类提供生产生活资料，还为人类提供赖以生存的环境空间，关系到生态安全与经济社会长期可持续发展。三是农村土地是一种稀缺的公共资源，对于稀缺性自然资源的利用，不能完全放任由市场机制调节，政府需要利用宏观调控手段进行管理。财政是治理外部性的重要手段，可以通过税收、收费、补贴、风险补偿金、贴息等方式，使外部性"内部化"。

二 农村土地功能辨析

土地具有物质生产、空间承载、资源生态等基本功能，古今中外概莫能外。同时，我国农村土地在城乡二元经济体制下又呈现出一些特定功能，并随着经济社会发展而不断拓展。

（一）生产功能

物质生产是农村土地最基本的功能之一。马克思就曾提出，土地是一切生产和一切存在的源泉，是人类不能出让的生存条件和生产条件。在此基础上，我国农村土地承载的是 13 亿人口大国的"吃饭"问题，是关系国家安全的粮食安全问题，而且随着人口增长和经济社会进一步发展，包括粮食在内的各类农产品的消费数量和质量都将有新的刚性要求。"以我为主，立足国内"的粮食安全战略，凸显出我国农村土地承载的重要的生产功能。

"十二五"以来至 2017 年，我国主要农产品供给稳定增长。以 2017 年为例，全年粮食总产量为 61791 万吨，比上年增加 166 万吨，增长 0.3%，粮食单产达 367 公斤/亩，比上年增加 3.6 公斤/亩，增长 1.0%。蔬菜、水果总产量连续增加，肉类、禽蛋、奶类稳中有升，肉类、禽蛋和水果产量连续多年居世界第一，奶类产量居世界第三（见表1）。农村土地的生产功能可见一斑。我国自2015年开展供给侧结构性改革以来，农业生产经营以质量和绿色为导向，不再单一强调农产品数量增长，一些主要农产品数量增速开始下降，2018年全国粮食总产量比2017年下降0.6%。同时品质有所提升，结构优化开始显现。

表1　全国主要农产品产量（2011～2016年）

单位：万吨

年份	粮食作物	棉花	油料	糖料	蔬菜	肉类	禽蛋	奶类	水果
2011	57121	659	3307	12517	67930	7958	2811	3658	22768
2012	58958	684	3437	13485	70883	8387	2861	3744	24057
2013	60194	630	3517	13746	73512	8535	2876	3531	25093
2014	60703	617	3507	13361	76005	8706	2893	3725	26142
2015	62144	560	3537	12500	78526	8625	2999	3870	27375
2016	61625	534	3630	12299	79780	8538	3095	3602	28351

资料来源：国家粮食局主编的历年《中国粮食发展报告》。

（二）保障功能

在我国，农村土地还是我国农村社会保障的一种特殊表现形式。长期以来，我国实行的是城乡二元的社会保障制度，农村社会保障体系长期未能建立健全，保障覆盖面窄、保障水平低。与此同时，改革开放后我国实行家庭联产承包责任制，农民享有土地使用权，农业生产经营主要以家庭为单位展开，这就为农村土地发挥农民社会保障功能提供了一定的条件，从而在客观上形成了农民高度依赖土地的农村社会保障状态。土地不仅为农民提供了基本的衣食保障，还为农民就业提供了最主要途径，养老、医疗等资金支出也在相当大程度上来源于土地。可以说，农村土地成为农民自我保障的一种重要方式，形成我国社会保障制度在农村的特殊表现形式。

对于农村土地的保障功能，学者们也有不同看法：一种观点认为，应致力于建设覆盖城乡的一体化的社会保障制度；另一种观点认为，应基于农民享有土地使用权这一客观事实，探索基于土地保障的社会保障制度，避免欧美国家高福利社会的弊端。我们认为，农村土地的保障功能，对于尚未建立起全面社会保障体系的我国而言，仍然是必要且是现实可行的途径。国际惯例和一些发达国家福利政策的失误表明，政府负有社会保障的最基本责任，但仍是有限责任。因此，在全面社会保障体系建立起之前，农村土地仍将发挥重要的农村社会保障功能。但也应看到，农村土地承担了过多的保障功能，在一定程度上已经相对弱化了土地的生产功能，农村土地碎片化、分散化严重，制约土地生产效率的提高。而土地生产效率低下，反过来又制约土地保障功能的发挥。

近年来，我国开始稳步构建和完善农村社会保障体系，初步形成了包括农村社会保险、农村社会救助、农村社会福利、农村社会优抚四方面内容在内的农村社会保障体系。其中，农村社会保险是核心，主要包含医疗保险和养老保险。2003 年，卫生部等三部委制定出台了《关于建立新型农村合作医疗制度的意见》，明确规定建立新型农村合作医疗制度；2009 年，国务院印发了《关于开展新型农村社会养老保险试点的指导意见》，正式建立新型农村社会养老保险制度。与以往相比，"新农合"和"新农保"更加强调政府对农村社会保障的责任，保障功能得以提升。

（三）承载功能

土地为动植物繁衍生息以及人类生产生活提供了场所和空间，具有承载功能。在我国，农村土地的承载功能更为突出。我国宪法规定："城市的土地属于国家所有。农村和城市郊区的土地，除由法律规定属于国家所有的以外，属于集体所有。"宪法还规定："国家为了公共利益的需要，可以依照法律规定对土地实行征收或者征用并给予补偿。"但当前我国相关法律法规并没有明确界定"公共利益"的边界，同时仍按照土地原用途标准来进行补偿。多年来，征收农村土地进行城市建设在我国较为普遍，农村土地承载了大量城镇用地的扩张，进而促进了城镇经济发展和城镇功能完善。

据国土资源部数据，2011～2015年，全国因建设占用等①原因共减少耕地面积185.32万公顷，同时，也通过土地整治和农业结构调整等增加耕地面积158.17万公顷。五年内净减少耕地面积27.15万公顷（见图1）。

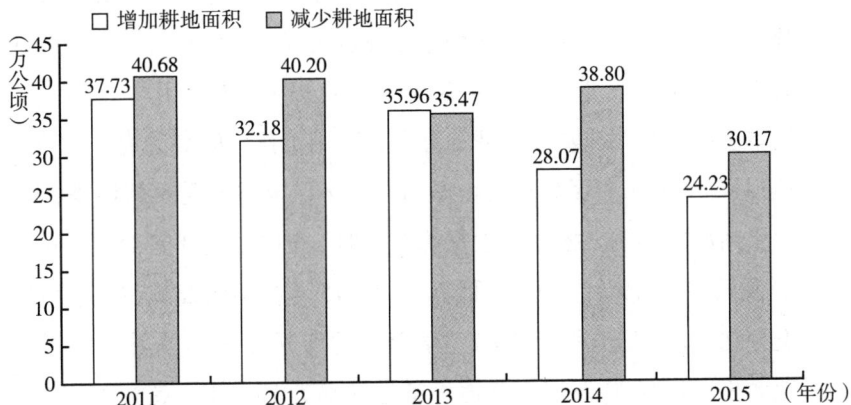

图1　全国耕地变化情况（2011～2015年）

资料来源：国土资源部《2016年国土资源公报》。

（四）生态功能

土地的生态功能，是指土地能够为动植物及人类生存生产生活提供所需的自然环境，土壤通过提供养分、分解还原，沟通联结地上空间与地下空间之间的生态联系，发挥防风固沙、涵养水源、调节微气候以及维持生物多样性的作用，为生物繁衍生长提供良好的环境。

农村土地由于还担负生产功能，因此对于其生态功能应与其他功能统筹考虑，即核算农村土地生态功能时，既要考虑"量"的概念，还要考虑"质"的概念。② 当前我国农村土地生态污染状况，在一定程度上来说，就是源于没有处理好生态功能与生产功能之间的关系，在科技支撑和经营组织

---

① 除建设占用之外，该统计还包括灾毁、生态退耕和农业结构调整导致的耕地减少。目前，尚没有单独对城镇建设用地占用耕地情况给予统计。

② 李维：《分类管理恢复土地生态功能》，《中国环境报》2016年6月6日。

方式改进没有同步跟进的情况下，通过农药、化肥、农膜等"高投入"带来农产品产量"高增长"的粗放式生产经营方式不断挖掘和发挥农村土地的生产功能，不仅极大破坏了农村土地的生态条件、抑制了农村土地生态功能的正常发挥，还导致农作物有害物质含量超标，农产品质量形势严峻。

据统计，我国每亩耕地化肥施用量是发达国家的 3 倍左右，化肥单季利用率仅为 30% 左右，低于发达国家 20 个百分点以上。最近几年每年使用的农药，基本上在 180 万吨左右。据测算，真正用于作物防病防害的仅 30%，低于发达国家 20~30 个百分点，全国约有 1.4 亿亩耕地受农药污染，土壤自净能力受到严重影响。根据国土资源部数据，全国耕地评定 15 个等级中，2016 年，我国中等（9~12 等）、低等（13~15 等）耕地面积占全部耕地面积的比例分别为 52.72% 和 17.79%，合计占比为 70.51%，其中，中重度污染的耕地面积达到 5000 万亩，耕地污染超标率为 19.4%，超标面积达 3.5 亿亩。为此，近年来，我国政府开始注重开展农村土地污染治理和修复工作，例如，2016 年 5 月制订出台了《土壤污染防治行动计划》，开展土壤污染调查、土壤污染防治立法、农用地分类管理、建设用地准入管理、未污染土壤保护、污染源监管、污染治理与修复、加大科技研发力度、发挥政府主导作用、加强目标考核十方面的"硬任务"。

（五）文化功能

俗话说，"一方水土养一方人"，农村土地不仅仅是"地"，更代表着当地文化。随着经济社会和农业农村发展，农业的多功能价值得到不断挖掘和开发。

据发达国家或地区农业发展实践表明，传统生产价值只占农业全部价值的 20%，利用农地和农业来发展文化、旅游、环保、教育的越来越多，农地的文化功能越来越得以体现和发挥。我国台湾地区农地的文化功能发展得较为充分。例如，将稻子用来作画、供人观赏，把稻田变成旅游景点；在休闲观光农业基础上探索健康疗养农业，包括食疗、瑜伽、心理治疗、呼吸调整等多个方面；发展以生态保育为前提的生态旅游，每年的生态产业收入达

3000万人民币（见专栏1）。近年来，我国提出了"农村一二三产业融合发展"，加快发展农业新功能、新业态，农村土地除农业生产的基本功能之外的文化功能得到一定发展，且在很大程度上代表着未来农村土地和农业的发展趋势和方向。

专栏1　台湾的乡村旅游发展

台湾乡村旅游从20世纪60年代起步，并逐渐产生发展了观光农业、乡村民俗、教育农园、市民农园、休闲牧场等多种形式。同时，2009年，台湾还推出了"精致农业健康卓越方案"，使用现代科学技术和经营模式，发展健康农业、卓越农业、乐活农业。

台湾的乡村旅游注重旅游产业与农业、林业、渔业、文化等产业的融合，注重产品的深度挖掘和再加工，延伸产品加工产业链，各个景区注重研发自己的特色产品、主导产品、创意精品，种类繁多，产业链不断延伸。同时，台湾乡村旅游注重美学文化的融入，从审美的角度设计旅游产品。此外，还通过民宿协会、乡村旅游协会等民间组织实践先进的景区经营理念，并实施绿色环保理念。

（六）资本功能

土地的资产功能是指土地可以作为财产使用、交换的功能。所有权人可以将其拥有的土地或土地产权视作财产，并通过出租或变卖等途径获取一定收益，相应地，他人取得土地权利则需要付出一定的经济成本。农村土地资产功能的发挥，对于增加农民财产性收入以及增强农业农村发展活力，具有重要意义。

土地资产功能得以实现的前提，是明确权力并建立规范交易的制度框架。在实行家庭联产承包责任制之前，对农民而言，我国农村土地基本不具有资产功能。从1984年农村第一轮土地承包开始，农户的土地开始具有一定的资产功能；1997年农村第二轮土地承包，基本锁定农户的土地承包经营权，并鼓励土地流转，农村土地的资产功能愈发得到体现。2014年，我国开始推进农村集体土地确权登记发证工作，逐步覆盖全部农村范围内的集体土地，包括属于农民集体所有的建设用地、农用地和未利用地，农村土地流转开始有法律文件作为依据。2016年，我国开始推行农民股份合作和农村集体资产股份权能改革，赋予农民更多财产权利，明晰产权归属，完善各项权能。这两项改革相辅相成，农村土地资产功能的实现得到了更大程度的保障，逐渐具备了更大程度的发挥空间。

土地银行是体现农村土地资产功能的一个典型例子。土地银行，是指中介机构根据地理位置、土地肥沃程度、升值潜力等因素，对农户土地确定一个比较合理的储存价格，农户在自愿的基础上，将自己的土地定期存入土地银行，土地银行将农户存入土地进行适当打包、整合或适度改造，在维持基本农业用途不变的情况下，贷给其他土地需求者，例如农业企业、种养大户等，土地需求者向银行支付土地的储存价值、整理开发价值以及前两者之和的同期贷款利息，银行再把储存价值兑现给农户。借此，有利于推动农业规模经营和集约经营，有利于土地经营者获得信贷资金实现农业可持续发展，有利于推动农民的土地财产权益的实现，有利于构建农地金融制度从而促进城乡一体化。此外，近年来，我国各地兴起的农村产权交易中心、平台以及一些从事农村土地交易的民间中介机构，都显著推进了农村土地资本功能的实现，从而使我国农村土地功能得到重要发展和完善。

三 我国农村土地财政政策现状

根据上述对农村土地功能的分类分析，将我国农村土地财政政策分为以下几个方面进行阐述。

（一）农村土地生产功能相关的财政政策

农村土地的生产功能侧重于农业生产领域，包括种植业和养殖业两大板块，具体体现为提供符合质量标准的足量的农产品，因此需要保证农村土地的数量、质量和配套水利设施。

改革开放以前，国家财政对农村土地方面的投入较少，以农民投工投劳为主。虽然这个阶段财政投入较少，但农村自筹资金进行的土地开发和水利设施建设规模可观。改革开放以后，国家财政开始设立各种农业专项资金，其中农村土地基础设施建设是重要投入方向，覆盖面较广的包括农业综合开发资金、水利建设基金、土地出让金、小型农田水利建设专项资金、中低产田改造项目资金、退耕还林还草专项资金等。

以农业综合开发为例，土地综合治理是其重点投入领域，主要包括建设高标准基本农田、土地复垦等中低产田改造、小流域治理、土地沙化治理、生态林建设等生态综合治理，以及中型灌区节水配套改造等，几乎涉及农村土地开发与保护的各个方面。农业综合开发主要向粮食主产区倾斜。2018年仅中央层面就统筹安排近1000亿元农田建设类财政资金，主要用于高标准农田建设。全国已新增高标准农田面积8000万亩以上。2004～2015年，中国实现了粮食生产十二连增，农村土地的生产功能得到充分发挥。同时，土地保护政策效果显著，土地沙化问题得到抑制，土地质量改善明显。

高标准基本农田建设是以建设高标准基本农田为目标，依据土地利用总体规划和土地整治规划，在农村土地整治重点区域及重大工程、基本农田保护区、基本农田整备区等开展的土地整治活动，并通过农村土地整治建设形成集中连片、设施配套、高产稳产、生态良好、抗灾能力强，与现代农业生产和经营方式相适应的基本农田。"十二五"期间我国已经建成的高标准农田是4.03亿亩，投入资金5900多亿元。中国耕地中有78.5%的中低产田，其中中产田面积占37.3%，低产田面积占41.2%。针对不同土壤的障碍因素进行中低产田改造，是提高土地生产力的重要途径。中低产田改造也是农业综合开发资金投入的重要组成部分。

与此同时，我国重视加强高标准基本农田建设和耕地质量管理，建设高标准基本农田示范县，并探索实行"以补代投、以补促建"的实施方式，鼓励农村集体经济组织和农民依据土地整治规划开展高标准基本农田建设，继续做好重大工程和示范建设。

（二）农村土地保障功能相关的财政政策

我国没有直接针对农村土地保障功能的财政政策，但很多相关财政政策客观上起到了增强土地保障功能的作用。例如，农田基础设施建设、高标准农田建设和中低产田改造、土地综合整治、耕地地力保护、土地确权和流转等财政政策，都有利于提升农村土地生产效率，或者有利于增加土地经营者收益，进而在客观上起到增强农村土地保障功能的作用。上述政策将分别在相关部分进行详细阐述。

（三）农村土地承载功能相关的财政政策

根据上述对农村土地承载功能的界定，与此相关的财政政策不可不谈农村征地补偿。长期以来，我国土地被人为划分为城镇建设用地和农村集体土地，农村集体土地须通过征地转化为国有建设用地后才能交易。而长期以来，在征地补偿过程中，补偿标准过低，只对其生产价值进行补偿，而对其土地增值部分收益极少与农民分享。农村土地承担了大量城市建设的承载功能，但农业农村和农民相关利益并没有得到合理补偿。对此，近年来，我国制定完善了相关制度办法，提高对征地农民和村集体的收益补偿。

一是按照征地农民原有生活水平不降低、长远生计有保障的基本标准，适当调整征地补偿标准。毋庸置疑，征地收益已经成为我国地方政府财政收入的重要来源，政府获得了土地增值收益的绝大部分，而被征地农民所得占比很小。对此，我国修改形成了新的《中华人民共和国土地管理法》，较修订前的《中华人民共和国土地管理法》有以下几点不同：首先，将补偿内容由三项改为五项，在现行"土地补偿、安置补助和青苗地上附着物补偿"基础上，把住宅从地上附着物中单列出来，并新加了社会保障的补偿，并将社保补偿资金记入被征地农民养老保险个人账户；其次，明确单独补偿农民住宅，并按照先补偿后搬迁、居住条件有改善的原则确定补偿安置的具体标准；再次，明确遵循市场原则进行征地补偿，并提出应综合考虑土地资源条件、土地产值、区位、供求关系以及经济社会发展水平等因素，并根据社会、经济发展水平，适时调整片区综合地价标准。

二是探索解决征地补偿安置方式过于单一的问题。长期以来，我国农村征地补偿的安置方式主要是货币补偿，方式过于单一，且补偿标准过低，并没有把失地农民的居住、就业、社保等关键问题考虑进来。修订后的新《土地管理法》规定，"市、县人民政府应当将被征地农民纳入相应的养老社会保障体系。被征地农民的社会保障费用主要用于符合条件的被征地农民养老保险补贴"，"有条件的地区，市、县人民政府可以根据情况安排一定数量的国有建设用地或者物业由被征地的农村集体经济组织长期经营"，"地方各级人民政府应当支持被征地的农村集体经济组织和农民从事开发经营，兴办企业"等，从而在一定程度上完善了征地补偿安置方式。

城镇化是一个长期的过程，既要妥善解决失地农民安置问题，又要多元化、可持续的资金保障机制。因此，一是应完善地方税体系，逐步建立地方的主体税种，使地方政府开展城镇化建设具有较为稳定的资金来源；二是应创新城镇化融资模式，积极为政府与社会资本合作（PPP）方式的应用提供良好的基础性条件，努力建立多元化资金保障机制；三是建立规范的地方举债融资机制，并强化地方债预警和化解机制，严格管控地方政府债务风险。

（四）支持农村土地生态功能的相关财政政策

近年来，我国开始重视农村土地及生态环境保护问题。2008 年，党的十七届三中全会明确提出"划定永久基本农田、建立耕地保护补偿机制"的政策方向。2013 年，党的十八届三中全会再次强调"坚持和完善最严格的耕地保护制度""实行资源有偿使用和生态补偿制度"。为贯彻落实中央会议精神，各级财政采取一系列支持措施。

一是安排专项补助资金支持耕地地力提升。中央财政安排农业资源及生态保护补助资金，采取政府购买服务、物化补贴、"以奖代补"等方式，支持耕地质量提升、渔业资源保护和草原生态保护。其中，在支持耕地地力提升方面，主要集中在建设耕地质量提升和化肥减量增效示范片，依托社会化服务组织开展土壤培肥改良和科学施肥服务，取土化验、田间肥效试验、肥料配方制定发布等服务，黑土地保护利用以及农作物秸秆综合利用。例如，在支持东北黑土地保护方面，自 2015 年起，中央财政每年安排专项资金 5 亿元，支持东北地区 17 个产粮大县开展黑土地保护利用试点，着力贯彻中央"藏粮于地"的战略，努力提高耕地地力等级和土壤有机质含量。

二是安排专项资金支持开展耕地污染防治工作。一般而言，土壤修复资金主要来源于五个方面：中央财政年度计划专项资金、地方财政配套资金、污染企业承担资金、专项基金、其他多元化筹集资金。① 目前我国土壤修复资金仍主要来源于中央财政，地方财政投入不够，其他资金来源投入则更少。"十二五"期间，中央财政土壤污染治理资金共约 300 亿元。最近两年，中央财政不断加大土壤污染治理支持力度，2016 年土壤污染防治专项资金 90.89 亿元，较 2015 年增加 53.89 亿元，增长了 45.6%，2017 年土壤污染防治专项资金达 112 亿元，较 2016 年增加 21.11 亿元，增长了 23.2%。可以看出，目前资金来源过于依赖政府特别是中央财政，尚未形成稳定的支付体系和可持续的市场机制和商业模式，而且在一定程度上仍存在项目分散、资金额度小、效益不明显等问题。例如，2015 年中央下达 37 亿元专项资金用于 30 个修复项目，平均每个项目资金额约 1 亿元。应加大力度探索建立"谁污染、谁付费"和"谁投资，谁受益"的原则。

三是逐步建立完善耕地保护补偿机制。我国一直注重耕地保护，通过税费调节、财政补贴等方式支持耕地保护。2006 年，提高了耕地占用税税率，并强化耕地占用税征收征管，严格控制减免税；2007 年，提高耕地占用税和新增建设用地有偿使用费，实际上提高了建设用地的取地成本，新增建设用地有偿使用费专项用于基本农田建设和保护、土地整理、耕地开发，并向

---

① 参见《土壤污染防治专项资金激增至 90 亿 仍"杯水车薪"》，腾讯网，http：//new. qq. com/cmsn/20160418/20160418056000。

粮食主产区倾斜，做到"取之于土，用之于土"；2008年，党的十七届三中全会明确提出"划定永久基本农田、建立耕地保护补偿机制"；2013年，党的十八届三中全会再次强调"坚持和完善最严格的耕地保护制度""实行资源有偿使用和生态补偿制度"；2016年，我国全面推开农业"三项"补贴改革，将农作物良种补贴、种粮农民直接补贴和农资综合补贴等农业"三项补贴"合并为"农业支持保护补贴"，重点支持耕地地力保护和粮食适度规模经营。其中，用于耕地地力保护的补贴资金，其补贴对象原则上为拥有耕地承包权的种地农民，具体补贴依据和补贴标准由地方根据相应规定确定，同时规定，对改变用途的耕地以及长年抛荒地、占补平衡中"补"面积和质量达不到耕种条件的耕地等不再给予补贴，并鼓励各地创新方式方法，以绿色生态为导向，切实加强农业生态资源保护，自觉提升耕地地力。浙江省于2009年开始探索建立耕地保护补偿机制，并于2012年启动省级试点，2016年起，全面建立耕地保护补偿机制，并加强与中央农业三项补贴耕地地力保护政策的整合衔接，取得显著成效（见专栏2）。

专栏2　浙江省探索建立耕地保护补偿机制

浙江省于2009年开始探索建立耕地保护补偿机制，并于2012年启动省级试点，制定了试点补助政策。2014年省财政安排基本农田保护补偿资金9101万元，比2012年增长376%，试点范围也由2市扩大到17个县（市、区）。2016年印发《关于全面建立耕地保护补偿机制的通知》（浙土资发〔2016〕5号），全面建立耕地保护补偿机制，按照"谁保护，谁受益""分级负责，突出重点"的要求，对耕地保护全面进行经济补偿，并加强与中央农业三项补贴耕地地力保护政策的整合衔接，充分发挥政策的整体效应。

省财政按规定切块下达耕地保护补助资金。对农户的耕地地力保护补贴标准，按照农业三项补贴政策综合改革试点方案有关要求执行；对农村村级集体经济组织保护耕地的以奖代补资金，省财政按照永久基本农田保护面积每年每亩30元的标准下达补助资金，同时，考虑耕地保护责任目标考核系数和土地卫片执法检查情况。

对农村集体经济组织保护耕地的以奖代补资金主要用于农田基础设施修缮、地力培育、耕地保护管理等，在确保完成耕地保护任务并符合新增建设用地土地有偿使用费等相关资金使用管理规定的前提下，也可用于发展农村公益事业、建设农村公共服务设施等。

经过几年实践，增加了农村集体经济组织和农民的收入，提高了耕地保护意识，提高了粮食综合生产能力。

（五）支持农村土地文化功能相关的财政政策

随着我国结构性改革的不断推进，经济社会发展升级，对农业农村及农村土地提出了新的要求，也为农村土地发挥文化功能创造了有利条件。

一是中央财政安排专项资金支持农村第一、第二、第三产业融合发展试点建设。农村产业融合发展是经济社会发展的必然趋势，产业融合发展也催生了农业的新产业、新业态、新功能，使农业发展所依赖的土地不仅更好发挥生产功能，还凸显和发挥了农村土地的文化功能。2015年以来，财政部会同农业部在10个省份开展农村第一、第二、第三产业融合试点工作，并逐年推开试点范围，通过示范引领，带动产业发展，积极安排中央财政专项资金支持试点建设。2016年，中央财政专项安排12亿元，支持安徽、重庆等12个省（直辖市）开展农村第一、第二、第三产业融合发展试点工作。以湖南省为例，湖南自2015年开展试点以来共安排试点资金4.5亿元，在38个县市区和10个乡镇推进试点工作。

二是不断探索加大资金整合创新力度，创新投入方式，充分发挥财政资金的撬动和引导作用，建立农村产业融合多元化投入格局。农村第一、第二、第三产业融合发展的根本是产业发展，而产业发展是一个缓慢和渐进的过程，因此，不仅要整合财政投入资金，提高财政资金利用效率，还要发挥市场机制作用，更多利用贴息、担保、风险补偿金等市场资源配置方式，此外，还应激励农户和新型农业经营主体的自发投入，共同形成农村产业融合各相关主题之间联合与合作的资源配置体系。

三是大力支持休闲农业和乡村旅游等农业新业态。鼓励各地将中央有关乡村建设资金适当向休闲农业集聚区倾斜；积极探索通过财政以奖代补、先建后补、财政贴息、设立产业投资基金等方式扶持休闲农业与乡村旅游业发展；积极创新金融担保、撬动金融信贷；积极探索通过 PPP 模式、众筹模式、"互联网 +"模式、发行债券等新型融资模式投资休闲农业，推动休闲农业和乡村旅游的提档升级。

（六）农村土地资本功能相关的财政政策

根据上述对农村土地资本功能的界定，相关财政政策主要包括采取补贴、奖励、设立基金等方式，支持土地确权登记颁证、土地流转和适度规模经营。

一是支持土地确权登记颁证，解决农户承包地面积不准、四至不清、空间位置不明、登记簿不健全等问题，保障农村土地承包关系稳定，并为承包经营地有序流转创造必要条件。2013 年中央 1 号文件要求，"农村土地确权登记颁证工作经费纳入地方财政预算，中央财政予以补助"，中央财政设立了确权登记颁证试点专项资金，对每亩地补贴 10 元钱，分 5 年时间对地方进行补贴，从而确保该项工作任务不从农民口袋里拿一分钱。截至 2018 年底，全国承包地确权登记完成面积 14.8 亿亩，30 个省份已向党中央、国务院报告了此项工作基本完成。

二是支持农村土地有序流转。土地流转有利于农民获得闲置土地流转收入，促进农村土地有效开发利用。一些地区财政支持农地流转不仅直接奖补土地流转，支持建立土地流转中介体系，还支持建设相关社会保障体系和人才培训，为农地流转提供全方位支持。以河南省为例，财政通过支持农村劳动力非农转移、构建失地农民社会保障制度、补偿维护流出农户的合法权益、对自愿放弃土地承包权的家庭给予一定补偿或奖励等，鼓励农地流出。同时，通过建立农村土地流转风险基金、建立农业再保险和巨灾风险分散机制、对规模经营的组织给予农机奖励和配套资金、财政每年安排农村土地流转专项资金以鼓励扶持各类承包经营主体、逐步完善农村社会保障制度、采用税收减免政策鼓励土地流转等，促进土地流入方农地流转。另外，财政安排一定资金，专项用于土地流转服务体系建设和农地纠纷仲裁机制等农地流转中介服务体系建设。最后，还对土地流转成效显著的县（市、区）政府和土地流转服务中心给予奖励，奖补资金由市、县（区）财政按一定比例承担。据统计，2009年以来，郑州市对符合规定条件的农业企业、农民专业合作社、家庭农场等各类经营主体，按每亩200元的标准给予一次性奖励。而同期的江苏省昆山市对符合规定条件的农地规模经营主体的亩均补贴标准达到了400元（市补助60%，镇、区补助40%）。

三是积极探索撬动"两权"抵押贷款。近年来，为唤醒农村沉睡资产、增加农民财产性收入，多地自发探索开展农村承包土地经营权抵押贷款和农民住房财产权抵押贷款。2016年，《农村承包土地的经营权抵押贷款试点暂行办法》出台，开始有序开展试点工作。在探索和试点过程中，财政通过设立风险补偿资金、支持流转平台建设等给予支持，取得一定进展和成效，但同时由于土地经营权估值难、处置难、风险大等原因，还面临诸多困难（见专栏3）。

专栏3　江西省南昌县探索农村承包土地经营权抵押贷款

2015年6月，江西省南昌县开始试点土地经营权抵押贷款，市、县两级财政共同筹集农村土地经营权抵押贷款风险补偿资金500万元存入合作银行开设的风险金专用账户，合作金融机构按不低于抵押贷款风险补偿资金的10倍发放贷款，利率按照同期银行贷款基准利率执行，最高上浮不超过20%。同时，为方便抵押物的处置及抵押权利的实现，南昌县还特地建立并完善了流转平台为交易双方提供服务，为相关信息的收集和发布提供了一个统一的场所。

问卷调查显示，223名受访者中，曾申请过土地承包经营权抵押贷款的不足10人，其中，67%的农民欲将贷款用于购买农业生产机具和生产配套设施等，22%的农民用来缓解农业生产过程中的种苗、农资、服务等资金需要。对这种新型贷款模式有所了解且愿意尝试新型贷款模式的人群多数集中在四十五岁以下人群。此外，从申请建议贷款到获得贷款所需时间，大部分被调查者认为申请手续复杂且申请时间冗长。关于贷款期限和利率，有效问卷中的数据显示农民愿意接受与银行借款利率相当的偿还利率，至于还款期限还要具体看银行相关业务的内容。

四 我国农村土地财政政策的成效与问题

总体而言，包括支持农村土地在内的我国财政支农支出总量不断增加，比重不断提高（见表2），农业财政政策支持体系基本建立，现行农业财政支持政策作用不断增大，在此政策支持下，我国农村土地各项功能作用得到不同程度的发挥，积累了财政支持农业发展的宝贵经验，同时也面临一些亟待解决的问题和困难。

表2　农林水事务支出额度及比例（2010～2016年）

单位：亿元，%

年份	公共财政收入	公共财政支出	公共财政支出增长速度	农林水事务支出总额	农林水事务支出增长速度	农林水事务支出占财政收入比例	农林水事务支出总额占公共财政支出比例
2010	83101.51	89874.16	17.8	8129.58	20.9	9.8	9
2011	103874.43	109247.79	21.6	9937.55	22.2	9.6	9.1
2012	117253.52	125952.97	15.3	11973.88	20.5	10.2	9.5
2013	129209.64	140212.1	11.3	13349.55	11.5	10.3	9.5
2014	140370.03	151785.56	8.3	14173.80	6.2	10.1	9.3
2015	152269.23	175877.77	13.2	17380.49	22.6	11.4	9.9
2016	159604.97	187755.21	6.3	18587.36	6.9	11.6	9.9
2017	172592.77	203085.49	7.6	19088.99	2.6	11.1	9.4

资料来源：历年中国统计年鉴。

（一）主要成效

近年来，我国农业综合生产能力不断增强、生产经营方式得以改进、农民收入不断提升、农业生态环境有所改善，都与农村土地相关财政政策密不可分。总体而言，我国农村土地的生产功能不断增强，文化功能开始逐渐显现，承载功能开始优化，保障功能仍然不可或缺，生态功能开始恢复，开始重视资本功能发挥，但成效仍不明显，需要在制度层面进一步破题。

一是主要农产品产量稳定增长，粮食综合生产能力持续提升。全国粮食总产量由 2010 年的 54647.7 万吨增加到 2018 年的 65789 万吨，全国粮食单位面积产量由 2010 年的 4973 公斤/公顷增加到 2018 年的 5621 公斤/公顷，粮食综合生产能力持续增强。油料、糖料、蔬菜、肉类、禽蛋、奶类和水产供给稳定增长。

二是土地流转和规模经营有序推进，新型农业经营主体不断壮大。农地流转数量提升，流转形式多样。截至 2016 年底，全国家庭承包经营耕地流转面积达 4.71 亿亩，流转面积占家庭承包面积的 35.1%（见图 2）。同时，财政补贴等政策资金也不断向农业新型经营主体倾斜，推动了农业新型经营主体快速发展，促进了我国农业多种形式适度规模经营。截至 2016 年底，我国家庭农场、农民专业合作社、农业产业化龙头企业等新型农业经营主体总量达到 280 万个，其中，家庭农场 87.7 万家，经农业部门认定的达到 41.4 万户，平均每个种植业家庭农场经营耕地超过 170 亩；农民合作社 179.4 万家；全国农业产业化组织超过 38 万个。

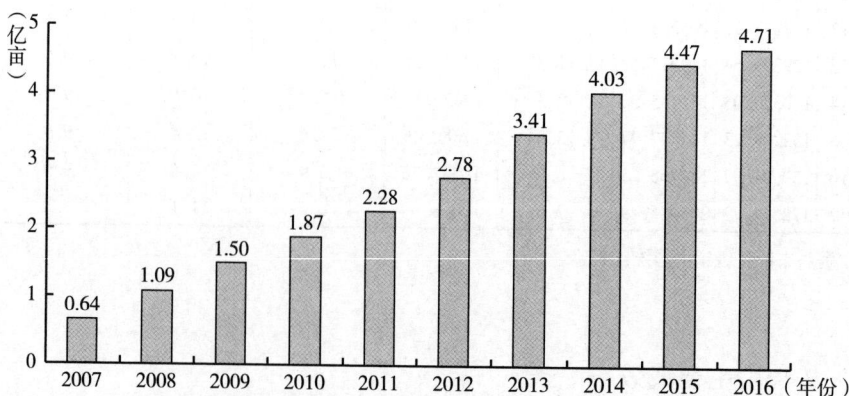

图 2　我国家庭经营土地流转面积（2010～2016 年）

资料来源：农业部统计数据。

三是农民收入稳步增长，补贴和工资性收入是主要来源。2013～2017年农民收入持续快速增长，农村居民人均可支配收入从 2013 年的 9430 元增加到 2017 年的 13432.43 元，年均增长 9.2%。从收入来源结构看，工资性收入是农民收入的最重要来源，其次是经营性收入，然后是转移性收入，最后是财产性收入。2013 年以来，财产性收入有所增加，但所占比例仍然非常小。

四是农村生态环境明显改善。"十二五"以来，我国深化农村环保"以奖促治"政策措施，组织三批共23个省（区、市）开展农村环境连片整治示范。截至 2014 年底，中央财政共安排农村环保专项资金 255 亿元，支持5.9 万个村庄开展环境综合整治，1.1 亿农村人口直接受益。整治过的村庄饮用水水源地得到保护，生活污水、垃圾和畜禽养殖污染得到有效治理，村庄环境面貌得到改善。

（二）问题

一是农村土地财政政策以财政资金无偿投入为主要方式，投入分散、效率较低、市场机制作用发挥不足，急需投入方式创新。毋庸置疑，我国农业农村发展现状决定了现阶段财政稳定支持农业和农村土地仍然是十分必要的。但随着经济和改革形势的发展变化，创新财政支农方式，通过市场化方式提高资金效率，其重要意义日益凸显。一方面，全面深化改革的核心问题是处理好政府和市场的关系，大幅减少政府对资源的直接配置，使市场在资源配置中起决定性作用和更好发挥政府作用，因此需要改变以往"输血式"特别是直接对市场行为进行扶持的财政支农方式。同时，提高支农资金运作效率，也迫切需要改进财政支农方式。另一方面，目前我国农业农村科技、文化、信息等水平还较为落后，农业产业链发育不充分、市场竞争力弱、盈利水平低、经营风险大等特点一直挥之不去，城乡具有差别的户籍、社保等政策导致农业农村发展受到重重阻碍，农村土地集体所有制使农民财产权利不完整、家庭联产承包责任制导致农业细碎化生产经营等，这些问题导致很多情况下市场主体不愿进入农业领域，因此，现阶段改进财政支农方式非常必要，但激励吸引市场主体进入农业领域又需要财政引导。

二是包括针对农村土地的支农财政政策以"自上而下"为主要特征，激发农民自主参与积极性不足。近年来，我国新型农业经营主体快速发展，既对传统财政无偿投入的财政支农方式提出了更高、更新的要求，同时新型农业经营主体较传统小农户具有更强的市场适应能力，例如，具备更强的资源整合能力、自我管理能力、自我服务能力、自我约束能力等，这也为创新财政支农方式创造了有利条件，可以探索财政引导新型农业经营主体共同参与的"受益群体自组织"提供方式或政府与社会资本合作的PPP模式等。

五 国外典型国家支持农村土地财政政策的经验与借鉴

国外一些国家围绕农村土地的财政支持政策对我们也有一定的启示和借鉴意义。

（一）美国

美国对农村土地的财政政策支持主要集中于农地保护。随着大规模的土地开发和移民迁徙，加上连年干旱，20世纪30年代开始，美国开始重视土地保护。

一是补贴鼓励种植增强地力农作物的农场主。1936年，国会通过《土壤保护和国内配额法》，将农作物分为"消耗地力的"（如谷物、棉花、烟草等）和"增强地力的"（包括豆科作物和牧草）两大类，对专门种植增强地力的农作物的农场主给予财政补助。二是补贴鼓励耕地保护。1996年通过《联邦农业发展与改革法》，在新农业法支持下，农场主可以根据市场情况，决定将部分符合耕作条件的土地作为保护地而获得备用地保护计划的补贴。同时，2000年还出台了《农业风险保护法》，限制基本农田和特殊农田的非农化利用，保护土壤。三是大规模增加包含农地保护在内的农村投资。《2002年农场安全与农村投资法案》提出，2002～2007年这6年间增加预算171亿美元，资助包括保护安全计划、土壤保护储备计划、耕作土地计划，农地保护计划、小流域复原计划和其他保护计划在内的多项内容。四是通过财政补贴等措施鼓励公众参与农地保护。针对美国东北部各州人口稠密、城市化水平高、农地向住宅和其他城市用途流转压力大的状况，美国政府开展了《保护储备计划（CRP）》，通过提供 3390 万美元的补贴，鼓励土地所有者登记参加该农地储备计划，共同保护农地和生态环境。

美国农地保护财政政策对我国的启示主要有以下两个方面：一是注重土地质量保护。美国的农地保护是建立在土壤保护基础上的，是一种对地力的保护。比较我国耕地占补平衡制度，我国相对侧重的是土地数量指标，而缺乏对土地质量的考察。二是注重农民参与。美国将农地保护与增加农民收入相结合，吸引农民参与农地保护，提高农民参与程度。我国在耕地保护的政策制度设计中，一方面，应该注重调动和发挥农户以及新型农业经营主体的积极作用，另一方面，耕地保护要有战略高度和全局眼光，要协调保护耕地与农业结构调整、农业产业化经营之间的关系。

（二）德国

德国财政在支持农村土地整理、生态占补平衡及土地保护等方面的做法值得借鉴。

一是土地整理方面。德国是世界上开展土地整理比较早和比较好的国家，在土地整理促进城乡统筹发展方面成效显著。德国土地整理项目一般有三种实施模式，分别为群众自发式、整村推进式和政府主导式。群众自发式土地整理规模较小，申请者为土地所有者，通常体现为地块的置换、权属调整；整村推进式的申请者为村镇代表，社会团体、机构等，主要内容包括田块归并、整理，村庄改造，村镇基础设施配套，重点发展方向转变等；政府主导式的申请者为德国联邦政府或州政府，内容主要是大型基础设施建设、国家重点推进、新能源建设、产业调整等项目。对确认为涉及公众利益的项目，在得到财政预算支持后，可由政府牵头强制推进。

土地整理在德国作为投资项目，其投资内容将公共设施的修建区分出来，对于这部分公共设施，国家将投入 75%～80% 资金，剩余 20%～25%

由土地整理参加者自筹。国家投入资金中联邦政府占 60%，州政府占 40%。就单个土地整理项目而言，其所获得的政府资助比例也随着项目建设的内容不同而有所变化。提供与土地相关的集体服务，包括道路建设、水域整治、地产测量和估价等，总费用的 70% ~ 90% 由政府资助；对土壤进行改良，总费用的 70% 由政府资助；保护生态环境和景观，总费用全部由政府承担。

二是生态占补平衡方面。德国土地整理以重视生态景观建设为原则，崇尚自然、提倡顺应自然、保护自然。德国对土地整理项目主张生态占补平衡措施，对区内自然景观采取"规避"、"平衡"和"补偿"三种措施。为了最大程度保护自然景观的原样，"规避"是土地整理项目首先考虑的原则；如果实在无法规避自然景观，则需根据"平衡"的原则进行补偿，实现原有生态功能的延续和稳定。"补偿"不仅仅体现为对受损主体的补偿，最重要是对自然生态受损本身的补偿。譬如，为达到生态占补平衡的要求，硬化1 公顷的路面可能需要补充几倍的生态景观。

三是土地保护方面。德国的工业化过程导致 15% ~ 20% 的土地被疑受到污染，约有 30 万块土地需要治理。工业化进展到后来，对德国的环保而言，土壤保护成为最重要的工作。对被污染的土壤采取的主要保护措施是土壤修复，修复土壤的特殊功能。

德国采取了"谁污染谁付费"原则补充高额的土壤修复费用。监管部门查到土壤被污染，一般要求污染企业自己清理，或者由监管部门指定的服务方代为清理，费用由污染企业承担。如果污染者拒绝清除污染或者付费，监管部门将会开出罚单，交由法院执行。对于无主的土地，先由政府垫钱修复，然后调查污染到底是由谁造成的，最终确定责任方支付费用。如果责任企业无力承担，也可以向政府提出申请，要求政府资助。申请成功的情况下，责任企业仍需承担 10% 的费用，但 90% 费用由联邦政府（60%）和州政府（40%）共同承担。

污染场地的土壤修复费用绝大部分由责任企业自己承担，政府的资金主要解决两德统一前遗留下来的污染问题。对在 1990 年前产生的污染场地的修复，于 1992 年前向政府提出申请的，德国给予政府补贴，但政府的资金仅用于土壤保护部门确定的措施，防止污染风险扩散。

德国农地保护的财政政策对我国的启示是，财政政策支持农地保护秉持生态优先、城乡等值、公众参与的理念，划分政府和社会责任，通过财政补贴、财政直接投资等方式履行政府在农地保护中的职责。

（三）日本

日本政府注重通过税收和财政投入等政策措施解决人地矛盾并加强农地投资建设，还以法律形式明确政府部门在农村土地方面的责任。

一是开展土地税收制度改革。1960 年代以来，由于地价差异，"土地投机"在日本盛行。70 年代初，日本政府着手进行土地税收制度改革。1973 年，日本首先对法人的土地转让加重征税，除向政府缴纳一般法人税外，在 1969 年 1 月后获得的土地还须支付 20% 的特别税。另外，日本还施行土地保有特别税，在 1969 年 1 月 1 日以后的土地的保有期间，每年按照 1.4% 的税率对持有土地的土地所有人进行征税。甚至，对 1973 年 7 月 1 日后准备取得的土地以 3% 的税率按照一年期间累计取得的土地面积进行征税。日本政府引入了以税收制度为代表的宏观经济政策，提高了日本农业用地保障措施的灵活性和有效性。

二是重视农地相关法律建设，明确政府在农地利用保护方面的支出职责。在推进地方分权的基础上，为建立稳固的农地管理机制，于 1998 年修订了《农地法》。另外，在保护农地使用的基本要求下，1984 年和 1999 年又分两次修改了《农振法》，完善农村和农业生产设施，促进农业生产资源的合理配置，改善农村的生活环境。此外，《农促法》、《农业经营基础强化促进法》和《食品、农业、农村基本法》等一系列农地相关的法律，详尽规定了各级政府部门在促进农业生产经营和土地利用保护等方面的具体职能，形成了有利于农地开发利用及农业与农村振兴的具体政策框架。

三是加大投资力度提高农村地区的公共服务水平，实现城乡公共服务均等化；改善农村的福利保障措施，尽早实现城乡社会保障一体化。

日本围绕农村土地的财政政策对我国的启示是：一是在城市化进程中进行持续的农地制度改革，强化农业用地的长效保护机制，逐步完善农业用地法律制度体系。二是在城市化进程中日本对农业用地的有效保护也得益于农村振兴，以及与城市建设相协调的集约化用地制度。三是日本出台了大量的配套性政策支持，发挥了农业组织的积极作用。

六 相关思考与建议

根据上述对农村土地功能及相关财政政策的阐述，对完善农村土地财政政策作用领域和作用方式提出以下思考和建议。

（一）聚焦财政政策作用于农村土地的领域

农村土地财政政策应根据宏观经济社会发展实际平衡农村土地各项功能，有的功能应进一步加强，有的功能应逐渐通过相关制度建设健全而逐步降低，在此过程中，体现"以人为本"的核心理念。当前，我国进入了由高速度增长到高质量发展的新阶段，"三农"领域政策导向也应有相应调整。一是应改变过去一味追求粮食产量的做法，适当降低农村土地的简单再生产功能，致力于通过农业科技应用和土地适度规模经营，增强土地潜在的扩大再生产能力，提高土地生产率。二是应加快建立健全农村社会保障制度，并致力于逐步形成城乡统一的社会保障体系，降低农村土地所发挥的社会保障功能，提高农民社会保障水平和覆盖面。三是应着重增强农村土地生态功能建设和发挥，支持农村土地污染修复，支持退耕还林还草，支持耕地轮作休耕等，农村土地生态功能是关系农业可持续发展和农业农村发展、经济社会发展质量的重要方面。四是在我国农村土地承载功能发挥过程中，应坚持以人民为中心，合理分配土地增值收益和补偿失地农民，保障农民合法权益。五是增强农村土地文化功能建设，乡土民情是农村土地的内在含义之一，长期以来，农村土地侧重发挥生产功能，并随着城乡不均衡发展的加剧，农村土地文化功能日益弱化。而乡村文化繁荣也是乡村振兴战略的重要内容之一，农村土地的文化功能有待进一步加强。六是应建立健全农村产权制度，推动构建包含土地在内的农村生产要素定价和流动的市场化机制，促进农村土地资本功能的发挥，增加农民财产性收入。

因此，在当前背景下，财政支持农村土地应重点支持以下三个方向。

一是重点支持土地适度规模经营，建设现代农业，提高土地生产率和农业全要素生产率。从中央政府层面看，建议建立"新型农业生产主体专项发展资金"。主要支持两个方面：第一是提供担保，参照《中小企业信用担保资金管理办法》，通过财政对担保机构给予资本金注入、担保费补助和业务补助等方式，鼓励建立和扩大专门针对新型农业生产主体的信贷担保；第二是适当贴息，对通过担保机构获得的一定规模贷款给予贴息，从而降低信贷资金使用成本，鼓励扩大生产规模。从地方政府层面看，可因地制宜，加强相关政策研究，完善规模经营与土地保护和支持政策，建立奖惩制度。如在地方财政支持转出土地农民就业与创业问题中，一方面，财政通过补贴或减免税费的方式鼓励劳动技能培训机构对土地流出农民进行就业培训，提高农民转移就业能力；另一方面，支持发展土地流转中介服务组织，促进土地规范流转。

二是重点支持农村土地污染治理以及耕地质量和土壤肥力提升。在农村土地污染治理方面，建议通过整合相关项目实施"农业生产污染修复计划"，主要解决养殖污染，化肥、农药和地膜污染，土壤重金属污染问题，促进节能减排、清洁生产。目前可以整合的资源保护测土配方施肥、有机质提升补助、农产品重金属污染防治等专项，以及有关部门实施的农业清洁生产专项，资金规模为20多亿元。此外建立对污染土地休耕的损失进行补助的长效机制。

三是重点支持包含土地在内的农村生产要素市场建设。农村生产要素市场不健全突出体现在缺乏市场定价机制和制约生产要素自由流动，这已经成为制约农业农村和宏观经济社会发展的重要瓶颈。过去一年的供给侧结构性改革虽然取得了一定成效，但也凸显出很大问题。例如，过度依赖政府行政手段推进"三去一降一补"，五项任务往往单独分项处理；各个产业、区域、部门的目标不一致，协调不够，甚至导致成本上升。在这个过程中，市场主体活力也被抑制。这种情况在农业农村领域同样不同程度地存在。因此，下一阶段我们在实施农业供给侧结构性改革时，应讲求整体观，重点推进农村生产要素市场化改革，激活包括土地在内的生产要素，同时注入创新、科技等新要素，推动农业农村和宏观经济进入高质量发展阶段，这也是供给侧结构性改革的真正目的。

（二）创新财政政策作用于农村土地的方式

创新财政支持农村土地的支持方式可以考虑以下三个方面：

一是整合财政支农资金，提高财政资金利用效率。加强在中央和省级层面进行财政支农资金的统筹整合，整合"端口"前移，以减少和避免"套配"项目，也为基层进行资金整合积极创造条件，并积极探索"打包"下达资金的管理模式，给地方更多自主权，便于地方根据实际需求使用财政资金，统一要求、联合管理。同时，合理确定配套资金比例，脱离实际的配套资金要求极大影响了农业投资的实际效果和效率，一方面要适度调低或取消完全公益性农业项目的地方配套资金；另一方面，要根据实际资金能力和需求来确定项目建设规模。其中，要重点整合农业生产性财政资金。在财政支农资金中，农业生产性资金是财政支农资金中金额较大的部分，主要包括国土部门的土地整理资金、水利部门的小型水利建设资金、发改部门的田间工程资金、财政部门的农业综合开发资金和现代农业发展资金，这些资金使用方向和用途类似，目前由各部门按照各自政策分别使用，很难集中和统筹使用，对农业生产投入形成极大浪费和效率损失，建议应予以重点整合，整合后的资金可以对土地适度规模经营和农村土地污染治理及耕地地力与土壤肥力提升予以一定程度的支持。

二是探索财政引导金融支持服务农村土地。应探索运用财政"杠杆性"政策工具来引导金融支持服务农村土地。常见的金融支农主要由财政引导，例如财政补贴、财政贴息和风险补偿金等。第一，根据政府意图和政策需要，在一定时期，对某些特定的产业、部门、地区、单位或产品、事项可以给予财政补贴。但是，运用财政补贴来引导金融支持农村土地时，要避免扭曲市场机制，脱离市场需求，从而造成政策失效。财政补贴要限制在适度的规模和严格的时间内，充分考虑市场机制作用，明确补贴的范围，避免造成财政负担。第二，政府代企业或个人支付部分或全部贷款利息，即财政贴息，向企业或个人的成本价格提供补贴。建议运用财政贴息来引导金融支持农村土地时，以当年和今后几年财力承受能力为依据，将贴息额度与贴息期限控制在可承受的范围之内。第三，对投资人给予风险补偿金，对其因承担投资风险而超过货币时间价值的部分给予额外报酬。这种补偿方式目的在于激励投资人积极性，包括增量补偿、损失补偿和新增客户补偿。建议运用风险补偿金来引导金融支持农村土地时，建立一个完整准确的数据库，提供科学决策指导。在此基础上，财政引导金融支持农村土地，财政资金应"以结果为导向"并追求效率，致力于构建正向激励机制，并避免干扰和破坏市场机制作用。以上政策工具应合理配合使用，避免单独运用时的缺陷和不足。

三是探索采用政府与社会资本合作的方式支持农村土地。当前，我国已进入 PPP 的快速发展期，在强化地方政府债务管理的大背景下，PPP 已经成为我国未来政府投融资的主要形式，并代表着正确处理政府、市场、社会三者关系的必然趋势。在支持农村土地方面，也应积极探索引入社会资本采用 PPP 模式。农村土地运用 PPP 模式，既面临一定的困难，也存在一定的机遇。一方面，从困难角度看，PPP 项目大多具有投资期限长、投资规模大的特点，特别是农业领域项目公益性强、很难产生现金流，加上项目通常规模较小、分布分散，难以吸引社会资本和采取 PPP 方式投资。以财政部第三批 PPP 示范项目为例，农业领域 PPP 项目数量仅占全部 PPP 项目数量的 1%，投资规模仅占所有 PPP 项目投资规模的 2%。从农业领域内部来看，生态环保、道路水利、教育卫生等农村发展领域，开展了一些 PPP 模式尝试，而在农业病虫害防治、农业技术推广、土地整治、农产品质量安全检验等农业生产领域，由于难以通过使用者付费或综合利用等方式产生收益，无法吸引社会资本方，对广大分散农户的利益进行统筹协调也有一定难度，

PPP 模式在农业生产领域的应用仍然相对较少。另一方面，从机遇角度看，我国一些地区农村土地资源丰富，便于连片开发经营，特别是在经济社会较为发达的地区，农村土地可能具有一定的综合利用价值和衍生收入，这些都是吸引社会资本进入的有利条件。另外，对于农村土地资源丰富的贫困地区，按照国土资源部《关于用好用活增减挂钩政策积极支持扶贫开发及易地扶贫搬迁工作的通知》（国土资规〔2016〕2 号）中"集中连片特困地区、国家扶贫开发工作重点县和开展易地扶贫搬迁的贫困老区开展增减挂钩的，可将增减挂钩节余指标在省域范围内流转使用"的规定，在农村土地领域开展 PPP 模式也具有一定的探索空间。

四是引导激励新型农业经营主体或受益群体以"自组织"方式开展农村土地相关建设。包括农村土地在内的农业领域项目具有规模小、受益范围小、分布分散、缺乏现金流、涉及大量分散小农户、与农户生产经营密切相关等特点，其中一些项目可能还具有受益边界清晰、投资成本相对较小的特点，农村土地项目较第二、第三产业和城市项目而言也是如此，采取受益群体自主治理的"自组织"模式可能更为有效，即由项目受益群体"自组织"提供，根据具体情况，政府再给予一定的政策资金支持，而采用 PPP 方式不一定完全适合。与传统的家庭经营相比，企业经营、集体经营和合作经营具有更强的"自组织"特征。现代农村需要参与组织具备提供农村基础设施的能力，具备更强的资源整合能力，实现自我管理、自我服务和自我约束。因此，不同的参与组织，其经营模式也有其独特性，政府应根据需要采取引导措施。

参考文献

杨红：《创意旅游视角下的福建省乡村旅游发展研究——以台湾乡村旅游发展为启示》，《旅游纵览（下半月）》2014 年第 7 期。

《浙江支持耕地保护补偿机制建设试点显成效》，中华人民共和国财政部官网，http：//www.mof.gov.cn/xinwenlianbo/zhejiangcaizhengxinxilianbo/201507/t20150729 _

1386852. htm。

《浙江省出台全面建立耕地保护补偿机制政策》，中华人民共和国财政部官网，http：//www. mof. gov. cn/xinwenlianbo/zhejiangcaizhengxinxilianbo/201603/t20160322＿1919390. html。

胡细英、朱慕熔、谭婷：《江西农村土地承包经营权抵押贷款模式研究》，《南方林业科学》2015 年第 3 期。

B.4
中国农业保险制度研究

王紫桐*

摘 要： 制度是一种组织方式，有助于减少社会生产和经济交易的不确定性。本报告构建了农业保险制度的一般性分析框架，将国家制度环境分为政治制度、经济制度和法律制度等类别，从不同角度考察其对农业保险制度的影响。本报告认为，我国社会主义基本政治制度决定了农业保险制度的决策机制、民生导向和效率取向，中央与地方分权的政府管理结构决定了农业保险分级管理体系；社会主义基本经济制度决定了农业保险制度的宏观目标、发展取向及作用方式，国家转型经济的发展步伐影响着农业保险制度的改革发展节奏和发展目标；农业保险法律制度得到长足发展。本报告认为，农业保险应该上升到全国人大审批的法律层面，建议尽快研究制订农业保险法。

关键词： 农业保险 基础制度 顶层设计

　　本报告在农业保险制度的基础研究中，将基础制度视为一个内生变量，而不是一个外生变量，基本制度不是一个既定不变的前提。本报告意图研究农业保险制度的改革与发展如何被这些基础制度的结构及其变迁所影响。为实现这个目的，本报告构建了一个一般性分析框架，不仅能够容纳影响农业

---

* 王紫桐，中国人民大学财政金融学院在读硕士研究生，主要研究方向为货币银行等。

保险制度发展的因素，而且从不同角度分析农业保险制度如何被国家政治制度、经济制度和法律制度所影响。

一 分析农业保险制度的制度环境的必要性

（一）有利于提升农业保险制度的有效性

农业保险制度作为国家为农业发展保驾护航、促进农业保险发展的重要手段，受到现实世界中制度环境的影响，必然要与周围的政治、经济、法律等正式制度发生关系，形成制度环境。制度环境本身具有相对客观性和内在稳定性。因此，研究农业保险制度，必须充分研究、分析其周围的制度环境。制度与制度环境之间存在影响因素和关联逻辑。因此，研究农业保险制度与其制度环境，可以适时调整农业保险制度的有关内容，根据制度环境变化的有关要求，不断提升农业保险制度的有效性。

（二）有利于深化农业保险制度运行本质规律的认识

农业保险制度作为国家农业、经济和金融制度的重要组成部分，政治、经济、法律等制度环境是农业保险制度存在和发展的有效空间，影响其作用的有效发挥。

因此，基于上述理论逻辑，我们应该把农业保险制度与制度环境视为一个有机组成的系统，其所处的制度环境有其特定的时间序列结构。不应割裂地看待农业保险制度本身，简单、孤立地研究一些特征和运行规律，而应将其放置于特定制度环境之中予以研究分析。只有理解了制度环境的内在结构和运行路径，才能从本质上增进我们对于农业保险制度运行规律的理解和认知。只有研究了制度环境的内在逻辑基础，才能充分发挥农业保险制度的有效性。只有充分认识了制度环境存在和发展的重要意义，才能建立健全符合我国国情和实际制度环境的农业保险制度。

（三）农业保险制度反作用于制度环境并促使其向前发展

农业保险制度与制度环境存在辩证的相互影响关系。制度环境影响着农业保险制度的发展和变革方向，反过来，农业保险制度也将反作用于制度环境。农业保险制度对政治、经济等制度环境产生一定影响，因为其对"三农"推动、农业发展、农民保障等产生直接影响，进而将影响到农村治理模式改善、农业市场主体的效率发挥、国家粮食安全的优化及结构调整等。另外，作为政治、经济制度环境的必要补充，法律制度环境也必将受到农业保险制度的影响，因为，农业保险制度的变革与发展必然要求提升相关基础法律的配套改革和运行效力。

政治、经济及法律制度环境作为相对来说更为根本的制度规则，演变过程较慢，具有更强的客观性和内在的稳定性。这些制度环境对农业保险制度具有决定性的意义。农业保险制度虽然也可以反作用于其政治、经济及法律制度环境，但其影响相对来说较为间接。因此，制度环境与农业保险制度之间作用与反作用的影响机制和程度存在较大差异。如果农业保险制度无法与现实世界存在的政治、经济及法律制度环境相适应，那么农业保险的制度基础将变得极为脆弱，制度的有效性也将大打折扣，难以有效发挥解决"三农"问题、保障国家粮食安全、推动农业现代化生产等作用。因此，结合具体制度环境对农业保险制度进行深入研究具有必要性。从制度变迁理论的视角出发，积极推动农业保险制度适应其所处的制度环境，以最大程度地发挥农业保险制度的有效性。

二　农业保险制度与国家政治制度

国家政治制度是各类制度演进和发展的核心基础，是决定社会运行的基础规则，国家的政治意图将渗透至经济、文化、法律等社会管理的各个方面。具体而言，作为具有中国特色的社会主义国家，我国采取了中央与地方的分权体制等基本政治制度，这些都对农业保险制度的决策机制、发展导向及管理结构等产生深刻影响。

（一）我国社会主义基本政治制度决定了农业保险制度的决策机制、民生导向和效率取向

1949 年以后，中国共产党按照马克思主义理论指导，通过整合中华人民共和国成立前的各类公有企业、接管和没收官僚资本等，掌握了国民经济命脉，建立了我国社会主义公有制，即单一的全民所有制。1978 年，十一届三中全会对政治路线进行了深刻反思，要求将社会主义现代化建设作为全党工作重点和全国人民努力的方向。2012 年，十八大报告强调，要坚持走中国特色社会主义政治发展道路和推进政治体制改革前进方向，充分发挥我国社会主义政治制度的优越性。2017 年，十九大报告提出了新时代中国特色社会主义思想的八个"明确"，包括：明确坚持和发展中国特色社会主义；必须坚持以人民为中心的发展思想；明确全面深化改革总目标是完善和发展中国特色社会主义制度；明确中国特色社会主义最本质的特征是中国共产党领导；党是最高政治领导力量，提出新时代党的建设总要求，突出政治建设在党的建设中的重要地位。

综上所述，中华人民共和国成立以来，我国一直强调我国是中国共产党领导下的具有中国特色的社会主义国家，一直强调我国社会主义公有制的本质属性，一直强调维护人民利益是中国共产党和全国人民的最高追求。我国社会主义基本性质明确坚持人民主体地位的政治制度，必然要求国家各项制度必须以全国人民的根本利益为终极目的，体现在农业保险制度建设方面，即要求农业保险制度必须充分体现民生导向。例如，为了提高农业生产抗风险能力、保障农民的切身利益，国家财政一方面将部分农民或农业生产经营组织投保的农业保险标的纳入保险补贴范围、给予保险费补贴，另一方面给予经营农业保险业务的保险机构税收优惠。

中国特色社会主义建设以社会主义经济建设为中心，要求充分解放和发展生产力，这就明确了在健全政策性农业保险制度的基础上，国家支持发展多种形式的农业保险。例如，《农业保险条例》指出，农业保险实行政府引导、市场运作、自主自愿和协同推进的原则，任何单位和个人不得利用行政

权力、职务或者职业便利以及其他方式强迫、限制农民或者农业生产经营组织参加农业保险。

因此，社会主义基本性质和建设有中国特色社会主义的基本方针政策，构成了农业保险制度建设必须考量的政治制度环境的重要组成部分和关键影响因素。

（二）中央与地方分权的政府管理结构决定了农业保险分级管理体系

中央与地方分权的政府管理结构不仅决定了我国政治体制的中央与地方的权力结构，而且充分反映到农业保险制度体系的建构过程中，具体表现在：（1）国家建立财政支持的农业保险大灾分散机制，具体办法由国务院财政部门会同国务院有关部门制定；（2）省、自治区、直辖市人民政府可以确定适合本地区实际的农业保险经营模式；（3）县级以上地方人民政府统一领导、组织、协调本行政区域的农业保险工作，建立健全推进农业保险发展的工作机制。县级以上地方人民政府有关部门按照本级人民政府规定的职责，负责本行政区域农业保险推进、管理的相关工作。

三 农业保险制度与国家经济制度

国家的经济制度会直接影响相关制度的演进与发展，农业保险制度本质上作为一种国家的经济制度，也必将受到国家经济制度的深刻影响。

（一）社会主义基本经济制度决定了农业保险制度的宏观目标、发展取向及作用方式

我国社会主义的基本经济制度经历了计划经济时期、有计划的商品经济时期和市场经济时期。中华人民共和国成立以后，我国在社会主义公有制的基础上，建立了计划经济体制。1954年，我国第一部《宪法》明确了计划经济体制是我国的法定经济体制，规定国家用经济计划指导国民经济的发展和改造，

并明确由全国人民代表大会决定国民经济计划、国务院执行国民经济计划。

1982 年，党的十二大报告指出，正确贯彻计划经济为主、市场调节为辅的原则，是经济体制改革中的一个根本性问题。无论是指令性计划，还是指导性计划都要力求符合客观实际。1984 年，党的十二届三中全会通过了《中共中央关于经济体制改革的决定》，提出计划经济是公有制基础上的有计划的商品经济，必须自觉运用价值规律。1992 年，党的十四大报告中指出："我国经济体制改革的目标是建立社会主义市场经济体制。"

2012 年，党的十八大明确提出，以公有制为主体、多种所有制经济共同发展是我国社会主义的基本经济制度，同时，突出强调两个"必须毫不动摇"。2017 年，十九大报告指出，坚持解放和发展社会生产力，坚持社会主义市场经济改革方向，推动经济持续健康发展。

社会主义基本经济制度属于更为基础层面的经济制度，正向着更加适合我国社会主义发展的方向发展，它必然决定着农业保险制度的宏观目标和发展取向，例如，需要完善农业保险经济补偿机制，建立农业巨灾保险制度等。同时，社会主义基本经济制度对于多种所有制经济共同发展的明确定调，指出了农业保险制度的基调，例如，国家要求不断健全政策性农业保险制度，支持发展多种形式的农业保险；农业保险保费补贴工作实行政府引导、市场运作、自主自愿、协同推进的原则等。

同时，我国以公有制为主体的社会主义基本经济制度决定了农业保险制度的作用方式，即必须以政策性农业保险为主体，以商业性农业保险为辅助的农业保险体系。首先，公有制经济在国民经济中占有主体地位，而农业保险具有准公共用品的特性，会产生"市场失灵"的情况，所以需要通过国家财政补贴来引导农业保险的发展；其次，在保证关系国计民生和粮食安全的农业品种保障稳定的基础上，大力推进商业性农业保险的发展，推进我国农业发展为国民经济发展奠定坚实的物质基础。

国务院 2016 年 3 月 1 日发布了《关于修改部分行政法规的决定》删除了《农业保险条例》第 17 条中的"并经国务院保险监督管理机构依法批准"，意味着保险机构不必经过国务院、保监会批准即可从事农业保险业务，市场准入机制进一步放开，充分体现了十八大以来提出的市场经济起决定性作用的政策导向。随着国家政策的支持和农业保险市场的快速稳健发展，截至2016年年底，已有31家财产保险公司和其他保险经营组织参与农业保险，农业保险市场垄断的市场格局基本被打破。

（二）国家转型经济的发展步伐影响着农业保险制度的改革发展节奏和发展目标

农业保险制度改革与发展属于我国转型经济制度改革与发展的一部分，我国转型经济渐进式改革的基本思路和实践方式都在一定程度上影响着农业保险制度改革和发展的基本思路和实践方式。

中华人民共和国成立以后，计划经济时期，中央人民政府有关部门就提出了"农村保险是整个农村金融工作中重要的一部分"，随即确定了"保障农业生产安全，促进农业生产发展"的农业保险方针，业务由国有的中国人民保险公司办理。中国人民保险公司成立不久，就按照中央的指示，试办了以棉花保险、小麦保险为主的农业保险。在此时期，中国人民保险公司承担着一部分政府职能，所以其运行本身带有政府色彩。随后，农业保险在短暂的试办以后，暂停了24年。

1981年，党的十一届六中全会指出，为了配合支持农村家庭联产承包责任制改革，稳定农业生产，国务院决定恢复办理农业保险。1982年，国务院在批转中国人民银行《关于国内保险业务恢复情况和今后发展意见的报告的通知》（国发〔1982〕27号）中确定要积极开展保险业务，逐步建立我国的经济补偿制度，保障企业正常生产和经营，安定人民生活，减少社会财富损失。至此，国内保险业务正式恢复运营。这一阶段，党和政府对农业保险的发展给予了全方位的支持。同时，中国人民保险公司和新疆兵团农牧业生产保险公司作为仅有的两家农业保险的经营主体，主要强调社会效益，不以经济效益为目的。

1992年，党的十四大报告中正式提出"我国经济体制改革的目标是建立社会主义市场经济体制"。在此背景下，农业保险经营进入商业化运行模式。可是，人们没有意识到市场化进程的加快对农业保险这个带有很强"正外部性"特征的险种产生了很大的破坏性。中国人民财产保险公司为确保盈利，改变"规模很大，利润很小甚至为负"的局面，开始对公司的农险业务进行战略收缩，停办了一些长期亏损的农业保险险种。从经济效益来讲，这一转变是很成功的，但从农业保险保费规模来看，规模连年萎缩；从社会效益来看，农业保险基本处在了崩溃的边缘。表1列示了1992年与2003年农业保险数据的对比，用李茂生、李光荣的话来讲，"农业保险呈持续萎缩的状态，已经降低到不能再低的水平，与10年前的1992年相比，真有恍若隔世之感"。①

表1 2003年与1992年有关农业保险的若干指标对比

年份	农业保险收入（亿元）	占财险保费收入比重（%）	占总保费收入比重（%）	农业保险深度（%）	农业保险密度（元）
1992	8.2	11.88	2.43	0.14	0.96
2003	4.6	0.53	0.12	0.03	0.60

资料来源：李茂生、李光荣主编《中国"三农"保险发展战略：努力构建三支柱"三农"保险体系》，中国社会科学出版社，2010，第191页；结合国家统计局网站和中国保监会网站发布的有关数据计算得出。

面对农业保险急剧萎缩和加入WTO的影响，党和政府对农业保险给予了高度的重视。2004年，中国保监会在9个省份大力推行政策性农业保险试点工作，一些非试点省份，如安徽、广东、浙江等也自行开始了农业保险的探索工作。2006年，国务院发布《国务院关于保险业改革发展的若干意见》（国发〔2006〕23号），对农业保险发展提出若干纲领性意见。2007年，为做好中央财政补贴农业保险保费的各项工作，提高财政补贴资金的使用效益，财政部颁布《中央财政保险保费补贴试点管理办法》（财金〔2007〕25号），中央财政拨款10亿元选取6个省份进行政策性农业保险保

---

① 李茂生、李光荣主编《中国"三农"保险发展战略：努力构建三支柱"三农"保险体系》，中国社会科学出版社，2010。

费补贴试点。在党和政府的高度重视下，在各级财政的政策扶持和财政补贴下，我国农业保险得到快速发展。

随着转型经济改革的不断推进和深入开展，改革初期的渐进式改革方式已经开始逐步发生变化，在当前深化经济体制改革的攻坚阶段，农业保险大胆实践，而且在顶层设计方面做了很多有益尝试，明确了改革的总体目标、重点、步骤及时间表，使农业保险制度的改革与发展节奏与之相匹配。2012年，国务院颁布《农业保险条例》，明确了政府对农业保险的支持政策，厘清了政府与市场的边界，确立了农业保险经营基本规则，其间经历的反复理论论证和实践探索，充分证明了这种渐进性和必然性。

同时，经济增长方式转变决定了农业保险制度的经营目标在于有质量的经济增长。近年来，国家政策一直在强调转变我国经济增长方式，逐渐由粗放式的经济增长方式向集约式的经济增长方式转变，更加关注经济发展质量而非经济增长速度，这也必将引导农业保险制度的改革和发展。在发展方式上，农业保险从粗放式经营逐步向专业化、精细化发展模式转变。

综上，农业保险制度的发展与国家转型经济发展密切相关，与国家的宏观经济增长方式一脉相承，更加强调农业保险内涵式、有质量的发展。农业保险在贯彻落实中央强农惠农富农政策、防范化解农业生产风险、稳定农民收入、落实国家粮食安全战略和宏观调控政策以及完善农村社会支持保护体系等方面，发挥了重要作用。

四　农业保险制度与国家法律制度

在我国社会主义政治、经济体制的不断深化改革过程中，国家对于社会主义市场经济的管理正在摆脱过去的管理模式束缚，逐步转向主要依靠正式法律制度进行经济管理的模式。2015年，第十二届全国人大第三次会议审议通过了《立法法》修正案，指出立法是国家的重要政治活动，重点强调了实现立法和改革决策相衔接，做到重大改革于法有据、立法主动适应改革和经济社会发展需要，这就为农业保险制度奠定了坚实的法制基础。2017

年，十九大报告指出，成立中央全面依法治国领导小组，加强对法治中国建设的统一领导。因此，要严格按照相关法律法规建立和完善农业保险制度，制定符合公共财政需要和农业保险经营管理实际，并兼顾各方合理利益诉求的制度框架，为农业保险制度的全面发展提供坚实的法律制度基础，这也是未来农业保险制度不断向前发展的关键所在。

法律本质上是对权利界定的基本规则，《保险法》《农业法》《预算法》等国家基本法律制度为农业保险制度建设提供了重要制度运营保障。例如，各级财政编制农业保险保费补贴要按照《预算法》的原则、流程、时间要求等进行；农业保险保费财政补贴资金支付工作需要遵照财政国库管理制度有关规定执行。可见，如果缺失国家的基本法律制度，就必然造成农业保险制度建设的部分领域缺乏必要的法律支持，从而无法保证农业保险制度的运行效率、实施基础等。

（一）农业保险探索期间制度框架（2004～2013年）

由于农业生产在我国国民经济中的基础地位和农业风险的特殊性，加入WTO以后，政府开始探索通过农业保险间接对农业发展进行支持和保护的路径。2004年，中国保监会先后批设了上海安信、黑龙江阳光、吉林安华三家专业农险公司，并启动了部分省份的试点工作，探索解决在没有财政保费直补情况下"农民保不起、保险公司赔不起"的问题。2005年，农业保险保费收入7.29亿元，赔款5.58亿元，初步扭转农业保险急剧萎缩的局面。

2006年，国务院在试点的基础上发布了《国务院关于保险业改革发展的若干意见》（国发〔2006〕23号），作为以后一段时间农业保险发展的纲领性文件，从国家层面对农业保险的发展进行了整体规划和部署，具体包括：（1）首次提出推动农业保险立法，促进农业保险发展；（2）拓展了农业保险的目标和定位，将农业保险作为支农方式的创新，纳入农业支持保护体系，要求总结试点经验，研究支持政策，探索适合我国国情的农业保险发展模式；（3）统筹兼顾，要求发挥中央和地方政府、保险公司、龙头企业、农户等各方面的积极性，扩大农业保险覆盖面，有步骤地建立多形式经营、多渠道支持的农业保险体系；（4）改变农业风险防范与救助机制，要求改变单一、事后财政补助的农业灾害救助模式，明确提出了补贴农户、补贴保险公司、补贴农业再保险的"三补贴政策"，逐步建立农业保险发展的长效机制；（5）提倡和鼓励保险公司开办商业性农业保险，支持保险公司开发保障适度、保费低廉、保单通俗的农业保险产品，支持农业保险公司开办特色农业和其他涉农保险业务，提高农业保险服务水平。

在前期试点的基础上，在国务院政策的明确要求下，财政部从 2007 年先后出台了一系列规章制度，规范了政策性农业保险保费补贴管理，明确规定了补贴范围、资金预算管理、监督检查、经办机构管理等。

随着政策性农业保险管理措施的实施，农业保险的监管体系也在不断完善。中国保监会以规范农业保险市场秩序和维护投保农户合法权益为重点，不断加强基础制度建设，制定了一系列促进和规范发展的监管制度。这一期间，保监会明确提出了"五公开、三到户"的农业保险服务规范，并对到户的操作流程做出规范；建立了农业保险专项检查制度；加强了风险预警机制建设，对农业保险再保险体系建设、大灾风险研究等方面做出了明确要求。在规范政策性农业保险的经营和发展的同时，保监会还鼓励和引导涉农金融保险产品创新，强化了涉农信贷与涉农保险的合作，以确保国家支农惠农政策落到实处。

综上，2006 年《国务院关于保险业改革发展的若干意见》（国发〔2006〕23 号）中提出的要求基本得到完成，农业保险有了长足的进步；2007～2013 年，中央财政累计拨付农业保险保费补贴 360 亿元，为农业保险累计提供风险保障逾 2.3 万亿元，强农惠农政策效果显著，农业保险保持了年均超过 30% 的增速。

（二）农业保险发展期制度框架（2013年至今）

2013 年 3 月 1 日，我国第一部农业保险法律法规《农业保险条例》（以下简称《条例》）正式实施，标志着我国农业保险试点阶段的结束，进入稳定发展的新时期。《条例》以行政法规的形式肯定了农业保险试点的成功经验，为农业保险规范健康发展奠定了法律基础。《条例》主要包括：（1）从顶层设计上指出"国家支持发展多种形式的农业保险，健全政策性农业保险制度"，明确了"农业保险实行政府引导、市场运作、自主自愿和协同推进的原则"；（2）强化了组织要求，对各级政府、财政、农业、林业、民政、发展改革、税务、保险监管、国土资源、气象等部门职责进行了明晰；（3）明确了包括保费补贴、税收优惠、财政支持等在内的国家支持农业保险发展的政策措施；（4）对农业保险合同、保险经营机构和规则、法律责任等进行了规范。

《条例》出台后，中国保监会按照"国务院保险监督管理机构对农业保险业务实施监督管理"的要求，相继出台了一系列监管政策，包括：（1）农业保险市场规范方面，规范了业务资格，加大了监管力度，严厉查处严重违法违规的行为；（2）农业保险业务流程管理方面，从基本原则、基础服务能力、内控管理、承保理赔服务、查询服务、增值服务和投诉等方面做了具体的要求，进一步细化和规范了承保理赔流程管理；（3）在产品设计、条款拟订方面，对农业保险产品费率厘定方法、监控、监督机制思路进行了规范，推动了中央财政保费补贴型农业保险产品创新升级，不仅扩大了保险范围、提高了保障水平，而且降低了理赔门槛和保费费率。

2014年，历经8年，国务院再次发布保险业发展的纲领性文件——《关于加快发展现代保险服务业的若干意见》（国发〔2014〕29号），新的发展时期，对农业保险提出了新的发展要求，具体包括：（1）构建多层次、多渠道、多品种，政府引导、市场运作、自愿参保，多方协同的农业保险体系；（2）落实农业保险大灾风险准备金制度；（3）支持保险机构提供保障适度、保费低廉、保单通俗的"三农"保险产品，创新支农惠农方式，不断拓展"三农"保险广度和深度。

此后，国务院、财政部、农业部、保监会等更加强化和细化了对于农业保险的支持和规划，具体包括：（1）要求把农业保险作为支持农业发展和农民增收的重要手段，建立健全农业保险保障体系，从覆盖直接物化成本逐步实现覆盖完全成本；（2）不仅对保险标的提出要求，如从关系国计民生和国家粮食安全的农作物、主要畜产品等推广到农房、农机具等，而且对产品创新提出要求，如从成本保险向价格保险推进，探索天气指数保险和"基本险＋附加险"等模式；（3）加快建立农业保险大灾风险分散机制，增强对重大自然灾害风险的抵御能力；（4）进一步缓解产粮大县财政支出压力、扩大农业保险覆盖面、维护国家粮食安全等；（5）规范了农业保险政府补贴政策；（6）试点开展农业大灾保险；（7）延续税收支持政策；（8）精准对接脱贫攻坚的农业保险服务需求；（9）尊重市场规律，以地方为主，支持农业保险支农模式创新。

五　农业保险制度建议

我国农业保险制度是在具有中国特色的社会主义市场经济的政治、经济和法律框架下逐步探索发展的，对推动我国农业保险发展起到了重要的作用，取得了很好的成绩。但是，我们需要看到，我国农业保险缺乏更高层面的顶层设计，仅仅停留在《农业保险条例》的层面，没有上升到经过全国人民代表大会审批的法律层面。而农业保险不仅涉及关系国计民生和粮食安全等的重要农作物、畜产品等，而且涉及整个"三农"保障体系的建立和完善，涉及我国农村治理模式的改变等，所以，农业保险应该上升到全国人大审批的法律层面，统揽农业保险相关事宜的全局发展，建议尽快研究制定农业保险法。

农业保险法的内容包括但不限于：（1）应从顶层规划农业保险的整体框架，指导各省制定或完善农业保险经营模式，不仅要允许因地制宜、分散决策、制度创新，而且要规划农业保险的发展要点，列明不可或缺的制度要素，以便各地参考，防止因某些重要制度要素缺失导致农业保险的运作出现较大偏差。例如，大灾风险管理制度，农业保险风险评估和费率厘定机制。（2）要区分农业保险中政策性与商业性的定位和导向。例如，对于政策性农业保险，政府在择优选择的基础上，要稳定保险公司经营预期，明确经营区域、经营险种和经营期限等。（3）明确对国民经济发展、推进"三农"体系建设的重要意义和举措。（4）农业保险经办机构的要求。例如，服务网络、投入要求等。（5）业务规范。例如，明确几种农业保险的工作模式，包括对农民的宣传、组织收费和理赔到户的具体组织和推动模式等。（6）农业保险涉及部门的分工协作、职能边界等。例如，明确各级政府的牵头部门，并细化各自工作职责和基本工作目标。（7）政策性农业保险的财政补贴范围、比例、方式等。例如，对农业保险经办机构在国内进行再保险安排（包括农共体），并进行再保保费补贴，以激励直保公司不断扩大服务领域。（8）农业保险大灾风险分散机制。（9）农业保险合同规范。（10）农业保险法律责任。

参考文献

陈文辉：《中国农业保险市场年报》，南开大学出版社，2016。

李茂生、李光荣主编《中国"三农"保险发展战略：努力构建三支柱"三农"保险体系》，中国社会科学出版社，2010。

中国保监会财产保险监管部：《2013 年中国农业保险发展报告》，2014。

薛贵：《国有资本经营预算制度研究》，中国财政经济出版社，2017。

刘峰：《对新常态下农业保险发展改革的几点思考》，中国保险报网，http：//xw. sinoins. com/2015 - 12/30/content_ 180030. htm。

庹国柱：《我国农业保险的发展成就、障碍与前景》，《保险研究》2012 年第 12 期。

庹国柱、朱俊生：《完善我国农业保险制度需要解决的几个重要问题》，《保险研究》2014 年第 2 期。

尹成杰：《关于推进农业保险创新发展的理性思考》，《农业经济问题》2015 年第 6 期。

王立胜、裴长洪主编《中国特色社会主义政治经济学探索》，中国社会科学出版社，2016。

《农业保险条例》（2012 年 10 月 24 日国务院第 222 次常务会议通过并于 2013 年 3 月 1 日起施行，根据 2016 年 2 月 6 日国务院令第 666 号《国务院关于修改部分行政法规的决定》修正）。

《中央财政保险保费补贴试点管理办法》（财金〔2007〕25 号）。

《财政部关于财政农业保险保费补贴国库集中支付有关事项的通知》（财库〔2007〕58 号）。

《能繁母猪保险保费补贴管理暂行办法》（财金〔2007〕66 号）。

《中央财政种植业保险保费补贴管理办法》（财金〔2008〕26号）。

《中央财政养殖业保险保费补贴管理办法》（财金〔2008〕27号）。

《关于中央财政森林保险保险费补贴试点工作有关事项的通知》（财金〔2009〕25号）。

《关于做好森林保险试点工作有关事项的通知》（财金〔2009〕165号）。

《关于加强政策性农业保险各项政策措施落实工作的通知》（保监发〔2008〕61号）。

《关于做好2008年农业保险工作　保障农业和粮食生产稳定发展的指导意见》（保监发〔2008〕22号）。

《关于规范政策性农业保险业务管理的通知》（保监发〔2009〕56号）。

《保监会关于进一步做好农业保险发展工作的通知》（保监发〔2009〕93号）。

《关于加强涉农信贷与涉农保险合作的意见》（银监发〔2010〕25号）。

《关于加强农业保险业务经营资格管理的通知》（保监发〔2013〕26号）。

《关于进一步加强农业保险业务监管规范农业保险市场秩序的紧急通知》（保监发〔2013〕68号）。

《农业保险承保理赔管理暂行办法》（保监发〔2015〕31号）。

《农业保险服务通则》（中国保险行业协会发布）。

《关于加强农业保险条款和费率管理的通知》（保监发〔2013〕25号）。

《关于进一步完善中央财政保费补贴型农业保险产品条款拟定工作的通知》（保监发〔2015〕25）。

《财产保险公司产品费率厘定指引》（保监发〔2017〕2号）。

《国务院办公厅关于完善支持政策促进农民持续增收的若干意见》（国办发〔2016〕87号）。

《关于加大对产粮大县三大粮食作物农业保险支持力度的通知》（财金〔2015〕184号）。

《中央财政农业保险保险费补贴管理办法》（财金〔2016〕123号）。

《财政部关于在粮食主产省开展农业大灾保险试点的通知》（财金〔2017〕43号）。

《关于延续支持农村金融发展有关税收政策的通知》（财税〔2017〕44号）。

《关于做好保险业助推脱贫攻坚工作的意见》（保监发〔2016〕44号）。

《关于开展2017年度金融支农服务创新试点的通知》（农办财〔2017〕29号）。

市　场　篇

Market

B.5

"三权"分置背景下的农地确权
与纠纷化解

王 力 于 潇*

摘　要： 抓好和落实农地"三权"分置政策是今后一个时期农村工作的中心。农村土地确权作为"三权"分置政策推行的重要一环，是农村改革能否成功的关键节点。本报告利用2016~2017年四个省份（含自治区）调研数据，通过统计方法对近两年来农村土地确权状况、农地纠纷及确权过程中的一些重要问题进行详细分析。调研显示，大部分受访农民不理解农村土地确权的含义和真正意图，农村土地确权政策似乎无法

* 王力，研究员，经济学博士，中国社会科学院金融研究所博士生导师，北京大学经济学院校外导师，特华博士后科研工作站执行站长，主要研究领域为产业经济、区域金融和资本市场等。于潇，经济学博士，中央民族大学生命与环境科学学院副教授、硕士研究生导师，主要研究方向为农地资源管理、环境认知及制度变迁等。

在短时期内迅速拉动个体土地投资，农村土地确权过程中的农地纠纷问题也会对确权工作效果产生负面作用。本报告对农地"三权"分置实现的可能路径及手段进行了探讨，建议继续增强农民特别是少数民族地区农民对农村土地确权政策的理解，积极引导农民增加土地投资并加速农地流转，建立长期有效的农地纠纷调节机制。

关键词： 农村土地确权 "三权"分置 农地纠纷 新型经营主体

农村土地确权作为"三权"分置政策未来能否顺利推行的重要一环，是未来农村改革能否成功的关键节点，同时也是目前农村工作中一项极为重要而紧迫的任务。然而，近两年来农地确权工作的政策效果如何，农民对确权的认识和对地权的认知如何，"三权"分置如何通过农地确权的完成而得以顺利推行……这些都是"三权"分置背景下农地制度变迁过程中需要回答和重视的问题。

一 引言

2017 年 10 月，党的十九大报告强调，农业农村农民问题是关系国计民生的根本性问题，必须始终把解决好"三农"问题作为全党工作重中之重。党的十九大报告强调，要巩固和完善农村基本经营制度，深化农村土地制度改革，完善承包地"三权"分置制度。可见，抓好和落实农地"三权"分置政策将是党中央今后一段时期内农村工作的中心。实际上，2016 年 10 月，党中央、国务院便印发了《关于完善农村土地所有权承包权经营权分置办法的意见》（以下简称《意见》），正式推出"三权"分置这一最新的农村土地产权制度改革的新部署。"三权"分置这一制度安排的目的正是让农民得到更多的实惠，同时使农村土地这种资产整体盘活。要确保"三权"

分置的有序实施,需要扎实做好农村土地确权登记颁证工作。只有"确认'三权'权利主体,明确权利归属,稳定土地承包关系,才能确保'三权'分置得以确立和稳步实施"。

农地"三权"分置是党中央根据我国农地的实际最新提出的具有中国特色的土地制度设计和改革方案,故目前针对"三权"分置的研究成果不是很多,其中大多是基于法律框架而进行的权利结构分析及规则构建的探讨。相对于"三权"分置而言,农村土地确权是一个由来已久的话题,国外也有较多国家成功完成了类似于确权的土地登记工作。因此,这一话题受到国内外学者的高度关注,特别是土地确权和社会行动者的经济行为的关联问题,近年来关于这类问题的研究不乏在世界顶级期刊发表的。例如 De Janvry 通过墨西哥的数据研究发现确权会引致人口流动,同时保证土地权利的完整和加强个人农地财产权,而很多学者也得出相似结论。根据 Galiani 的归纳,农村土地确权的效应可划分为四种渠道:刺激投资、方便农地交易、提高土地利用和改进家庭内部劳动力配置。然而,对我国而言,农村土地确权工作并不是建立在农地私有制基础之上的,如何通过农地确权来使"三权"分置政策有效推行是确权工作的重中之重。另外,在目前农地纠纷屡见不鲜的情况下,确权工作能够使纠纷减少吗?如何建立有效的纠纷调解机制?这些都是"三权"分置政策推行过程中需要直面的问题。综合国内外文献观点,学者们对"确权工作能够减少土地冲突、促进农地投资和加强劳动配置"等积极效应基本持肯定态度,这些积极效应也正是"三权"分置政策实施的基础一环。因此,报告认为,确权工作不但对盘活整体农村资产具有显著的影响,还对于有效处理农地纠纷,最终使"三权"分置政策顺利进行有着重大的意义。

值得一提的是,本研究利用了我国汉族地区和少数民族地区农地确权工作效果和农地纠纷的数据和案例,在"三权"分置背景下对确权政策效果进行了客观的研究和评价,其研究结果可为考察少数民族群体对农地改革的制度需求提供了一个崭新的视角,这不仅对农地"三权"分置政策在少数民族地区的顺利推行具有重要的现实意义,而且对建设和谐民族关系也有着深远的影响。

二 2016~2017年中国农村土地确权状况
与农地纠纷的调研

《中国农村土地市场发展报告（2015~2016）》运用了田野调查方式，利用 2015 年 7 月中旬至 8 月底在吉林省和安徽省农村土地确权状况问卷调研的数据进行分析。本报告延续这种研究模式，对数个其他省份和自治区进行实地调研，通过对农民的访谈和问卷数据来分析在"三权"分置背景下的近两年来的农地确权状况和农地纠纷问题。值得一提的是，本报告对几个少数民族地区的农地确权状况与农地纠纷进行了研究，并与汉族地区进行对比，这会使研究结论更有意义，并能够为少数民族地区农地政策的推行提供一定的参考。

（一）数据来源与研究方法

本报告所采用的数据，来源于对甘肃省、陕西省、云南省（调研日期为 2016 年 1~3 月）以及广西壮族自治区（调研日期为 2017 年 2~3 月）等四个省级单位农村地区进行的问卷调研。除了广西壮族自治区，调研涉及的其他少数民族地区分别是甘肃省临夏回族自治州永靖县的小坪村和塔坪村，云南省大理白族自治州南涧彝族自治县团山村和碧溪乡和乐村。为了与民族地区进行对比研究，选择的汉族地区为陕西省商洛市的柞水县和商州区下属的数个行政村。

隶属于临夏回族自治州的永靖县，位于甘肃省中部西南，地处陇西黄土高原，属于温带半干旱偏旱气候类型。调研的小坪村和塔坪村均属于典型的混合型少数民族村落。南涧彝族自治县位于云南省的西部，位于大理白族自治州的南端。调研的和乐村与团山村都是以彝族为主的少数民族居住区，是比较典型的少数民族高寒贫困山区，当地居民生活水平和教育水平均相对较低。商洛市位于陕西省东南部，与鄂豫两省交界，是"关中—天水"经济区的次核心城市，位于西安、渭南、咸阳 1 小时经济圈内，经济发展势头和前景良好。广西壮族自治区为我国五大自治区之一，全区有壮、瑶、苗、侗、仫佬、毛南、回、京等少数民族，少数民族总人数居全国第一位，且为唯一沿海的自治区。调研主要选取南宁市上林县、柳州市鹿寨县和河池市都安县下属的农村地区。

报告选取的不同调研地区均为调研时正在进行农村土地确权（未发证）的行政村。采取的调研方法均是面对面（face to face）的半结构式访谈，即逐户入户进行调研，将问题通俗地传达给受访者，受访者口头回答，每位受访者访谈时间为 20～30 分钟，这样不但避免了某些受访者因看不懂题目的现象，而且受访者也会根据调研者的提示和追问而传达出更多或更有价值的信息，这更有助于我们掌握典型案例，并对统计结果进行更深入的研究，从而确保调研数据真实可信。

（二）数据的统计描述

我们通过对三省一区的调研共得到有效问卷 425 份，其中甘肃省 106 份，云南省 94 份，广西壮族自治区 118 份，陕西省 107 份。利用 stata 13.1 计量软件，得出的受访者基本信息数据如表 1 所示。

表 1　样本的统计描述

单位：个，%

统计特征	答案	甘肃省		云南省		广西壮族自治区		陕西省	
		样本数	比例	样本数	比例	样本数	比例	样本数	比例
性别	男	60	56.60	90	95.74	89	75.42	86	80.37
	女	46	43.40	4	4.26	29	24.58	21	19.63
年龄	30 岁及以下	48	45.28	2	2.13	5	4.24	6	5.61
	31～50 岁	28	26.42	53	56.38	48	40.68	52	48.60
	50 岁以上	28	26.42	39	41.49	65	55.08	49	45.79
	缺失值	2	1.89	0	0.00	0	0	0	0.00
受教育程度	小学及以下	38	35.84	36	38.30	35	29.66	28	26.17
	初中	35	33.02	53	56.38	55	46.61	55	51.40
	高中	18	16.98	4	4.26	22	18.64	20	18.69
	本科	13	12.26	1	1.06	6	5.08	4	3.74
	缺失值	2	1.89	0	0.00	0	0	0	0.00
样本总数		106	100	94	100	118	100	107	100

由表1可知，性别方面，三省一区的受访者均是男性多于女性，特别是云南省男性受访者的比例达到95.74%，其主要原因是男性对农业生产、经营活动和外出务工等比较熟悉，是家庭的主要劳动力，更愿意接受调查。年龄方面，除了甘肃省之外，云南省、广西壮族自治区和陕西省调研对象大部分为中老年。受教育程度方面，三省一区受访者总体教育水平偏低，尤其是云南省受访者教育水平为小学及以下和初中的比例高达94.68%，其他调研地区教育水平为初中及以下的受访者比例也在70%与80%之间。可见，提升农民特别是少数民族地区农民的教育水平是我国政府需要解决的和长期面对的一大问题。

三　调研结果分析

农村土地确权是"三权"分置的基础和前提条件，其根本目的就是在城镇化、工业化和农业现代化进程中切实保护农民的土地权益，通过确权颁证来加速农民流转农地、培育新型农业主体、催生我国农地市场的形成及盘活我国农村土地资产。如果农村土地确权工作做得不够扎实、不注重政策取得的效果，极容易导致农民对政策理解片面甚至有误。那么，"三权"分置政策的推行可能会遇到较大阻力，而且盘活农地资产和促进农地市场形成等目标的实现也会出现较大程度的延迟。

基于以上思路，同时结合《中国农村土地市场发展报告（2015～2016）》的研究设计，我们就农村土地确权过程中若干有代表性的问题对农民进行了调研，并从主观和客观两个方面考察了农民对农村土地确权的认识以及农民对土地权利的认知，虽不具有普遍性和广泛性，但能够在一定程度上对农村土地确权工作状况和效果进行较为合理的评估。此外，由于2016年笔者在甘肃、云南和陕西省调研时发现，农地确权过程中土地纠纷问题时有发生，故2017年广西壮族自治区的调研更加倾向于确权纠纷经典案例的收集和掌握（三个省份应用的调研问卷题目完全相同；广西壮族自治区应用的调研问卷与三省问卷相比，删除了一些答案较为明确的问题，增添了很大部分有关农村土地确权纠纷的问题）。

（一）受访农民对农村土地确权政策的理解

在《中国农村土地市场发展报告（2015～2016）》的报告中，笔者发现吉林省与安徽省调研地区受访农民对于农村土地确权的理解程度并不好，甚至有很多农民将"确权"等同于重新分地。因此，本报告继续追踪这一重要问题，并将此问题作为评估调研地区农村土地确权执行情况和政策效果的重要依据之一。表2为调研地区农民对农地确权的了解情况。

表2　调研地区受访者对农地确权的了解

单位：个，%

问题	答案	甘肃省		云南省		广西壮族自治区		陕西省	
		样本数	比例	样本数	比例	样本数	比例	样本数	比例
是否听说过农地确权	从来没有	12	11.32	10	10.64	8	6.78	4	3.74
	听说过	94	88.68	83	88.30	103	87.29	103	96.26
	缺失值	0	0.00	1	1.06	7	5.93	0	0.00
是否清楚什么是农地确权	不太清楚	90	84.91	66	70.21	65	55.08	76	71.03
	很清楚	13	12.26	28	29.79	52	44.07	31	28.97
	缺失值	3	2.83	0	0.00	1	0.85	0	0.00
样本总数		106	100	94	100	118	100	107	100

由表2可以看出，与吉林省和安徽省的情况相似，本报告所选择调研地区的农村土地确权效果可能没有预期的理想，特别是所调研的少数民族地区。数据显示，甘肃省、云南省的民族地区和广西壮族自治区分别有11.32%、10.64%和6.78%的受访者表示从来没有听说过农地确权，而陕西省仅有3.74%。可见，大部分受访农民知道农村土地确权工作，但在"确权"究竟是什么的问题上则回答的偏误较大甚至是出现误解。

与吉林省和安徽省的调研相似，笔者仍对每一位受访农户都追问"是否清楚什么是农地确权"这一问题。我们发现，在2016年调研的云南省和陕西省的受访农户中，70%以上的受访者均表示"不太清楚"什么是"确权"，而甘肃省受访者的这一比例接近85%。虽然绝大多数村民听说过和知道农村土地确权，但真正了解确权含义的受访者仍然相对较少。然而，在

2017 年调研的广西壮族自治区时，有 44.07% 的受访者选择"很清楚"这一答案，但绝大多数受访者说出的他们认为的确权含义与实际含义均有不同程度的理解偏差、误解甚至是完全错的。实际上，在这一问题得到的答案归纳上，2016~2017 年对三省一区的调研与 2015 年对于吉林省和安徽省的调研的结果极为相似，受访农户对于"确权"含义的回答大概有以下几类：观点一，"（确权发证后）土地归自己所有，拥有土地的'全部'权利"；观点二，"（确权是）明晰地块的位置和面积"；观点三，"给土地划分（分清）所有权，并（确权后）可以转让、买卖和租赁"。特别是广西壮族自治区的受访者中，很多回答"很清楚"确权含义的人认为："确权"就是"确"农地的所有权，"确权"后的地就完全是"自己的地"了。

调研中我们也发现，接受调研的地区特别是甘肃少数民族地区的农地确权工作的效果并不理想，大部分农民不清楚农地确权是什么，当然这与农民受教育程度有较大的关系（特别是云南省南涧彝族自治县的受访者中，小学或小学以下的受访者占很大比例）。然而，我们认为出现这种情况的主要原因，仍然与吉林省和安徽省的调研分析相似，即这些调研地区的农地确权工作的推行并没有使农民真正理解其含义和意图。因此，少数民族地区在推行一项政策的时候，让当事人真正了解政策含义、深刻理解政策意图是政策能否取得良好效果和得到群众支持的一个必要条件。

通过调研得知，三省一区的农村土地确权工作采取的仍然是"自上而下"的政策推行方式，即上级传达政策指示，下级按照政策精神来执行，特别是甘肃省民族地区 77.36%（82/106）的受访者选择了"从村委会处得知"农地确权。事实上，农村土地确权工作的顺利开展确实与村干部的及时通知和相关人员耐心讲解有较大关系，尤其在某些偏远的少数民族地区，村委会仍然是大部分农民获得政策信息和上级精神的最重要渠道。因此，加强村干部对政策推行的把握和政策意图的正确传达、提升确权工作人员与当时农民之间的沟通和协调效率，使农民真正理解"确权"的意图和好处，可能是农村土地确权产生良好政策效果的一个主要主观因素。

（二）农村土地确权与受访农民的相关地权的认知

在 2016 年的调研中，我们发现甘肃、云南和陕西省的受访者不但对农村土地确权政策了解不够深刻，同时对自己拥有的土地权利的认知也有一定程度甚至是较大程度的偏差。笔者认为，这些偏误极有可能与农村土地确权政策的理解产生双向因果关系，从而影响"三权"分置政策的实施。我们选择了两个说法让农民进行判断，以便考察农民最基本的对确权后的地权的认知状况。结果如表 3 所示。

表 3　受访者对确权后其农地权利的认知和判断

单位：个，%

问题	答案	甘肃省		云南省		陕西省	
		样本数	比例	样本数	比例	样本数	比例
确权之后，我拥有农地的所有权	高度同意	46	43.40	4	4.26	42	39.25
	比较同意	44	41.51	53	56.38	39	36.45
	中立	10	9.43	19	20.21	4	3.74
	不太同意	3	2.83	8	8.51	18	16.82
	强烈反对	0	0.00	0	0.00	3	2.80
	不知道	2	1.89	10	10.64	1	0.93
	不想说	1	0.94	0	0.00	0	0.00
	缺失值	0	0.00	0	0.00	0	0.00
确权之后，农地受法律保护，不会出现强征的现象	高度同意	74	69.81	45	47.87	67	62.62
	比较同意	12	11.32	32	34.04	26	24.30
	中立	15	14.15	9	9.57	3	2.80
	不太同意	3	2.83	0	0.00	6	5.61
	强烈反对	0	0.00	0	0.00	2	1.87
	不知道	2	1.89	8	8.51	2	1.87
	不想说	0	0.00	0	0.00	1	0.93
	缺失值	0	0.00	0	0.00	0	0.00
样本总数		106	100	94	100	107	100

首先，对于"'确权'后，我拥有农地的所有权"这一说法，甘肃、云南和陕西省受访农民表示同意（高度同意和比较同意）的比例分别为

84.91%、60.64%和75.7%。实际上，这是一个错误说法。"三权"分置政策要求，农地的所有权、承包权和经营权分离，即农地的所有权仍归集体所有。调研中，很大比例受访者认为，农村土地确权之后地就变为"自己的"了，因此不仅是使用权，包括所有权在内的一切权利都应属于自己。这是在这次调研中比较具有代表性的错误认知。可见，调研地区受访者对"确权"后农地权利的认知有较大偏差。因此，农村土地确权工作不仅要在农地丈量、确权颁证等环节上认真对待，更要积极向农民传达确权的细节和含义，以提高农户的认知和理解。

其次，对于"确权后，农地受法律保护，不会出现强征的现象"这一说法，甘肃、云南和陕西省受访农民持同意（高度同意和比较同意）观点的比例分别为81.13%、81.91%和86.92%。可见，受访农民虽大多数不清楚确权的真正含义和不知道确权的潜在好处，但是很大比例受访者持"'确权'后的土地就是自己的"这一观点，且知道"国家政策肯定是为农民好"，这样的统计结果是很容易理解的。因此，在农村土地确权工作深入进行时，需要让农民进一步了解确权的潜在好处，这样会使农村土地确权工作更加顺利和平稳地推进。

（三）农村土地确权对受访农民农地流转与投资的内生需求的影响

农村土地确权工作的根本出发点是保护农民的土地利益、稳定农民与土地的权属关系，刺激农民对土地连续投资的意愿并加速农村土地流转，从而提高农地利用效率和盘活农村土地资产，最终逐步建成统一的农地市场。实际上，这正是《关于完善农村土地所有权承包权经营权分置办法的意见》指出的农地"三权"分置的核心内涵，即"落实集体所有权，稳定农户承包权，放活土地经营权，充分发挥'三权'的各自功能和整体效用"。因此，如果想要评价确权政策执行的效果，选择农民对确权后农地投资和流转意愿两个方面的考察是较为理想的变量，它们能够间接地反应确权政策是否会对农民的经济行为产生潜在的影响。实际上，在《中国农村土地市场发展报告（2015～2016）》中，我们针对吉林省和安徽省也进行了类似的考察，并发现"确权"对农户潜在的投资影响可能会较小，但农地流转意愿却没有规律（吉林省和安徽省分别有 89.15% 和 72.28% 受访农户表示"确权"后"不打算有明显的投资变化"；但由于样本量限制，吉林省和安徽省受访农户在农地流转方面的意愿差异相对比较大）。那么，之后的两年之内，在其他省份农村土地确权工作中，农户是否会因为"确权"而加大对农地的投资？是否农地流转意愿会加强？我们继续对此进行了农户调研，并尝试评估农村土地确权对受访农民农地流转与投资的内生需求的影响大小。

首先，我们对受访农民在农村土地确权后的农地流转潜在意愿进行了考察。农村土地确权作为"三权"分置的基础，其重要的目的之一就是加速农地流转，真正放活土地经营权。因此，"确权"是否会使农民潜在的农地流转意愿增强是从侧面评估农村土地确权效果的重要因素。由于农地流转并非所有权的转让，且国家法律明令禁止农地不允许自由买卖，所以我们调研了每一个受访者是否同意"'确权'后，我希望能够自由买卖农地"这一错误说法，以便从侧面考察农民农地流转的意愿，同时也能直接考察农民对于农地权利的认知程度（调研广西壮族自治区时未将此问题列入问卷）。统计结果如表 4 所示。

表 4 调研地区受访者对确权后土地"买卖"所持的态度

单位：个，%

答案	甘肃省		云南省		陕西省	
	样本数	比例	样本数	比例	样本数	比例
高度同意	51	48.11	8	8.51	14	13.08
比较同意	36	33.96	55	58.51	11	10.28
中立	10	9.43	23	24.47	6	5.61
不太同意	7	6.60	6	6.38	21	19.63
强烈反对	0	0.00	0	0.00	48	44.86
不知道	1	0.94	2	2.13	5	4.67
不想说	1	0.94	0	0.00	2	1.87
缺失值	0	0.00	0	0.00	0	0.00
样本总数	106	100	94	100	107	100

由表 4 可以看出，对于确权后受访者是否希望农地买卖这一问题，调研的少数民族地区的受访者表示同意（包括高度同意和比较同意）的比例相当高，甘肃省和云南省受访者的比例分别为 82.07% 和 67.02%，"不太同意"的比例均为 6% 以上，没有受访者选择"强烈反对"；相反，陕西省汉族村的受访者中，仅有 23.36% 的人选择"高度同意"和"比较同意"，而选择"不太同意"和"强烈反对"的受访者的比例分别为 19.63% 和 44.86%，即 64.49% 的受访者不同意确权后农地自由买卖，这与少数民族地区的统计结果形成了鲜明的对比。

究其原因，陕西省大多数受访者认为，自己的地本来就少，种粮食大多自给自足，农地被看作生存之本，一旦自由买卖，那势必带来混乱和纠纷。甘肃省和云南省受访者家庭农地总面积和人均农地面积均较陕西省要大，且很多家庭特别是甘肃省民族地区的家庭主要收入来源是打工和非农经营，农民对农地的依赖程度相对较低，故产生了将农地"卖出去"的想法。此外，在调研中还发现，少数民族地区很大比例的受访者认为"确权"后地就成为"自己的了"，所以更增强了他们的农地流转意愿。可见，调研涉及的少数民族地区受访者的农地流转意识较为强烈，但对农地权利的认知情况不如汉族地区。因此，在确权工作进行中，增强民族地区农民的地权认知，适度鼓励民族地区农民流转农地的使用权和承包权，很可能会使农村土地确权工作产生事半功倍的效果。

其次，我们考察了受访农户在"确权"后是否会显著改变其农地投资情况这一问题，答案设置和统计结果如表 5 所示。实际上，我们主要关心农村土地确权工作会不会直接刺激农民对土地增加投资或出现显著变化，从而证明农村土地确权政策效果是否能够达到政策设计预期。

表5 调研地区受访者对确权后土地投资变化的打算

单位：个，%

答案	甘肃省		云南省		广西壮族自治区		陕西省	
	样本数	比例	样本数	比例	样本数	比例	样本数	比例
进一步的土壤维护改良	21	19.81	5	5.32	45	38.14	10	9.35
购买机械化生产设备	7	6.60	1	1.06	8	6.78	5	4.67

答案	甘肃省		云南省		广西壮族自治区		陕西省	
	样本数	比例	样本数	比例	样本数	比例	样本数	比例
加大农作物种植面积	2	1.89	18	19.15	8	6.78	8	7.48
修建灌溉设备	1	0.94	0	0.00	7	5.93	1	0.93
不打算有明显变化	34	32.08	60	63.83	42	35.59	66	61.68
多选或其他(不包含答案5)	41	38.68	10	10.64	5	4.24	17	15.88
缺失值	0	0.00	0	0.00	3	2.54	0	0.00
样本总数	106	100	94	100	118	100	107	100

结果显示，甘肃省和广西壮族自治区较大比例的受访农户打算在确权后增加与农地相关的投资，但选择"不打算有明显投资变化"的受访者仍分别占到32.08%和35.59%；而云南省和陕西省有60%以上的受访者选择此答案。这一结果相比吉林省和安徽省的调研结果相对好很多，这证明农村土地确权政策产生的效果可能要更好一些。也就是说，在2016～2017年的调研中，特别是甘肃省和广西壮族自治区，农村土地确权政策在刺激农户潜在土地投资的效果上可能较吉林省和安徽省强很多。

笔者认为，出现这样的结果在一定程度上和受访者家里承包农地的面积大小有一定的关系。根据调研数据，甘肃省、云南省、广西壮族自治区和陕西省受访者人均农地面积为2.12亩、1.00亩、1.39亩和0.62亩；家庭农地总面积依次为7.93亩、4.48亩、5.19亩和2.92亩。可见，少数民族地区受访者无论是家庭农地面积还是人均农地面积均大于陕西省受访者。此外，三省一区很大比例的受访者表示，家里的地比较少且分散，很大程度上用来自给自足。由于样本量的限制，我们只能推测，家庭和人均的农地面积越大，农户越有可能在农地确权后倾向于打理土地并增加农地投资；相反，由于土地较少且分散，即使进行了确权，农户也可能不会有很强的追加土地投资的意愿。正如一位受访者说的那样，"我对未来土地投资没有啥打算，一来种的地少……就算地种得好，也不挣钱。农民种地挣的钱跟现在年轻人进城打工是比不了的……"此外，很大比例的受访者表示，"（地）该怎么种还怎么种"。报告认为，即使是农村土地确权发证完成之后，农民可能仍然会按照自己的生活习惯和思维定式来决定自己的经济行为，农地确权政策在短时间内刺激农民投资的功能似乎不会发挥特别显著的作用。然而，调研涉及少数民族地区无论是家庭农地总面积还是人均农地面积较陕西省都要大，因此在民族地区大力引导农民增加农地投资，或者整合分散农地资源、扩大农业生产等行为均可能会产生意想不到的积极效果。

（四）农村土地确权纠纷状况及调节

在2016年的调研中，我们与很多农民进行开放式的访谈，得到很多较有意义的案例和话题。其中，农村土地确权所引发的土地纠纷是受访农民反映较多的问题。农村土地确权过程中过多的农地纠纷不但会拖延确权政策的实施和进程，造成大量的人力物力的不必要消耗，而且也可能使确权的效果大打折扣。与此同时，未来的农地"三权"分置格局的推行也会遭遇较大的阻力。因此，中央和地方政府应重视并妥善解决确权过程中的农地纠纷问题。基于以上原因，笔者在2017年广西壮族自治区的调研中，将农村土地确权纠纷方面的问题加入了问卷，并进行了深入的了解及数据和案例获取。本报告从农村土地确权过程中的土地纠纷频率、原因、趋势及纠纷解决等几个方面的问题进行了数据统计，其六个具有代表性问题的答案结果如表6所示。

在农地纠纷频率和原因问题上，调研地区受访者认为纠纷的频率"比较多"和"极偶尔"的比例均在20%以下，认为"不是很多"的受访者接近30%。由于样本容量较小，无法轻易下结论。根据大面积开放性访谈的结果，多个调研地区确实存在或多或少因确权产生的纠纷，主要表现为三方面：征地拆迁纠纷；财产瓜葛纠纷和租赁纠纷。然而，受访者大都对农地纠纷的趋势持乐观态度，仅有18%左右的受访者认为纠纷会得拖延很久或更加严峻。在纠纷的处理上，受访者认为法律调解纠纷"不太有效"和"根本无效"的比例仅为7%左右，同时有接近85%的受访者认为大力宣传法律知识对于纠纷的调节是必要的。可见，在农村土地确权过程中，加强法律知识的普及是减少农地纠纷、提高确权政策效果的有效途径。此外，43.22%

的受访者认为当地政府对确权中的农地纠纷处理既及时又有效；且 59.32%的受访者表示如果自己周围的人遇到农地纠纷，自己也会参与调解。因此，当地政府和村委会应进一步鼓励农民参与农地纠纷调解，逐步建立起有农民代表参加的农地纠纷调解机构，从而将农地确权面临的障碍降到最小。

表6　广西壮族自治区受访农民对农地确权纠纷的看法和态度

单位：个，%

问题	答案	样本数	比例	问题	答案	样本数	比例
I 当地确权过程中，农地纠纷的频率如何	很多	5	4.24	II 您认为农地纠纷的趋势如何	会很快解决	28	23.73
	比较多	23	19.49		将持续减弱	43	36.44
	不是很多	33	27.97		会拖延很久	19	16.10
	极偶尔	21	17.80		会更加严峻	2	1.69
	没有	19	16.10		不清楚	21	17.80
	不清楚	13	11.02		缺失值	5	4.24
	缺失值	4	3.39	VI 您认为当地政府对农地纠纷的处理及时有效吗	很及时有效	51	43.22
III 您认为法律知识调解农地纠纷是否有效	很有效	25	21.19		及时但无效	26	22.03
	比较有效	49	41.53		有效不及时	16	13.56
	一般	30	25.42		无效不及时	19	16.10
	不太有效	7	5.93		缺失值	6	5.08
	根本无效	2	1.69	IV 您认为大力宣传法律知识对土地纠纷的调解是否必要	很必要	72	61.02
	缺失值	5	4.24		比较必要	28	23.73
VI 如果纠纷发生在您周围人身上，您是否会参与调节	会	70	59.32		一般	9	7.63
	不会	15	12.71		没有必要	2	1.69
	看情况	31	26.27		不清楚	4	3.39
	缺失值	2	1.69		缺失值	3	2.54
样本总数		118	100	样本总数		118	100

四　结论与建议

报告延续《中国农村土地市场发展报告（2015～2016）》的研究模式，利用 2016～2017 年在甘肃省、云南省、广西壮族自治区与陕西省实地调研所获得的 425 份问卷，通过数据统计对三省一区的农村土地确权工作效果进行了评估，并就受访者对确权的了解、农地投资与流转意愿、农地权利认知及农地确权纠纷等几个方面问题展开了详细探讨，以期对农村土地确权工作的顺利开展和未来农地"三权"分置政策的有效实施提供有益的建议。本报告的结论如下。

第一，调研显示仍然有大部分受访农民不理解农村土地确权的含义和真正意图。造成这种现象的因素很多，其中包括农民地权认知薄弱、政策实施形式化、平均受教育水平较低及地方宣传讲解不到位等。

第二，农村土地确权政策似乎无法在短时期内迅速拉动个体土地投资。这一结论与2015年吉林和安徽的调研结果相似，但实际调研结果（特别是甘肃省和广西壮族自治区）却明显好于前两者。然而调研发现，人均和家庭农地面积较大的少数民族地区有较大概率早于汉族地区而出现个体农地投资的增长。此外，少数民族地区受访农民有着较强的农地流转意愿，这主要是由于少数民族地区的受访农民对农地依赖程度相对低、地权认知相对薄弱及强烈内生的流转农地意愿等因素造成的。

第三，农村土地确权过程中的农地纠纷问题也会对确权工作效果产生负面的作用，从而影响农民的经济决策和"三权"分置格局的实施。其中，纠纷主要涉及征地拆迁纠纷、财产瓜葛纠纷和租赁纠纷。然而，多数受访农民对纠纷处理的预期持乐观态度。

基于以上结论，报告提出以下建议。

首先，仍然需要继续增强农民特别是少数民族地区农民对农村土地确权政策的理解。在进行农地确权工作的时候，需要向农民讲清楚农地确权的内涵、目的和意义，使农民充分认识到：确权既是对农民承包权的保护和稳定，也是对集体所有权的坚持和落实，更是为引导农地经营权有序流转、大力发展农业适度规模经营以推动现代农业发展的制度基础。"确实权、颁铁证"是正确处理农民和土地关系的重大政策。只有农民的认识提高了，其行动才能自觉，才能真心地拥护和支持确权工作，才能使确权工作真正地实现其预期的目的。

其次，积极引导农民增加土地投资并加速农地流转。调研发现，少数民族地区大部分受访农民的农地流转意愿较强,因此各级政府应积极引导农民进行农地流转,这不但会使农民摆脱资本短缺的束缚、发展非农经营及进一步增加农地投资,还可以提高农业效率并扩大农地规模经营收益,最终达到盘活整体农村土地资产的目的。当某一地区的农地流转达到特定的阈值时,当地政府应尽快完善农地利用规划和配套政策,尝试培育具有鲜明特色的相关产业和新型经营主体,为未来逐步实现"三权"分置的格局打下坚实的基础。

最后,应建立长期有效的农地纠纷调节机制。农村土地确权过程中或多或少地存在农地纠纷问题,原因也各不相同。各地村委会应在确权工作中起到地方政府和农民之间的桥梁作用,大力普及法律知识,鼓励农民参与农地纠纷调解,形成良好互动机制,逐步自发形成"政府—村委会—农民"三位一体农地纠纷调解机构,为农地"三权"分置政策最终落实扫清障碍。

参考文献

于潇:《农地确权、制度绩效与农户政策认知——基于典型历史时期的比较研究》,《财政科学》2017 年第 7 期。

于潇、Peter Ho:《非农业户籍会使人更幸福吗》,《统计研究》2016 年第 10 期。

王力、于潇:《对我国农村土地确权的调研与建议》,《农村金融研究》2016 年第 10 期。

于潇、Peter Ho:《房产、土地与农民非农经营行为的选择——基于中国家庭动态跟踪调查数据的实证分析》,《上海财经大学学报》2015 年第 1 期。

于潇、Peter Ho:《中国农村土地确权状况》,载《中国农村土地市场发展报告(2015~2016)》,社会科学文献出版社,2016。

B.6

农村土地市场建设发展中的政府行为

李浩*

摘　要： 在我国特有的农村土地制度框架下，农村土地市场的建设发展对于农村土地等资产资源要素的优化配置至关重要。本报告对农村土地市场建设发展的制度基础进行了梳理，基于对天津市有关政府部门推进农村土地市场建设发展的政策举措及其绩效的分析，提出了新时代农村土地市场建设发展中的政府行为演进方向。本报告认为，政府在推进农村土地市场建设发展过程中发挥了至关重要的作用，在新时代农村土地市场建设发展过程中，政府将逐渐从市场的建设者转变为监管者，从制定市场规则转变为适应市场规则、遵守市场规律，从直接推动市场交易行为转变为间接引导、监测矫正市场行为。

关键词： 农村土地市场　政府行为　政策绩效　天津案例

　　土地是人类赖以生存的重要基础资源，是农业农村发展和农民生产生活最重要的物质载体。处理好农民与土地的关系一直是农业农村改革发展的主线和"三农"问题的核心，也是今后一个时期实施乡村振兴战略、实现"产业兴旺、生态宜居、乡风文明、治理有效、生活富裕"的关键。党的十

---

* 李浩，中国社会科学院研究生院农村发展系博士研究生，主要研究领域为农村改革与发展政策、农村集体产权制度、农村土地市场等。

八大特别是十八届三中全会以来，从中央政府到地方各级政府，按照"发挥市场在资源配置中的决定性作用"要求，在坚持和完善农村基本经营制度的基础上，稳步推进以农村土地经营权流转交易为主要内容的农村土地市场建设发展，在推动实现农村土地资源优化配置方面取得了显著成效。

一 政府推进农村土地市场建设发展的背景

产权制度是经济制度中最重要、最核心的制度之一，土地制度的基本内核就是土地产权制度。农村土地制度建设的主要任务就是推进农村土地产权制度创新，保障农民合法权益，激活农村资产资源要素。一直以来，改革调整农村土地制度都是解决"三农"问题的首要任务、基本路径和重点难点。

（一）农村土地制度的改革调整

中华人民共和国成立以来，伴随生产关系与生产力的不断适应、调整，我国农村土地制度在经过"土地改革实现土地私有"、"合作化及人民公社运动实现土地集体所有"和"包产到户、包干到户实现家庭承包经营"之后，最终确立了以家庭承包经营为基础、统分结合的双层经营体制。在这一农业基本经营制度框架下，探索发展的农村土地所有权、承包权、经营权三权分置并行的农村土地制度，已经成为当前和今后一个时期农村土地资源有效配置的制度基础。

1949～1952年的土地改革实现了"耕者有其田"的农民个人土地所有权。随着全国的解放，土地改革由解放区向全国全面展开，3亿多无地或少地的农民分得了原来被地主阶级占有的土地，形成了自耕农的土地所有制，有效调动了农民参与革命和生产的积极性。这一时期农民拥有土地的所有权和使用权，农民有权利转让买卖土地，同时农民主要依靠经营土地来满足自己的需求和生产发展。土改完成初期，土地买卖虽然出现，但是并未形成较大规模；当卖地行为出现集中增长趋势时，国家及时出手调整了政策和制度，遏止了土地买卖行为。

1953～1978年的农业合作化和人民公社运动实现并坚持了农村土地的集体所有制。为适应国家工业化的发展需要和社会主义制度的建设，党和国家对农业进行了以合作化为主要路径的社会主义改造，农业生产逐渐由农户互助合作发展成人民公社组织集体劳作，农村土地的所有权和使用权很快由农民收归集体，逐步确立了"三级所有、队为基础"的农村土地集体所有制。这一时期，农村土地所有权属于集体，生产资料由集体统一调配，生产活动由集体统一安排，农民个人对农村土地的占有使用收益没有决策权，土地流转交易行为在这一阶段无从发育。但是，此间形成的以土地资源为主的农村集体所有制对此后我国农村土地制度变迁和土地资源配置产生了重要而深远的影响。

1978年特别是1983年以来探索发展的家庭承包经营实现了农村土地所有权与承包经营权的两权分离。这一时期，我国农村土地制度的基本格局是土地所有权归集体，土地承包经营权归农民。随着1983年左右开始的第一轮承包和1998年开始的第二轮承包，在集体所有制框架下，农民的土地承包经营权得到有效保证，农村土地制度逐步稳定。随着农业劳动生产率的稳步提升和第二、第三产业的蓬勃发展，以及土地适度规模经营效益的提升，农村劳动力开始大量转向城市和第二、第三产业，土地流转日渐活跃。进入21世纪以后，《农村土地承包法》《物权法》《农村土地承包经营权流转管理办法》等法律法规和政府一系列稳定保护土地权益的政策措施相继出台，农民对承包土地权益可以得到保障的预期明显提升，土地流转交易市场逐步发育建立起来。

2016年至今持续推进的农村土地制度变革实现了农村土地所有权、承包权和经营权的三权分置格局。党的十八大以来，中央从推进农村土地承包经营权确权登记颁证、建立健全农村产权流转交易市场、引导土地经营权有序流转三个方面入手，逐步完善农村承包地"三权分置"办法，深化农村土地制度改革，进一步明晰了农村土地产权，扩大土地权能。党的十九大明确提出"第二轮土地承包到期后，再延长三十年"，并再次强调"发挥市场在资源配置中的决定性作用"，为未来我国农村土地市场的建设与完善提供了长久的政策制度保障。

（二）农村土地流转交易的特殊性和市场失灵

交易行为的外部效应是影响市场有效发挥作用的重要因素。我国农村土地市场存在较强的外部效应，既有正的外部效应又有负的外部效应。由于我国的农村土地具有明显的多功能性，农地既是农业生产最重要的要素资源，更承担了粮食安全、生态涵养、农民生活保障等功能。这种多功能性使得农村土地流转交易市场行为呈现出较强的特殊性。一方面，农村土地市场上有效的市场交易行为，会通过市场机制的作用促使耕地由使有效率较低的农户流向使用效率较高的农户，从而大大提高耕地的使用效率[1]，同时也会极大地促进农村劳动力、社会资本等要素资源的优化配置，产生了较大的正外部效应。由于这类正外部效应的存在，农村土地市场交易主体无法获取其经济行为的全部收益，往往使市场配置资源时无法达到市场出清所要求的最优数量。另一方面，农村土地市场日渐"繁荣"也导致地租增加、生产成本增加、资源使用不充分等负面效应，这种负的外部效应的存在，会使经济行为超过市场出清所需要的最优数量，进而出现了大批经营者因无法有效利用流转来的土地实现盈利而"跑路""撂荒"，损害了农民利益的同时也对农业产业发展、农产品供给、农村社会稳定造成负面影响。因此，由于外部效应的存在，影响了农村土地资源的优化配置，在某些地方、某一阶段出现了明显的市场失灵。

信息不对称是导致市场失灵的重要原因。与普通商品交换相比，农村土地市场的运作程序更为复杂，涉及各个产权主体的经济利益，因而要求市场必须提供相对完善的信息才能够实现市场对土地资源的优化配置。目前我国农村土地市场中介体系不成熟，信息服务残缺，市场主体获取信息的交易成本较高、难度较大。因而，市场上信息不完全与信息不对称现象更为严重，导致农村土地市场无法发挥资源配置功能。一方面，由于市场信息极不完善，农村土地市场的交易主体无法根据市场信息准确给出合理的土地价格，从而导致农村土地市场上的价格严重失真，土地价格无法起到有效调节土地

---

[1] 杨朝继：《我国农村土地市场失灵的原因及对策》，《生产力研究》2012年第12期。

资源优化配置的功能，出现市场失灵；另一方面，由于我国农村土地市场的信息流通受阻，导致重要的市场主体——农户很难获得真实有效的市场信息，而政府、企业等市场主体获取信息却相对较为便利，从而出现严重的信息不对称，出现"道德风险""逆向选择"等损害市场效率的现象。

（三）政府和市场在资源配置中的作用

政府与市场在资源配置和经济社会发展中的作用，犹如车之双轮、鸟之两翼，不可偏废。这不仅为我国近40年改革开放的成功实践所充分证实，也为世界上成功发展的经济体的经验所充分证实。国际经验表明，保持持续高速经济增长和社会进步，既需要通过市场机制来配置资源，同时也需要有一个有效有为的政府。

党的十八届三中全会以来，使市场在资源配置中起决定性作用、更好发挥政府作用，既是一个重大理论命题，又是一个重大实践命题，二者是有机统一的，不能割裂对立，既不能用市场在资源配置中的决定性作用取代甚至否定政府作用，也不能用更好发挥政府作用取代甚至否定市场在资源配置中起的决定性作用。习近平总书记指出，"看不见的手"和"看得见的手"都要用好，努力形成市场作用和政府作用有机统一、相互补充、相互协调、相互促进的格局，推动经济社会持续健康发展。这是我们科学把握政府与市场关系所应遵循的基本理论思维。

使市场在资源配置中起决定性作用，是中国共产党对中国特色社会主义建设规律认识的一个新突破，是马克思主义中国化的一个新成果，标志着社会主义市场经济发展进入了一个新阶段。从本质上说，经济发展就是要提高资源尤其是稀缺资源的配置效率，以尽可能少的资源投入生产尽可能多的产品、获得尽可能大的效益。理论和实践都证明，市场配置资源是最有效率的形式。市场决定资源配置是市场经济的一般规律，市场经济本质上就是市场决定资源配置的经济。习近平总书记指出，市场要活，就是要使市场在资源配置中起决定性作用，主要靠市场发现和培育新的增长点。在供求关系日益复杂、产业结构优化升级的背景下，涌现出很多新技术、新产业、新产品，这往往不是政府发现和培育出来的，而是"放"出来的，是市场竞争的结果。

总之，发挥市场在资源配置上的决定性作用，需要有完善的市场体系、良好的竞争秩序，需要有支撑市场体系的"硬""软"基础设施。要坚持社会主义市场经济改革方向，从广度和深度上推进市场化改革，加快建设统一开放、竞争有序的市场体系，建立公平开放透明的市场规则，让市场在所有能够发挥作用的领域都充分发挥作用，推动资源配置实现效益最大化和效率最优化，让企业和个人有更多活力和更大空间去发展经济、创造财富。

二　农村土地市场建设发展中的政府角色及行为评估

（一）政府在农村土地市场建设发展中的角色和行为

邓小平关于中国社会主义农业的改革和发展"两个飞跃"的论断，对各级政府推进农村土地资源有效配置产生了重要影响。20 余年来，各地纷纷把推进农村劳动力转移、引导土地流转、发展适度规模经营作为促进农业农村发展的主要抓手，主导并推动制度变迁，引导并规范市场行为，搭建并运营农地市场，自然而然地推动了农村土地市场的发育、建设和发展。

1. 主导并推动制度变迁

制度变迁是制度的替代、转换与交易过程，包含诱致性制度变迁和强制性制度变迁。在农村土地市场建设发展过程中，政府通过推动农村土地制度变迁，逐渐调整完善农村土地的产权制度、丰富完善集体所有制的实现形式，积极放活土地经营权的权能管制，实现了促进农业发展增效、农村和谐稳定和农民致富增收的目标。如前所述，中华人民共和国成立以来，在政府主导下，我国农地产权制度大致经历了从农地封建地主所有、租佃经营—农民所有、农民经营—农民所有、集体经营—集体所有到家庭经营—集体所有的变迁，对农业生产和农村经济产生了不同的作用和影响。[①]

---

① 吴玲：《新中国农地产权制度变迁研究》，博士学位论文，东北农业大学，2005。

毋庸置疑，由底层农民创造、政府主导推动的"以集体所有、家庭经营取代集体所有、集体经营的制度变迁"对农村土地资源优化配置产生的影响最为积极。从人民公社时期土地集体经营被包产到户所取代并经过包干到户，直至确立家庭承包制度，经过不断磨合与博弈，由于与经济当事人的预期相吻合，而得到了公众的支持，同时公众获得额外收益，双方达到利益最大化。在这一制度变迁过程中，首先是中央通过"一号文件"等形式释放出肯定并允许"包产到户""包干到户"的重要政策信号，其次是指导推动农村土地的规范发包、承包，而后是允许、鼓励承包农户流转土地承包经营权。中央政府通过分权化改革特别是部分决策权下放，使地方政府和农村集体既成为家庭承包制制度安排的扩散者，同时又成为在家庭承包制基本制度框架之下各种次生制度变迁（如"两田制"、规模经济、"四荒"使用权拍卖、股份合作制等）的创新者。政府主导推动的这一制度变革既体现了不同经济当事人"同意的一致性"，又促进了农业的增长，体现出明显的制度变迁绩效，催生了正规的和民间非正规的农村经纪组织和广义上的"农地市场"，引发了农地资源、劳动力资源、资金等要素资源的优化配置，加快农村经济结构变动，对国民经济发展做出了突出贡献。[①]

2. 引导并规范市场行为

积极推动和规范农村土地承包经营权流转，对实现土地适度规模经营、促进农业结构调整、增加农民收入具有重要意义。各级政府对农村土地承包经营权流转工作一直十分重视，但现实中依然存在流转规模小、流转价格低、流转周期短和流转纠纷多等很多问题。在土地流转交易中，一方面，存在需求方竞相压价、损害农民利益的行为；另一方面，也产生了少数农户漫天要价的现象，这些都会阻碍土地合理流转。此外，还存在缺乏流转合同或合同不规范、留下了纠纷隐患等问题。更有甚者，有的经营者由于缺乏科学论证、经营不善，导致项目搁置、土地抛荒，造成严重的资源浪费，给农民

[①] 张红宇：《中国农地制度变迁的制度绩效：从实证到理论的分析》，《中国农村观察》2002年第 2 期。

造成损失。为有效解决上述问题，基层政府作为主要的公共服务提供者，在农村土地市场的发育、建设和发展过程中，在引导、规范土地流转行为方面开展了实践。一是制定完善政策规定，中共中央办公厅国务院办公厅于2014年底制定出台了《关于引导农村土地经营权有序流转发展农业适度规模经营的意见》（中办发〔2014〕61号），各省份均以此为契机制定出台了实施意见，对规范引导农村土地经营权有序流转做出了具体规定，并明确要求依托农村经营管理机构健全土地流转服务平台，开展了农村土地市场建设方面的探索。二是全面加强组织引导，各地结合各自实际，采取规范完善流转服务、财政直接扶持等方式加强对土地流转交易行为和市场建设发展的组织引导，如山东省滕州市，健全完善了农村土地流转合同制、登记备案制和流转交易合同鉴证制度。三是创新土地流转机制，各地将引导土地规范有序流转与当地产业发展、城镇建设相结合，创新发展了不少有效的流转机制和形式，如浙江省嘉兴市，推出了"两分两换"试点、土地整村流转、作价出资农民专业合作社、土地全程托管、季节性流转等做法，一些做法开创了全国的先河。

3. 搭建并运营农地市场

农村土地流转交易市场体系不完善、中介服务机构不健全、交易规则不明确、交易流程不规范、土地流转信息渠道不畅通等一直都是农村土地有序流转交易的障碍。在这一背景下，除需要诱致性制度变迁（内部产生机制）和引导规范市场行为的国家法律和政策（外部助推机制），还需要土地流转交易的市场化推进（过程强化机制），也就是农村产权交易市场的建设和运营。从20世纪90年代出现非正式的土地流转交易中介为标志，广义上的农村土地市场开始发育成长，到后来各地依托农村经营管理机构开始建设农村土地流转服务平台，主要路径是依托区县和乡镇的农村经营管理机构，在原有负责农村土地承包指导管理的职能基础上，搭建信息服务、中介服务和咨询服务平台，逐步成为能为土地流转交易双方提供有效服务的市场平台。直至2008年成都农村产权交易所的成立，区域性的有形的农村产权交易市场开始蓬勃发展，此后北京、天津、上海、重庆、湖北、广东、浙江先后由政府或国资企业主导建立起了农村产权交易所，农村土地市场的建设发展进入了新阶段。

2015年1月，国务院办公厅印发《关于引导农村产权流转交易市场健康发展的意见》，提出要坚持公益性为主、公开公正规范、因地制宜、稳步推进的基本原则，以坚持和完善农村基本经营制度为前提，以保障农民和农村集体经济组织的财产权益为根本，以规范流转交易行为和完善服务功能为重点，扎实做好农村产权流转交易市场建设工作。各省份以此为契机，纷纷出台实施意见，全面加强对市场建设和发展的支持和指导，目前全国至少有20个省份建立了区域性的农村产权流转交易有形市场平台。

综合党的十八大以来中央关于农村土地制度改革的一系列要求以及地方在优化农村土地资源配置方面开展的探索和实践，未来市场在农村土地资源配置中的决定性作用将逐步得到巩固。政府在这一土地制度体系当中发挥的作用主要是提供土地产权保护、健全法律法规维护市场有效运行、提供相关公共服务、市场监管以及适度的宏观调控等，随着市场机制的不断完善逐步退出对农村土地市场的直接干预。

（二）新时代农村土地市场建设发展中的政府行为绩效评价——基于对天津市有关政策措施及成效的分析

天津市是我国北方重要的沿海城市，是京津冀协同发展国家战略的重要支撑节点。天津农业农村资源要素丰富，农业产业发展兴旺，具有典型的大城市郊区现代都市型农业特点。目前，天津全市共有10个涉农区、155个涉农乡镇（街道）、3683个村，农村常住人口共有123.4万户378.4万人，农民人均可支配收入达到21680元，全市现有耕地面积664.55万亩，其中基本农田面积548.83万亩，一般耕地115.72万亩，由农户承包的土地392万亩。近年来，天津市及各区有关部门积极作为，在推进农村土地市场建设发展方面出台了一系列政策举措，建成了覆盖全市的农村产权流转交易市场体系，为促进农村土地资源的有效配置奠定了很好的基础。

1. 天津市推进农村土地市场建设发展的主要政策举措

农村土地市场的发育、建设与发展完善不是一日之功。为引导以农村土地为主的各类产权要素有序流转交易，不断推进农村集体和农民的资产资源要素资本化、市场化，促进农村经济社会发展和农民收入持续增加，在国务院及有关部委的指导下，天津市在推开农村产权制度领域重要改革的基础上，按照"先引导流转发育市场、再搭建平台构建市场、最后完善功能形成体系"的思路，从强化资金扶持引导、加大组织推动、完善市场体系等方面入手，着力健全完善农村产权流转交易市场体系。

首先是夯实农村产权制度基础。党的十八大特别是十八届三中全会以来，天津市着眼于构建"产权清晰、权能完整、流转顺畅、保护严格"的现代农村集体产权制度，从加强农村承包土地管理、农村集体资金资产资源监督管理和构建新型农业经营体系入手，加快推进农村产权制度领域的基础性改革。2014 年以来，先后以市委办公厅、市政府办公厅或市级部门名义出台了《关于开展农村土地承包经营权登记工作的通知》（津农委〔2014〕24 号）、《关于加强农村集体资金资产资源监督管理的意见》（津党厅〔2014〕29 号）、《关于引导农村土地有序流转发展适度规模经营的意见》（津党办发〔2015〕4 号）和《关于积极稳妥地推进村集体产权股份合作制改革试点工作的意见》（津政办发〔2015〕62 号）等高规格文件，围绕农村资产资源要素的确权登记、监督管理和优化配置进行了卓有成效的试点试验。2017 年，又以市委市政府名义印发了本市最高规格的文件《关于统筹推进农村集体产权制度改革的意见》（津党发〔2017〕45 号），对统筹推进农村集体产权制度领域的改革进行了顶层谋划和部署。截至目前，天津市已经基本完成全市大约 392 万亩承包土地的确权登记颁证工作，全面推开了农村集体产权制度改革工作，基本构建起了全市农村集体资产监督管理体系和适应现代都市型农业发展的农业经营体系，为农村土地市场的建设发展创造了良好的制度环境。

其次是强化资金扶持引导。以天津市农村工作委员会为主的各级政府部门深刻地认识到市场在农村土地资源配置中的重要作用，从引导微观主体自主流转交易土地经营权入手，结合本地农业农村发展实际出台了一系列引导政策，安排了专门的扶持资金，稳妥有序地鼓励、支持、引导农村土地市场交易行为。从 2013 年开始，天津市农委会同市财政局等有关部门出台了

"农村承包土地规范化规模化流转试点"支持政策，对规范化规模化流转农村承包土地的家庭农场、土地股份合作社等农业经营主体进行补贴，累计投入7820.5万元，累计扶持家庭农场69个、土地股份合作社83个（见图1）。通过扶持这类市场行为规范、发展水平较高的经营主体，实现带动全市农业经营主体规范化、规模化流转农村土地，发展适度规模经营的目标，进而为农村土地市场的发育树立了导向、创造了条件。

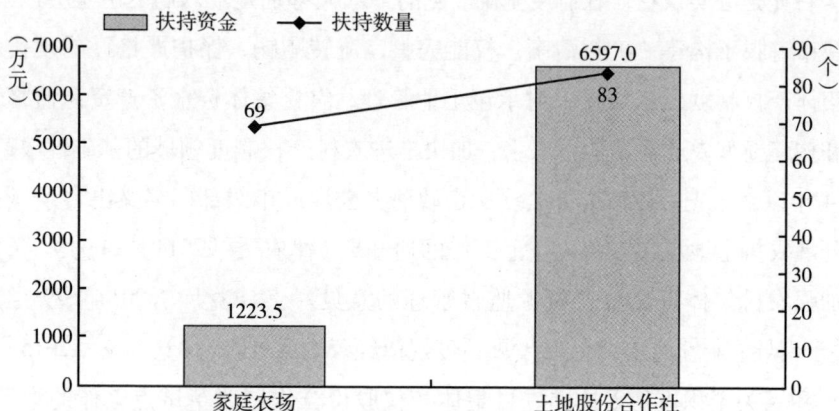

图1　2013年以来天津市扶持引导经营主体规范化规模化流转土地的情况

资料来源：根据天津市农村工作委员会有关数据整理。

再次是强化组织推动。天津市从市场平台的建设出发，采取"小步慢走"的方式稳步开展农村土地市场的建设工作，主要做法是建设平台、规范合同、健全网络、加强监管。在建设平台方面，2011年，天津市农委牵头，与宝坻区人民政府、市产权交易中心共同出资2000万元组建了天津农村产权交易所有限公司（以下简称"天津农交所"），并以此为龙头推动全市农村土地市场的建设。与此同时，在"农村承包土地规范化规模化流转试点"过程中，指导各涉农区建设区级和乡镇级农村土地承包管理和流转服务平台。在规范合同方面，天津市农委会同市场监管委印发了全市统一规范的《天津市农村土地承包经营权流转合同示范文本》，覆盖农村土地流转中的转让、出租、转包、互换、入股及委托协议等不同方式，引导农村土地市场主体规范签订流转合同，规范开展流转交易行为。在完善网络方面，天津市农委在农村土地承包经营权登记工作中，建立了全市统一的农村土地承包经营权管理信息系统，并在系统中嵌入了土地经营权流转信息网，实现了土地流转信息网络对涉农镇、村的全覆盖。在加强监管方面，天津市成立了由市农委牵头，12个市级部门参加的市农村产权流转交易市场建设发展联席会议制度，从市场运行、风险防控等方面全面加强对市场建设发展的监督管理。截至目前，天津市累计投入财政资金2187.2万元，建成市级平台（天津农交所）1个，区级平台10个，乡镇平台151个（见图2）。

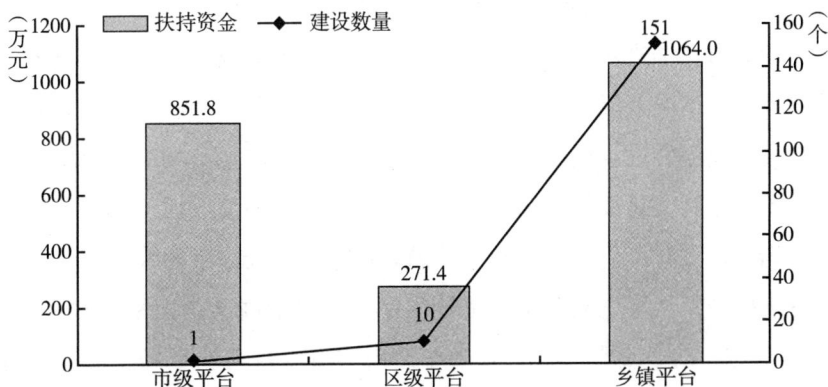

图2　2013年以来天津市扶持农村土地市场建设数量及扶持资金总额

资料来源：根据天津市农村工作委员会有关数据整理。

最后是提升完善市场体系。由于天津农交所是市场化的服务组织，各涉农区、镇的农村土地承包管理和流转服务平台是依托政府机构建立的公益性事业性组织，导致天津农交所以及各区、镇的农村土地承包管理和流转服务平台分别建成运营后，未能及时有效的形成一个统一整体，业务上、职能上和信息集散方面不能实现有机衔接，市场运营不顺畅、业务功能不完善、信息集散不对称等问题日益凸显。为此，天津市农委研究起草并报市政府办公厅印发了《关于加快健全完善农村产权流转交易市场的指导意见》（津政办发〔2015〕99号），对全市农村产权流转交易市场的职能定位、性质、构成、功能、交易品种、交易主体和日常监管等方面做出了明确规定，明确了全市农村产权流转交易市场的建设发展方向，设计了统一顺畅的市场架构体系。同时，市农委根据文件要求制定出台了《农村产权流转交易市场管理办法》和《农村产权流转交易市场区级分市场、乡镇工作站建设标准》，对全市农村产权流转交易市场的各级平台建设以及市场运营管理做出了具体规定，有效规范了市场的建设发展。目前天津市农村产权流转交易市场的 1 个市级平台、10 个区级分市场和 151 个乡镇工作站已经全部建成运营，全市统一的农村产权流转交易信息管理系统已经正式上线运营，在全国率先建成了覆盖全市、三级一体的农村土地市场（产权流转交易市场）体系。

2. 天津市推进农村土地市场建设发展的政府行为绩效分析

评价政府在推进农村土地市场建设发展的行为绩效，应该从农村土地市场的整体运行情况及其产生的效益方面考量，本报告尝试从农村土地流转率、农村土地流转进场交易量及其所占比重、农村土地市场组织交易活动的效率、土地流转交易溢价率四个维度建立政府行为的绩效评价指标体系。

首先，在农村承包土地流转率方面。近年来，天津市的农村承包土地流转率持续提升，从早先低于全国平均水平，到目前高于全国平均水平 10 个百分点（见图 3），比较客观地反映了政府推进农村土地市场建设发展而产生的积极成效和正面效应。

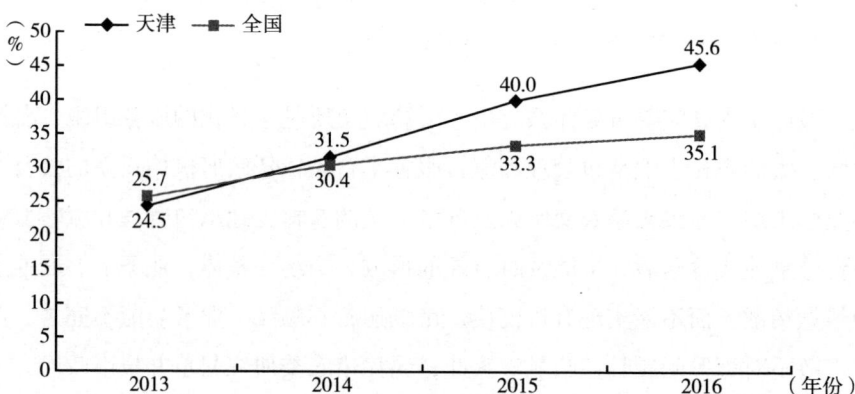

图3　2013 年以来天津市土地流转率与全国土地流转率比较

资料来源：2013～2016 年全国农村经营管理统计年报。

其次，在农村土地进场交易方面。截至 2017 年底，天津农村土地市场各级平台累计组织完成农村产权交易 457 笔，涉及土地 11.98 万亩，总成交金额达 10.83 亿元，覆盖全市 7 个涉农区 47 个镇街（见图 4）。农村产权交易从"线下"走到"线上"，场内竞价率达 42.61%，溢价率为 24.78%，进场交易面积也从 2013 年的区区 2700 余亩增加到 2017 年的 48925 亩（见图 5）。聚焦天津市政府办公厅出台《关于加快健全完善我市农村产权流转交易市场的意见》（津政办发〔2015〕99 号）的 2015 年，当年成交亩数较 2014 年同比增长 252.63%，充分体现了政府在农村土地市场建设发展中的巨大推动作用。但是，需要指出的是，天津市农村土地进场交易的比重还比较低，就 2016 年来说，全市累计流转承包土地达到 190 余万亩，但累计进场交易面积仅有 7 万余亩，不足总数的 4%。

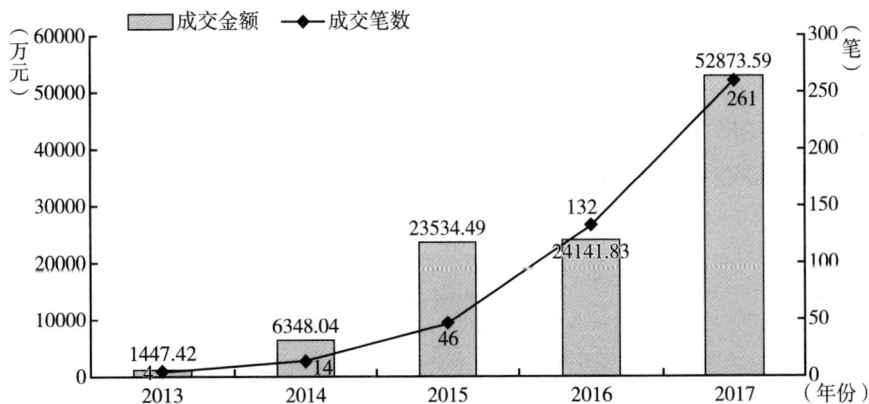

图 4　2013 年以来天津农村土地市场组织进场交易情况

资料来源：根据天津农交所数据整理。

再次，在农村土地市场组织交易活动的效率方面。农村产权流转交易系统上线之后，流转行为得到规范化管理：村集体通过交易系统提交申请材料，镇（街）、区农经站、市农交所全部线上审核，意向受让方通过交易系统在线报名，双方通过网络竞价方式成交，转出方和意向受让方不用亲自到农经站、农交所办理业务，同时意向受让方通过交易系统在线报名避免了现

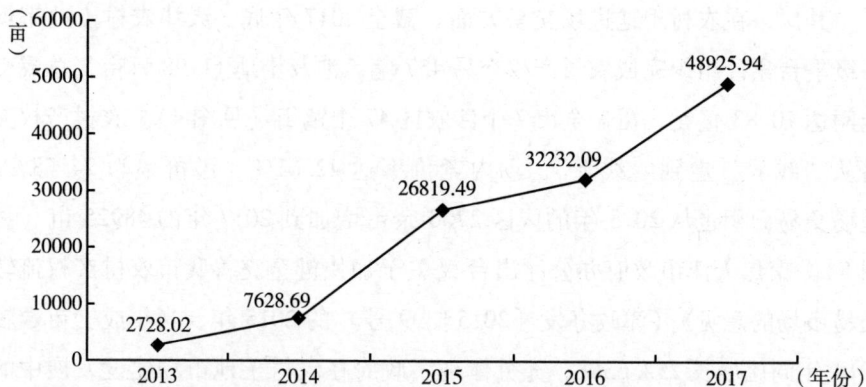

图5　2013年以来天津农村土地市场组织进场交易面积

资料来源：根据天津农交所数据整理。

场报名串标情况的发生。整个土地流转交易过程最快仅需14个工作日即可完成，大大提高了土地流转效率（见图6），农村土地流转交易全流程基本实现"一个工作站接待、一站式服务、一次性办结"，一次性办结率达91.72%，实现了"让信息多走路，让农民少跑腿"的目标。

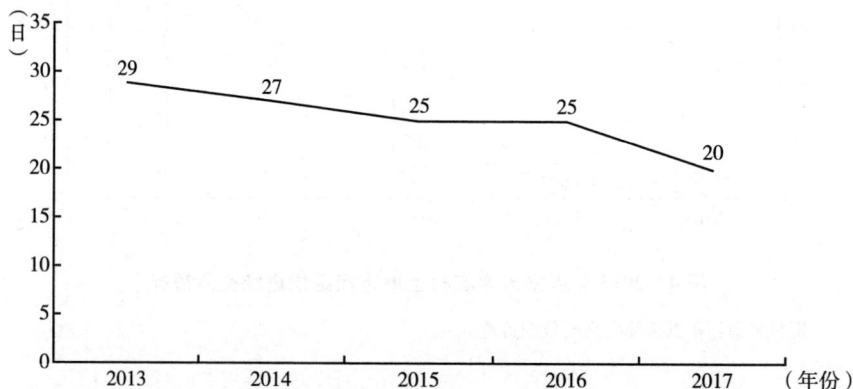

图6　2013年以来天津农村土地市场组织交易全流程平均用时

资料来源：根据天津农交所数据整理。

最后，在农村土地流转交易溢价方面。2014年竞价系统上线后，农村土地流转交易溢价率逐年攀升，2017年已达到40.78%（见图7）。在这一方面效果反映比较明显的是滨海新区，2017年上半年滨海新区土地流转取得了突破性进展，全部采取农村产权流转交易信息系统网络竞价方式，由线下转为线上，由过去私下交易转为线上透明交易，大大提升了资产溢价率水平，溢价率达27.66%。

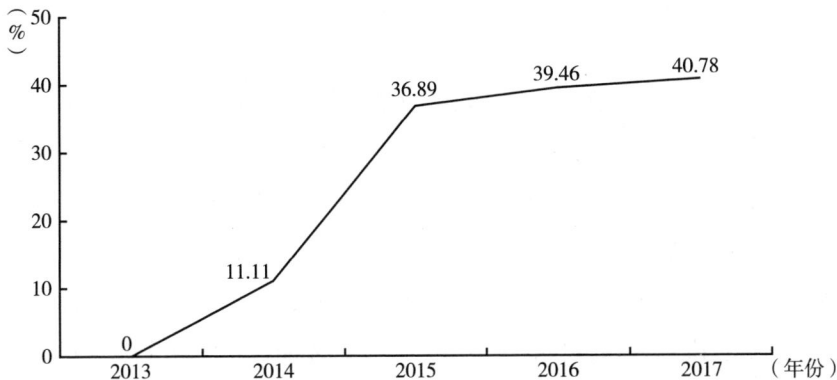

图7　2013年以来天津农村土地市场组织交易溢价率变化

资料来源：根据天津农交所数据整理。

综上所述，从2013年天津市着手推进农村土地市场建设以来，农村土地流转率、农村土地流转进场交易量及成交金额、农村土地流转进场交易效率以及农村土地流转交易溢价率均有显著提升，充分证明政府在推进农村土地市场建设发展方面取得了显著的成效。但是也应该看到，农村土地进场交易占全市农村土地流转总量的比重还比较小，农村土地市场的建设发展还有很大空间。

三　新时代农村土地市场建设发展中的政府行为演进方向及政策建议

党的十九大报告指出，经过长期努力，中国特色社会主义发展进入了新时代，这是我国发展新的历史方位。新时代的经济体制改革必须以完善产权制度和要素市场化配置为重点，实现产权有效激励、要素自由流动、价格反应灵活、竞争公平有序、企业优胜劣汰。2017年12月召开的中央农村工作会议指出，实施乡村振兴战略，必须大力推进体制机制创新，强化乡村振兴制度性供给。要以完善产权制度和要素市场化配置为重点，激活主体、激活要素、激活市场，着力增强改革的系统性、整体性、协同性。中央关于经济体制改革和乡村振兴战略的决策部署，为新时代推进农村土地市场建设指明了方向、划定了底线、明确了任务。

基于前文所述，政府在推进农村土地市场建设发展过程中发挥了不可或缺的作用并取得了显著成效。但是从市场经济体制机制完善发展的长远趋势来看，政府在农村土地市场的建设发展过程中必然要经历一个角色转换、作用转换的过程，要逐渐从市场的建设者转变为监管者，从制定市场规则转变为适应市场规则、遵守市场规律，从直接推动市场交易行为转变为间接引导、监测矫正市场行为，只有完成这一转变，才能真正实现资源要素市场化配置的新局面。

（一）从建设市场平台转变为监管市场运行

我国农村土地市场的各类平台绝大多数是由不同层级的政府部门主导或由政府与国有资本联合建设起来的（见表1）。

表1 各省市农村土地市场建设运营模式

模式	政府部门直接建设运营	政府与企业联合建设运营	社会企业独立建设运营
优势	部门统一，利于协调其他有关资源管理部门，整合力强；相关政策的制定、落实效率高、准确性好	资本强大，整合资源能力强，有专业的服务团队和市场推广能力；能兼顾企业经营效益和涉农公益性	可以充分发挥市场在城乡要素配置中的决定性作用，提高资源配置效率
劣势	政府建设、运营、监管混杂；容易形成"花架子"，不能实际开展市场业务	经营效益和公益服务较难均衡；决策效率较低，不能充分发挥市场主体的灵活性	业务尚处在市场前期，投入大，无法实现盈利；政府的支持力度不足，缺乏权威性，业务难开展
案例	成都、齐鲁、重庆、上海、武汉	北京、天津、黑龙江方正等	湖北十堰、湖南岳阳

资料来源：根据各省份农村土地市场建设发展情况归纳。

　　而且值得注意的是，在上述政府部门直接建设或政府与企业联合建设的农村土地市场中，政府部门直接参与到市场平台的管理运行之中，决策效率较低，适应市场的能力较差，更存在既是"运动员"又是"裁判员"的问题。根据对各省份农村土地市场建设运营模式的优劣比较和趋势判断，新时代农村土地市场建设发展中，政府应该从市场建设者的角色中解放出来，更多地担当市场监管者的角色，让市场各级平台更直接、更有效地参与到农村土地资源要素的配置中，充分发挥市场在资源配置中的决定性作用。

（二）从制定市场规则转变为适应、遵守市场规律

　　我国的农村土地市场是农村土地集体所有制下的特殊市场，在建设发展初期前无古人、旁无借鉴，各级政府通过借鉴学习、总结创新，结合各地实际制定了一系列交易规则。从目前掌握的情况看，绝大多数规则是符合市场规律的，但也存在与社会主义市场机制不相符的市场规则。在未来很长一段时间里，政府的主要任务就是对不符合市场规律的交易规则进行修改完善甚至废除，根据市场规律要求和农村土地流转交易的客观实际完善相关规则。各级政府有关部门，在完成培育发展市场体系并制定完善政策体系的基础上，作为社会主义市场经济的一个参与主体，应严格遵守市场经济体制下形成的各项成熟合理的交易规则。

（三）从直接推动市场行为转变为监测矫正市场行为

　　在农村土地市场建设发展初期，各级政府通过安排专门的扶持引导资金、组织推动规模化流转等方式直接推动了农村土地市场交易行为，对市场的发育、建设与发展完善发挥了巨大的作用。随着各地农村土地市场的规范完善，市场机制在推动农村土地流转交易方面的作用日益有效、直接和明显。可以断定在不远的将来，随着产权有效激励、要素自由流动、价格反应灵活、竞争公平有序、企业优胜劣汰的市场机制不断完善，政府将不必再直接参与推动引导市场交易行为。但是，基于我国农业农村发展的特殊性，政府应继续担当有效监管者的角色，对破坏市场规则、损害农民利益的不当行为要进行制止、矫正。

参考文献

马和平、苏建成：《农村城镇化发展过程中的土地流转》，《中国土地》2003 年第 8 期。

杨朝继：《我国农村土地市场失灵的原因及对策》，《生产力研究》2012 年第 12 期。

孔祥智、张琛：《十八大以来的农村土地制度改革》，《中国延安干部学院学报》2016 年第 2 期。

侯晓红：《从县级国有土地市场现状分析农村土地市场问题》，《华北国土资源》2017 年第 2 期。

侯微、张慧欣：《农村土地制度市场化改革的原则与路径探析》，《农业经济》2016 年第 3 期。

沈水生：《改革农村集体土地征收制度的探讨》，《行政管理改革》2015 年第 3 期。

徐小青：《农村土地流转的政策解读》，《理论导报》2015 年第 9 期。

杨艺、朱翠明、张淇：《农村土地经营权流转中政府与市场的关系研究》，《西南民族大学学报》（人文社会科学版）2017 年第 10 期。

吴玲：《新中国农地产权制度变迁研究》，博士学位论文，东北农业大学，2005。

张红宇：《中国农地制度变迁的制度绩效：从实证到理论的分析》，《中国农村观察》2002 年第 2 期。

顾吉：《农村土地产权制度改革的问题及对策研究》，硕士学位论文，华东政法大学，2016。

聂宇：《农村土地流转中的政府行为研究》，硕士学位论文，广西师范大学，2011。

韩立达：《我国农村土地流转的制度经济学分析》，硕士学位论文，中国海洋大学，2010。

B.7
农村土地金融发展报告

于丽红*

摘　要： 农村土地金融制度在引导涉农资本流动、优化农村资源配置、
增加农村资金投入、提高农业效率、加快农村经济发展方面
具有重要作用。本报告界定了农地金融相关概念、发展机理、
制度构建原则与内容等基本理论；介绍了农地金融实践模式，
包括农地信用合作社、农地抵押贷款、农地信托、农地证券
化等；梳理了农地金融发展面临的主要问题，如农村土地流
转市场不完善、农村土地产权关系不清、农村土地价值评估
制度缺乏、农地金融风险分担和补偿机制不健全等。本报告
建议健全农地金融法律制度、完善农地流转机制、构建农地
价值评估机制、强化农地金融风险控制、发挥政府的合理作
用，促进我国农地金融健康发展。

关键词： 农村土地金融　发展机理　实践模式　经验借鉴

农业和农村需要现代资本的投入，而金融制度是现代经济的核心，农村
土地金融制度在引导涉农资本流动、优化农村资源配置、增加农村资金投
入、提高农业效率、加快农村经济发展方面具有重要作用。我国农村经济的
发展已经进入历史的新阶段，借鉴世界发达国家和地区农业发展的经验，考
虑我国农业与农村的现状，建设和发展农村土地金融制度是新时期推进农村
发展与进步的战略选择。

---

* 于丽红，沈阳农业大学经济管理学院管理学博士，参与起草 10 余个省部级重要文件，参与省
部级课题 5 项。

一 农地金融的理论与实践

（一）相关概念与理论基础

1. 农地金融的概念

土地金融是利用土地作为信用担保实现资金融通的一种金融安排，其中土地抵押贷款业务和发行土地抵押债券是土地金融的重要业务形式。农地金融是农村土地金融的简称。根据罗剑朝等在《中国农地金融制度研究》给出的定义，农地金融具有集聚资金、优化土地资源配置和分散风险的功能。

经济发展的不同阶段，农地金融具有不同的实现形式。按照演变顺序，农地金融实现形式可分为农地货币化、农地资本化及农地证券化，三种形式逐级高级化。

2. 农地金融的发展机理

按照经济学的一般理论，农地金融的产生至少包含三个基本条件，即农地产权清晰、农地产权具有市场价值和农地产权流转合法化，三者之间相互作用，促进农村土地产权的金融化，从而实现土地资源、资产、资本属性"三位一体"。同时，作为农村土地制度和农村金融制度改革的创新产品，农地金融的发展离不开政府的积极作为，形成政府与市场互补（见图1）。

3. 农地金融制度的构建原则与内容

（1）农地金融制度的构建原则

一是因地制宜的原则。我国农村经济发展极不平衡，各地区农地的市场价值不一，社会保障功能也不一样。在有些欠发达地区的农地仍然被农民抛荒、闲置或者无偿转让的同时，有些地区的农地已经开始给农民带来可观的资本化收入。因此，地区经济发展不平衡在我国农村表现明显，农地金融创新不可能存在一个放之各地都适用的模式。农地金融的实现方式多样，包括农地抵押贷款、农地股权融资、农地证券化、农地信托、农地租赁等。在我

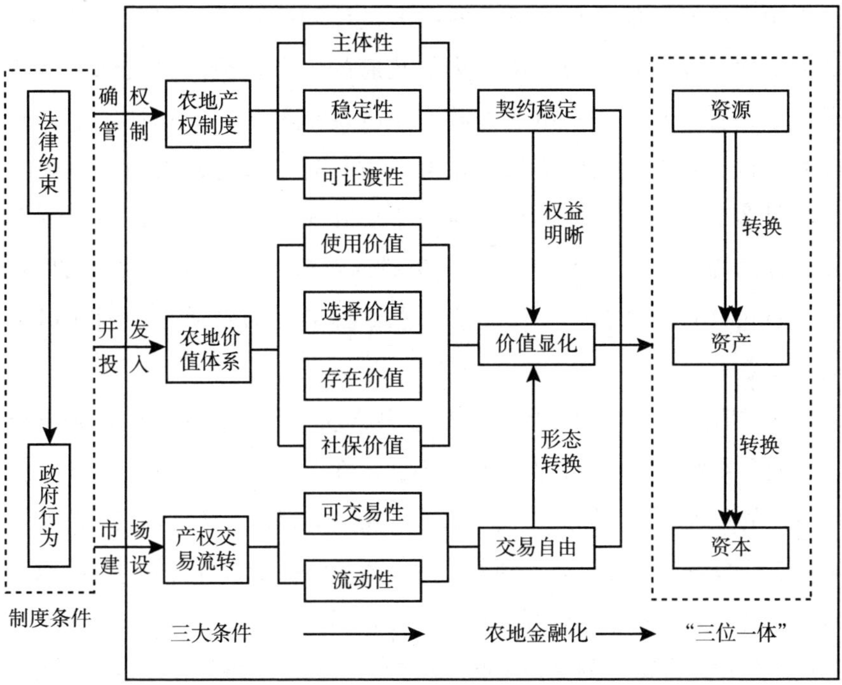

图 1　农地金融发展的逻辑

国经济发展水平不同的农村，只有坚持因地制宜的原则，才能探索出适合本地农村发展水平的农地金融模式。

二是坚持循序渐进的原则。农业规模化、产业化和现代化的发展对农地金融的多样化提出了需求，因此，农地融资功能的释放是不可逆转的改革大趋势，但改革过程中应采取以点带面、逐步展开的方式。因为我国农民数量众多，阶层分化明显，个体情况差异较大，因此，农地金融创新应该以保持社会稳定为前提，坚持稳扎稳打。只有农村社会稳定，金融创新才能给农民带来福利。创新在风险可控的范围内进行，才能获得社会主体的认同，使得相关的制度创新得以合法推进，保证试验或创新业务的可持续性发展。

三是尊重群众创造的原则。人类社会发展历史证明，群众是推动人类社会进步的主体力量，群众的创造性是巨大的。在农地经营权抵押贷款试点中，我们发现，有些地区的制度设计和模式运行完全来自底层群众的创造性，并没有所谓精英云集的政府的主导，但试验或创新的效果却非常好，甚至好于一些由地方政府主导的试验效果。比如，宁夏同心县的农地抵押贷款试验无论从受益群众数量还是金融机构的业务规模来看，都是各地试验中的佼佼者。原因主要在于，基层的群众最了解农村微观主体的需求状况，所以基层群众的创造应该是最有生命力的创造。因此，尊重群众的创造性，从实践中总结经验，为农地金融创新提供重要启示。

四是政府适当支持的原则。农地金融本质上是围绕农地的资金融通活动。农业受自然条件影响，本身具有不稳定性。金融业务的核心在于评估和降低风险的不确定性，因此，面对农业弱质性的特征，考虑自然风险和市场风险，农地金融业务的开展受到了限制。为了降低金融机构的风险，政府的支持则显得十分必要。美国等国外农地金融制度的成功经验表明，在农地融资制度的创设阶段政府的支持是必不可少的。政府支持是农地金融活动的一个基本原则。当然，市场经济体制要求，政府应有所为、有所不为。政府对农地融资活动的支持不能取代融资交易双方的市场主体地位。政府支持的目标是要培育市场，培育出融资交易中的真正市场主体。当市场发育成熟，政府就应选择适时退出。

（2）农地金融制度的构建内容

农地金融制度的构建内容主要包括农地金融组织机构、农地金融业务运行和农地金融配套制度。

组织机构是开展农地金融业务的承载体，没有组织机构，农地金融业务无法有效运作。从近期情况来看，可以由农村信用社或者农业银行等金融机构来承担农地金融的业务，但从长远角度看，有必要成立专门的农地金融机构。农地金融业务包括农地金融信贷业务和农地资产证券化业务。农地金融配套制度包括农地产权制度、农地流转市场、农地价值评估体系、农业保险市场、农村社会保障体系、政府支持政策以及风险控制机制。

（二）农地金融的实践

1. 农地信用合作社

农地信用合作社实质上是一种土地信托机构，它是土地金融的最低级模式。农地信用合作社与拥有闲置土地经营权的农民签署存地合同，再将农地贷给有农地需求的农民或农村企业，收取贷出"利息"，农民获得存地"利息"，合作社利润来源于利差。农地信用合作社在我国出现较早，其中较有代表性的是 2006 年开始的宁夏平罗县土地信用合作社试点。土地信用合作社盘活了土地资源，促进了农业规模化和产业化发展，增加了农户收入，产生了较好效益。具体见图 2 所示。

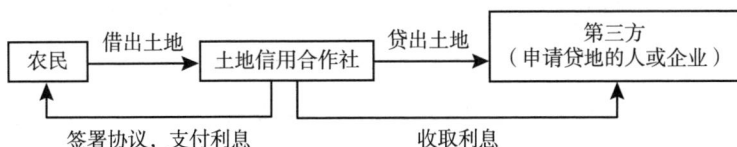

图 2　土地信用合作社模式

2. 农地抵押贷款

农地抵押贷款是指农民将农地承包经营权或农地流转经营权抵押给农商行等农村金融机构，从而获得贷款资金的方式。目前，主要有三种模式。

（1）直接抵押模式。借款人为了获取贷款，将农地承包经营权或流转经营权抵押给金融机构（见图 3）。如辽宁昌图县农村信用社为县域专业大户和普通农户提供的农地经营权抵押贷款。

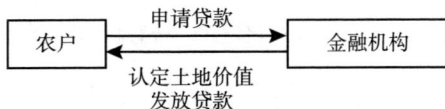

图 3　直接抵押模式

（2）"农户 + 担保机构 + 金融机构"模式。借款人向金融机构申请贷款，由第三方担保机构向金融机构提供担保。同时，借款人将自有或流转而

来的农地经营权抵押给第三方担保机构（见图4）。第三方担保机构包括政
策性的担保机构和商业性的担保公司。四川成都崇州市探索的农村产权抵押
担保贷款试点就采用了政策性担保机构。由农村产权担保公司提供担保，农
民向金融机构申请贷款，金融机构在担保公司担保范围内发放贷款，担保公
司对于农民的借款负有连带偿还责任。如果贷款违约，担保公司有权对农地
经营权流转处置，以流转费归还贷款本息。重庆农商行联合兴农融资担保公
司推出的农地抵押贷款则采用了商业性担保公司。

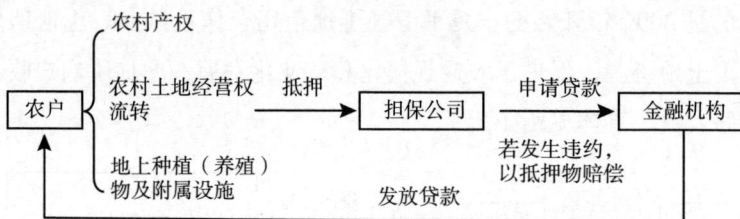

图 4 "农户 + 担保机构 + 金融机构"模式

（3）"农户 + 村民组织 + 金融机构"模式。这种模式下，在农户与金融
机构之间由村民组织作为中介人，如村委会、土地协会或合作社等，中介人
起到联保作用（见图5）。

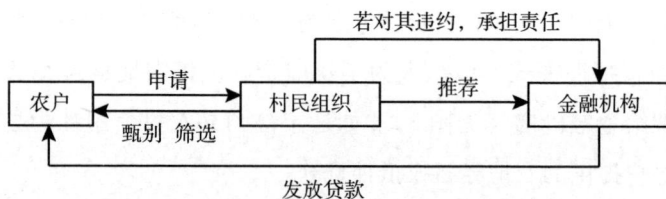

图 5 "农户 + 村民组织 + 金融机构"模式

第一种是"农户 + 村委会 + 金融机构"模式。村委会在农民和金融机
构之间起到了决定作用。村委会负责向金融机构推荐优质、有还贷能力的农
民客户，由金融机构向农户发放贷款。另外，村委会还会在贷款逾期时，推
荐一个村内的定向流转人以变现抵押物。山东寿光所采取的农地抵押贷款方

式即是此种模式的代表。

第二种是"农户＋土地协会＋金融机构"模式。土地协会是农民以农地经营权入股组建的担保机构。土地协会作为担保人，在入会农民向金融机构申请贷款时提供担保。土地协议也解决了抵押物变现的问题，到期不能偿还贷款，抵押土地可以在土地协会内流转变现。宁夏同心县所采取的农地抵押贷款方式即是此种模式的代表。

第三种是"农户＋专业合作社＋金融机构"模式。专业合作社由农民以农地承包经营权入股成立，专业合作社以合作社整体权证向当地金融机构申请抵押贷款。山东枣庄所采取的农地抵押货款方式即是此种模式的代表，地方农经局将入股农户的单个土地权证换成合作社整体权证。

3. 农地信托

农地信托以信托原理为基础，农村集体经济组织或者农户个人作为委托人，土地信托机构作为受托人缔结的法律关系。信托财产为农地经营权。受托人对信托财产的管理有以下两种方式：（1）将土地经营权转让给土地实际经营者，签署出租、转让、转包、入股等合同，信托机构收取租金、转让金或股利；（2）将土地委托开发，签署土地开发合同，收取开发收益（见图6）。

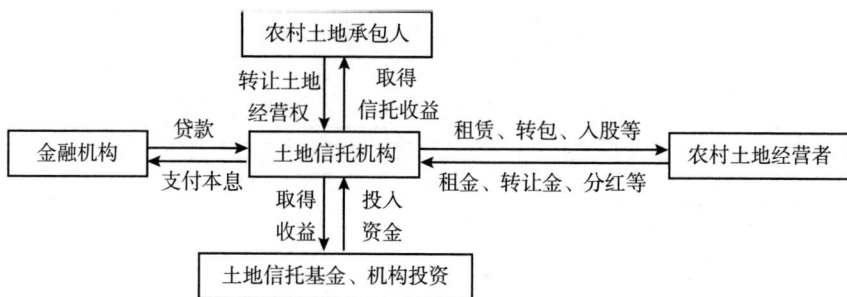

图6　农地信托模式

典型项目如中信信托与安徽宿州埇桥区政府的合作。埇桥区农民与中信信托成立信托法律关系，农户将农地经营权委托给中信信托，中信信托作为受托人。中信信托为支付流转土地的费用，以受托管理的农地经营权为基础，发行了"中信·农村土地承包经营权集合信托计划"进行融资。在管理受托财产时，中信信托与安徽帝元农业签署服务协议，由帝元农业对农地进行建设和运营，支付一定的费用，期限12年。在这种模式下，农民获得了租金收益，同时，还可以作为雇员参与农地的建设和运营。浙江绍兴和湖南益阳等地也开展了土地信托的尝试。

4.农地证券化

农地证券化是以农村土地收益或土地抵押贷款利息收入作为担保发行证券的过程，其根本目的是融资，通过创造一种信用高、流动性强、对许多类型投资者都具有吸引力的证券来融资。

农地证券化主要有以下两种运作模式。

（1）农地经营权抵押贷款证券化。即农民以农地经营权作为抵押物向金融机构申请贷款，金融机构将这些农地抵押贷款打包成资产池，出售给特别目的机构（SPV），委托证券承销商向投资者发行证券以获得资金（见图7）。特别目的机构获得资产后，以资产为担保来发行证券。这种方式通过特别目的机构买断了其权益，隔离了风险，通过内外部信用增级提高了贷款组合的信用级别，达到发行证券的要求。

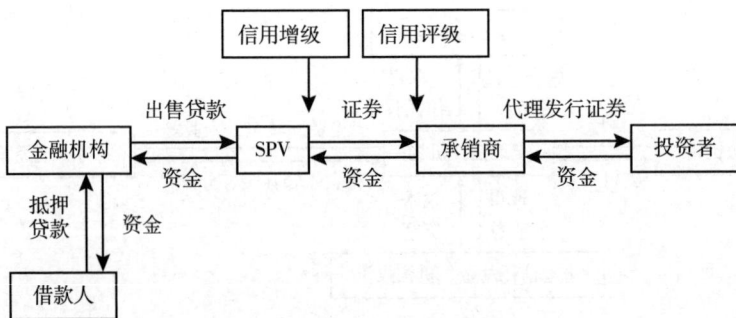

图7　农地经营权抵押贷款证券化

（2）农地经营权收益证券化。即农村土地开发者以农地的未来收益向特别目的机构融资，特别目的机构重组土地资产，剥离其中的风险之后，通过证券市场向社会发行农地证券以融通资金的交易过程（见图8）。

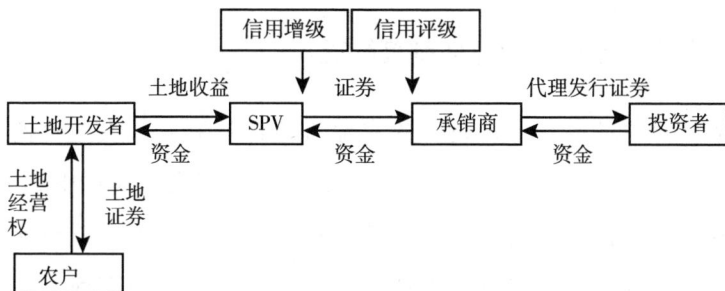

图8　农地经营权收益证券化

二　农地金融发展面临的主要问题

（一）农村土地流转市场不完善

农地流转市场是农地金融发展的必要条件。农村土地作为抵押物资产，只有在完善的市场中才会具有流动性。在市场中才有交易，才有可能形成农村土地的公允价值。只有交易变现，农村土地作为抵押物的安全性才能真正实现。目前许多农村地区的土地经营权流转往往通过口头协议达成，缺少规范的合同方案和完善的市场制度等基础设施，结果经常造成土地流转纠纷。土地流转平台、供需对接与交易支持系统的不完善，没有一致的交易标准和规则，难以体现市场的公允，没有权威性。

（二）农村土地产权关系不清

目前，我国农村土地制度中对所有权、承包权、经营权"三权分置"的探索已经有很多，但相应的制度体系还有待完善，尤其我国现行法律层面明确规定土地承包权和宅基地使用权不能够用于抵押，还存在一些法律障碍。明晰土地产权关系，是土地金融实施的先决条件。目前部分地区还存在土地承包经营权颁证不完全、土地用益物权不确定以及抵押权缺失等一系列问题，影响了农地金融的进一步发展。

（三）农村土地价值评估制度缺乏

农地金融的发展离不开完善的农地价值评估制度。农地价值评估为市场交易和抵押贷款提供重要的参考依据，有利于发现农村土地的价值。而当前我国普遍缺少专门的农地经营权价值评估机构和专业资质评估人员。由于缺乏统一的农地价值评估制度，各地区开展的农地价值评估缺乏权威性。

（四）农地金融风险分担和补偿机制不健全

由于农业易受自然灾害、市场风险的影响，必须发展健全的农业保险机制，以提高农地金融抵押贷款的安全性。担保公司分担金融机构贷款风险的作用有限。目前农业担保公司以及农业保险公司数量少，业务有限。另外，农业易受到自然灾害的影响，对于风险补偿机制，我国的政府部门以及保险机构都还没有制订专门的措施。

三 促进农地金融发展的政策建议

（一）健全农地金融法律制度

尽快修改和完善《土地法》《物权法》《担保法》等相关法律，扫除农地经营权抵押的法律障碍。农地资源的优化配置和规模化经营离不开市场的流转和交易，农地产权明晰是发展农地交易市场和农地金融的前提条件。对于农地"所有权、承包权和经营权三权分置"应当给予更有操作性的界定，在实践中得到司法的确认。法律修订中要强化农地经营权物权性质，明确农地经营权是一种财产权，实现农地产权的资本化。建立《土地金融法》，促进农地金融发展，只有这样，才能保证农地金融业务顺利有序地开展。

（二）完善农地流转机制

发展农地金融的关键在于完善农地流转机制。完善农地流转市场，首先在于积极构建法律咨询、资产评估等中介服务组织；其次在于建立农地流转交易平台，形成一个区域性的农地流转交易场所，为供需双方提供及时高效的交易信息，并推动各农村产权交易平台实现信息共享，从而减少土地流转供给与需求的成本，有效规避交易中的道德风险。

（三）构建农地价值评估机制

一是成立专业的农地价值评估机构，规范评估机构的运作，健全农地经营权价值评估机制，公平、公正、公开地评估农地经营权价值，切实保护利益主体即放贷银行和农户的合法利益。同时建议在农地评估机构之间充分引入竞争机制，减少政府参与，由利益主体自行选择评估机构，由市场对评估机构优胜劣汰。二是培养专业评估人才，健全农地经营权评估体系和农民征信系统等，制定科学有效的农地经营权价值评估标准。三是建立农地价值评估信息披露平台。使所评估的农地价值进行最大程度的公开，从而提高评估的透明度，规范农地评估机构及从业人员的行为。

（四）强化农地金融风险控制

一是完善农村产权担保机制，引导担保机构之间开展联保。由于农地金融的抵押物担保作用目前受到抑制，建议由财政资金成立专项担保资金或者成立政策性农业担保机构，积极为农地金融提供担保服务。二是建立农地金融风险补偿制度。由于农业的弱质性，为了激励金融机构，建议政府设立农地金融风险基金，对农地金融损失或者利息进行补偿，该基金可由各级政府按照一定比例注资设立。三是完善农业保险制度。发展农地金融，必须提高农业自身的抗风险能力。如出台财税优惠措施，加大对农业保险的政策扶持力度；建立农业再保险和巨灾风险分散机制；为农地金融业务开发专门的保险产品或服务。

（五）发挥政府的合理作用

农地金融的发展需要政府强有力的支持，同时更需要合理正确的定位，保证在操作上既不缺位又不越位。一是组织机构扶持，通过银行政策改革，促进农业政策性银行与农村商业性金融机构共同构成农地金融组织。二是政策扶持，建议对开展农地金融机构按照业务量给予相应的优惠，譬如降低农地金融机构税率等。三是完善农村社会保障体系。让农民不再将农地作为其养老的重要来源，建立相应的农村社会养老和医疗等保障体系，解决好农民的后顾之忧，只有如此，农地金融才能顺利进行。

参考文献

于丽红：《美国农场信贷体系及其启示》，《农业经济问题》2015 年第 3 期。

于丽红等：《农村土地融资模式创新》，《农村经济》2015 年第 8 期。

杜明义：《农地金融发展模式与配套制度构建》，《武汉金融》2014 年第 4 期。

曾庆芬：《土地承包经营权流转新趋势下农地金融问题研究》，中国农业出版社，2011。

罗剑朝等：《中国农地金融制度研究》，中国农业出版社，2005。

B.8
农村土地流转交易机构发展报告

周晓亚*

摘　要： 农村土地流转有序有赖于规范而有活力的产权交易市场。有形市场的核心组成部分即各类农村产权交易机构。本报告系统梳理农村土地流转交易市场发展，对农村产权交易机构的地理分布、组织特征、运营模式和市场机构进行了详细阐述，比较了典型省域的省级统一市场构建模式，收集经营成果数据，呈现清晰的市场图景，还阐明了服务机构的市场生态功能。本报告最后整理了农村土地流转交易机构发展中暴露的问题，包括农村产权改革的落实困难、农村产权进场交易比例低、农村产权交易机构的宣传工作滞后、农村产权交易机构的主管部门多元、农村产权交易机构重建设轻运营等。本报告建议及时总结发展中的经验和教训，汇聚行业的广泛共识；加强农村产权改革的落实，扎实做好"还权赋能"的工作；建立统一的市场标准，突破多元管理的藩篱；着力提升农村产权交易机构的市场化运营水平；在不断地解决问题中，形成多方合力，共同推动中国农村土地流转交易市场的进步。

关键词： 农村土地　产权交易　交易机构　业务类型　市场体系

---

* 周晓亚，理学博士，现为中国财政科学研究院博士后，主要研究领域为财政、金融。

一 农村土地流转交易市场发展概况

产权制度是市场经济的基础性制度，而资产是产权的客体。我国农村的资产主要涵盖土地、集体经营性资产和集体非经营性资产，其中土地是资产最重要的组成部分，主要包括农用地、集体经营性建设用地和宅基地。农用地中的承包耕地随着"三权分置"改革和土地确权的持续推进，其流转市场发展走在前列，成为流转的主要对象；集体经营性建设用地主要方向是入市，相关试点已经大范围开展；宅基地的用益物权与房屋所有权通常适用"房地一体"原则。农村土地征收、集体经营性建设用地入市、宅基地制度改革三项试点从 2015 年初开始，陆续在全国 33 个县（市）部署实施。

改革开放 40 年来，我国农村产权流转交易市场实现了由无形到有形、由专业向综合、由自发向规范的转变。交易市场日趋完善，交易品种不断增多，交易规则逐步健全，交易规模日益扩大，备受各方关注。

农村产权流转交易市场的存在形式主要是无形市场和有形市场。无形市场发轫于 20 世纪 80 年代中期允许农民承包地的使用权流转，特别是 90 年代中期乡镇企业改制后，现今农村广泛存在的承包地流转主要就是通过无形市场进行。

有形市场的演进过程则更为复杂：20 世纪 90 年代初期曾一度出现过主要为乡镇企业产权交易服务的交易平台，2004 年，福建省永安市在推进集体林权制度改革中成立了全国第一家林业要素市场；2008 年，成都市成立了全国第一家综合性的农村产权交易所。

截至 2015 年底，全国范围内已有 1231 个县（市）、17826 个乡镇建立了多种形式的农村产权流转交易市场和服务平台，覆盖了全国约 43% 的县级行政区划单位。截止到 2014 年 6 月，共有 1800 多家依托林业管理部门设立的林权流转服务中心。① 截止到 2016 年底，已有 15 个省份的一批省级或

---

① 根据神州土地张璐和范国华女士以及土流网李晓妹女士为本篇报告提供的内部业务资料和部分数据。

省会级综合性农村产权交易所相继成立。

总体上，我国的农村土地流转交易市场发展还处于初级阶段，各地的市场建设水平参差不齐，地区空白很多，服务体系正处于不断完善之中，有着巨大的成长空间。

二 农村土地流转交易服务机构

（一）农村产权交易机构

1. 概况

农村产权流转交易市场是为各类农村产权依法流转交易提供服务的平台，包括现有的农村土地承包经营权流转服务中心、农村集体资产管理交易中心、林权管理服务中心和林业产权交易所，以及各地探索建立的其他形式农村产权流转交易市场。各类农村产权交易机构是有形市场的现实载体。各地的农村产权交易所中，借着全国统筹城乡综合配套改革试验区的东风，成都、重庆两地在2008年率先成立，其余均是在2009年及以后成立。截止到2016年底，省级或省会级的综合性农村产权交易所共有17家，覆盖四川、重庆、湖北、广东、上海、北京、安徽、浙江、天津、云南、山东、江苏、河北、辽宁、广西15个省份。其中上海有两家，分别是上海农村产权交易所（上海联合产权交易所控股）和上海农业要素交易所（市农委）；河北省有两家，分别是河北省农村产权交易中心（省供销社独资）和河北省农村产权交易平台/河北省农村产权交易网（省委农村工作部），后者由神州数码河北信息服务有限公司来运营；广西壮族自治区是北部湾产权交易所下设农村产权交易中心（见图1）。

2. 组织特征

遍布全国的农村产权交易机构的法人性质分为企业法人（营利性、非营利性）和公益性事业单位，其中的营利性企业法人占据大多数，通常采取有限责任公司的组织方式，采用现代企业管理模式（如表1）。《国务院办公厅关

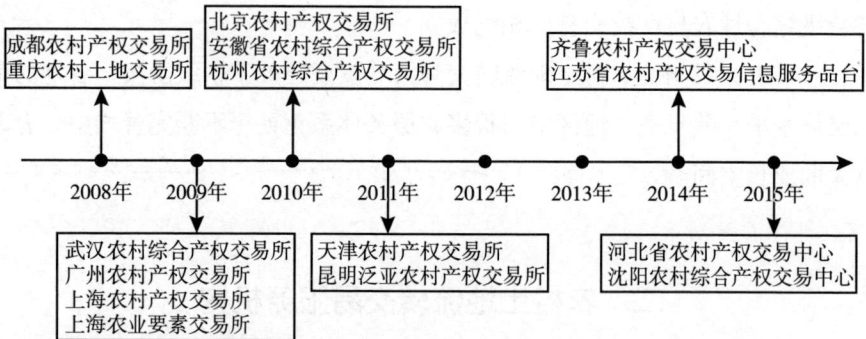

图1 我国省级或省会级农村产权交易机构成立时间

于引导农村产权流转交易市场健康发展的意见》（国办发〔2014〕71号）明确指出流转交易市场的基本原则之一即为坚持公益性为主。必须坚持为农服务宗旨，突出公益性，不以营利为目的。尽管各交易机构的法人性质有所不同，营利性各异，但都是由政府主导，以服务三农为宗旨，遵循公益性原则。

表1 各地农村产权交易机构的法人性质

企业法人	营利性	事业法人
成都农村产权交易所	是	重庆农村土地交易所
武汉农村综合产权交易所	否	
广州农村产权交易所	是	
上海农村产权交易所	是	
上海农业要素交易所	是	
北京农村产权交易所	是	
安徽省农村综合产权交易所	是	江苏省农村产权交易信息服务平台
杭州农村综合产权交易所	是	
天津农村产权交易所	是	
昆明泛亚农村产权交易所	是	
齐鲁农村产权交易中心	是	
沈阳农村综合产权交易中心	是	
河北省农村产权交易中心	是	

　　重庆农村土地交易所是由重庆市政府出资的非营利性事业法人。江苏省农村产权交易信息服务平台是江苏省农工委设立的综合性产权交易服务机

构，亦不以营利为目的。其他都属于企业法人，成立方式主要分为三类：单一由企业发起，如北京首都创业集团有限公司旗下北京市农业投资有限公司出资设立的北京农村产权交易所；由政府与企业共同发起，如天津市农委联合天津产权交易中心、宝坻区人民政府共同出资组建的天津农村产权交易所；先由政府相关部门共同组建，再划转给相关国有企业的，如成都农村产权交易所最先是成都市国土资源局、房产管理局、农业局、林业局共同出资组建，后将股权划转至成都金融控股集团有限公司和成都现代农业发展投资有限公司。企业法人中的武汉农村综合产权交易所较为独特，其是非营利性的。

由于农村产权交易涉及的领域较广，分别对应多个主管部门，再加上农村产权交易本身也是一个新生事物，对其理解和实践还在不断变化，各地的实际情况又千差万别，所以处在发展之中的农村产权交易机构相对应的主管部门呈现了多样化的特征。从目前的情况来看，主管部门主要有市委、市委农办、农工委、市政府、国土资源部门、房产管理局、公共资源交易中心等（如表2所示）。各区域的农村产权交易机构具体主管部门通常是两个或多个部门联合管理。武汉农村综合产权交易所除了受武汉市农业局主管之外，还创设了武汉市农村综合产权交易监督管理委员会，此举在多个相关部门之间架起了沟通的桥梁，有利于协调部门利益，更有效率地对交易情况做出及时反应，是有益的尝试。

表2 各地农村产权交易机构的主管部门

名称	主管部门/牵头单位
成都农村产权交易所	成都市农工委/公共资源交易中心
重庆农村土地交易所	重庆市国土资源和房屋管理局
武汉农村综合产权交易所	武汉市农业局
广州农村产权交易所	广州交易所集团有限公司
上海农村产权交易所	上海联合产权交易所
上海农业要素交易所	上海市农委
北京农村产权交易所	北京市农业投资有限公司
安徽省农村综合产权交易所	由合肥市产权交易中心发起设立,隶属于安徽公共资源交易集团,依托安徽合肥公共资源交易平台
杭州农村综合产权交易所	杭州产权交易所

名称	主管部门/牵头单位
天津农村产权交易所	天津市农委
昆明泛亚农村产权交易所	昆明市委农办
齐鲁农村产权交易中心	潍坊市委、市政府
江苏省农村产权交易信息服务平台	江苏省农工委/农办
沈阳农村综合产权交易中心	沈阳市农经委
河北省农村产权交易中心	河北省供销合作总社
河北省农村产权交易平台	河北省委农村工作部

组织架构是农村产权交易机构健康运营的基础支撑，对于保障交易的顺利进行和风险控制有着重要的意义。事业法人性质的农村产权交易机构与企业法人的农村产权交易机构在组织架构上差异明显。

如图2所示，作为事业单位的重庆农村土地交易所的内部组织架构，结构呈现扁平化特点，模块划分较为简单，业务职能部门设有交易部和发展研究部。作为企业法人代表的天津农村产权交易所的组织架构主要包含四个层级，股东会下设董事会和监事会，董事会领导总经理，副总经理和总经理助理对总经理负责，各自分管党群办公室以外的部分职能部门，党群办公室由总经理直辖。

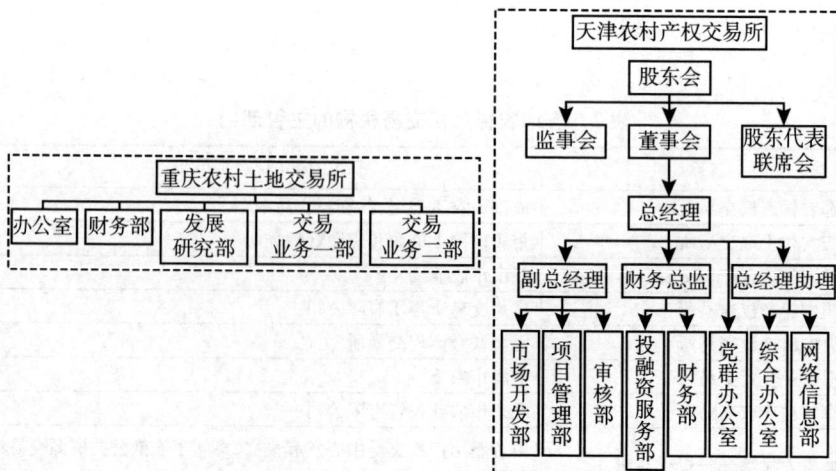

图2 典型农村产权交易机构的组织架构

3. 运营模式

农村产权交易机构通常具有双重功能：信息传递、价格发现、交易中介的基本功能与贴近"三农"，为农户、农民合作社、农村集体经济组织等主体流转交易产权提供便利和制度保障的特殊功能。为了适应交易主体、目的和方式多样化的需求，农村产权交易机构的服务功能不断延伸，逐步演化成融合信息发布、产权交易、法律咨询、资产评估、抵押融资等为一体的综合性为农服务平台。

农村产权交易机构的业务类型直接受控于国家政策，具有"牌照"性质，目前已形成了三大类业务，分别是交易类、抵押融资类和招投标类（见图3）。核心业务是交易类，交易类又分可为三类，分别是权益类、资源类和资产类，农村土地的流转交易即属于权益类，资源类中的农村集体建设用地挂钩指标和耕地占补平衡指标交易既涉及城乡平衡，又关系到区域间的调剂。抵押融资类是一个较为新兴的业务，为农民获取金融支持提供了重要渠道，其发展前景值得期待，模式有待进一步完善。招投标类中既有政府购买服务模式，亦包括与农业相关的企业业务。

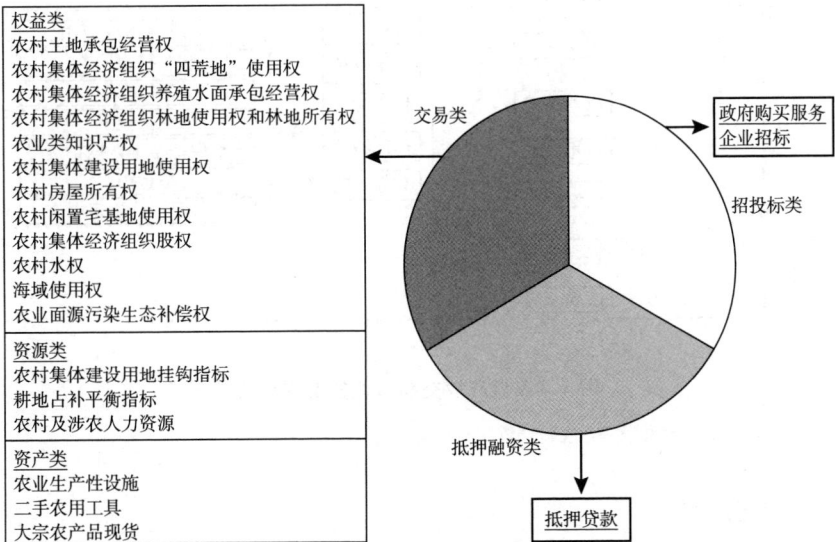

```
权益类
农村土地承包经营权
农村集体经济组织"四荒地"使用权
农村集体经济组织养殖水面承包经营权
农村集体经济组织林地使用权和林地所有权
农业类知识产权
农村集体建设用地使用权
农村房屋所有权
农村闲置宅基地使用权
农村集体经济组织股权
农村水权
海域使用权
农业面源污染生态补偿权

资源类
农村集体建设用地挂钩指标
耕地占补平衡指标
农村及涉农人力资源

资产类
农业生产性设施
二手农用工具
大宗农产品现货
```

交易类　　政府购买服务　企业招标　　招投标类

抵押融资类　　抵押贷款

图3　农村产权交易机构的业务类型

良好的交易流程设计是保障交易双方合法权益和有效风险控制的重要基础。伴随着业务类型的丰富和市场边界的拓展，各农村产权交易机构不断地改进和完善交易流程，以便更好地适应客户的需求和规范交易行为。各机构交易流程中的主要步骤都非常接近，大都可以分为交易前、交易中和交易后三个阶段。交易前主要涉及拟出让方的进场审查和拟受让方的征集，交易中主要涉及组织交易、签约、收费和结算交割等，交易后主要是出具交易鉴证书以及在行政主管部门办理权属变更（如图4所示）。天津农村产权交易所（天津农交所）还对交易前的流程做了进一步细化，增强了可操作性，具有样板意义（如图5所示）。

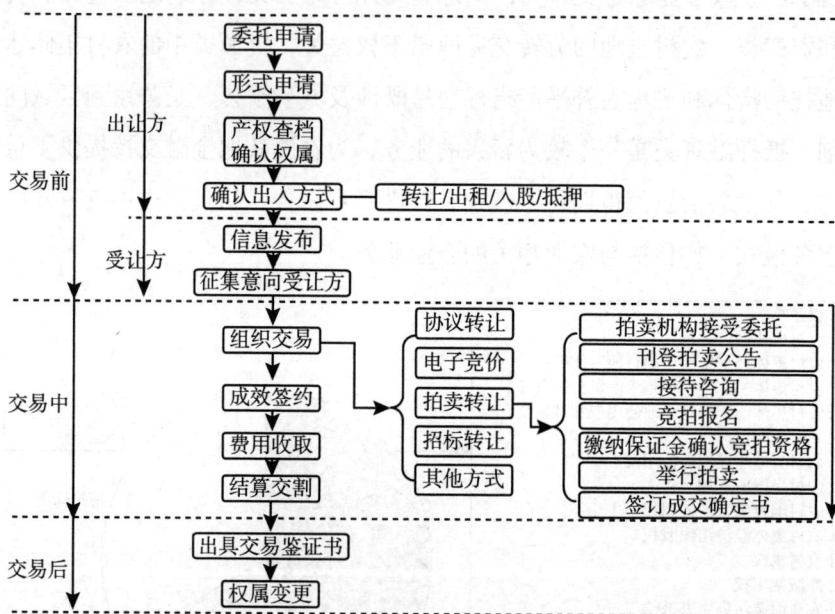

图4 农村产权交易机构的交易流程

资料来源：笔者根据各农村产权交易机构的公开资料整理。

4. 市场结构

经过多年的发展，构建省级的统一农村产权交易市场已成为业界的广泛

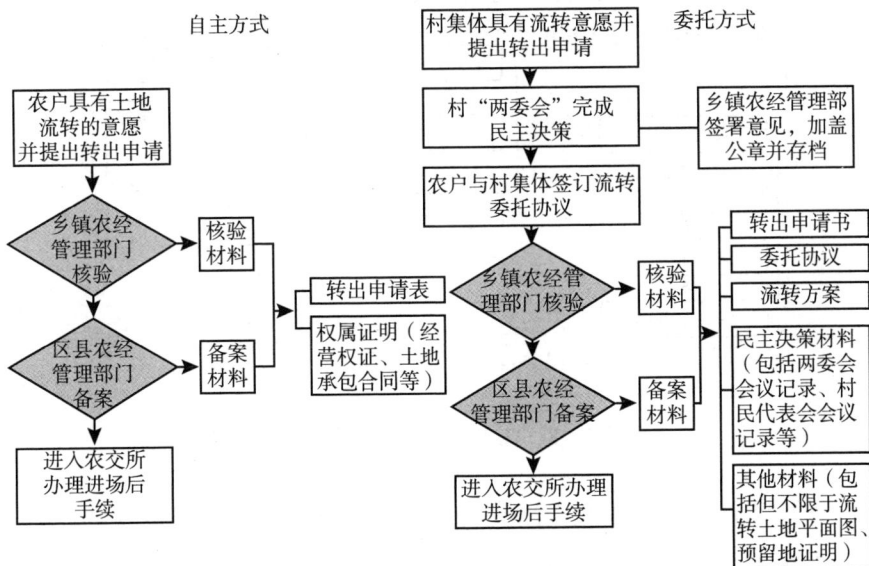

图5 天津农村产权交易所以家庭方式承包的土地经营权流转进场前流程

共识。本报告选取农村产权交易的先行者——四川省，中部的湖北省，直辖市中发展迅速的天津市，以及东部经济大省江苏省和山东省作为典型代表，分析省级统一农村产权交易市场的演化路径和现存结构。

四川建构省级统一农村产权交易市场的过程中，成都农村产权交易所发挥着核心作用（见图6）。其目前已在本市辖区内成立了17个区县级分（子）公司以及多个镇村两级服务站，服务网点的管理遵循"六统一模式"：统一交易规则、统一交易鉴证、统一信息发布、统一收费标准、统一监督管理、统一平台建设，初步形成了一个交易平台、四级服务体系的市级完整市场。在此基础之上，成都农村产权交易所又通过多种方式来与省域内的其他市州进行合作，既设立了德阳分所，也通过共建方式延伸至巴中、内江、自贡、绵阳、眉山和遂宁6个地市，覆盖了39个区县，还与其他10个市州、83个区县实现了联网运行。覆盖较为全面，交易规范的省级统一农村产权交易市场已见雏形。

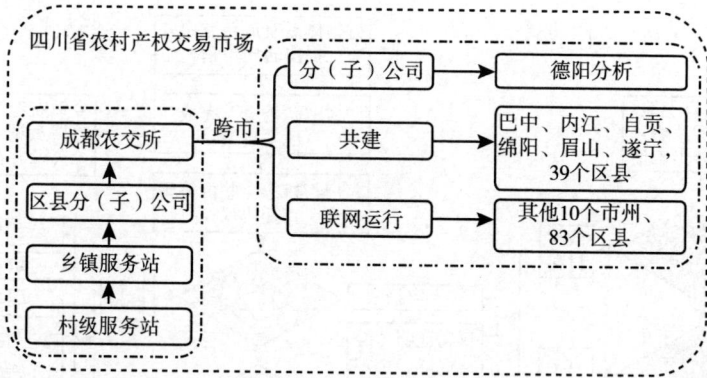

图6　四川省农村产权交易市场结构

与四川的情形相类似，湖北的武汉农村综合产权交易所（武汉农交所）发挥着关键作用（见图7）。武汉农交所在市、区、乡三级交易平台组成本市辖区市场基础上，在2015年先与武汉城市圈的其余8个城市实现了联网运行，建成了武汉城市圈农村产权交易共同市场。根据湖北省的相关规划，2017年全面建成全省统一联网的农村产权交易市场体系。

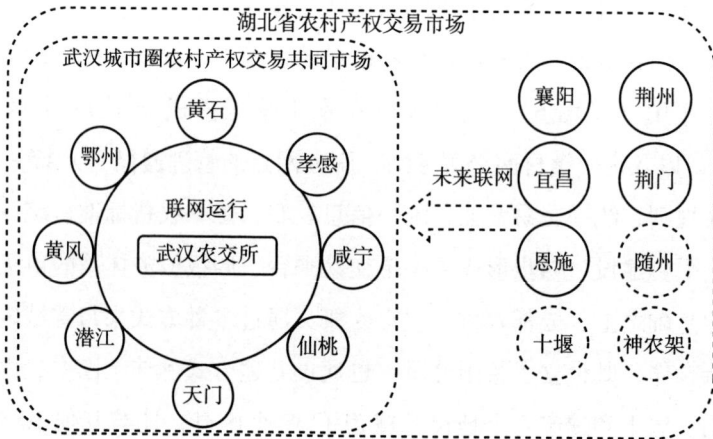

图7　湖北省农村产权交易市场结构

天津农交所是配套天津市农村产权制度改革的重要载体，在 2016 年就建成了"镇街—区—市"三位一体市场服务体系，并建立了全国先进的农村产权流转交易信息系统（见图 8）。三层级的市场体系与直辖市的行政体制是相适应的。按照"六统一"交易模式来进行市场管理，即"统一监督管理、统一交易系统、统一信息发布、统一交易规则、统一交易流程、统一收费标准"。这里的"六统一"交易模式与成都农交所的"六统一模式"略有不同，成都农交所关注了统一交易鉴证和统一平台建设，天津农交所则关注了统一交易系统和统一交易流程，侧重点虽有差异，但内容交叉很大，本质上都是统一规则，规范运营。

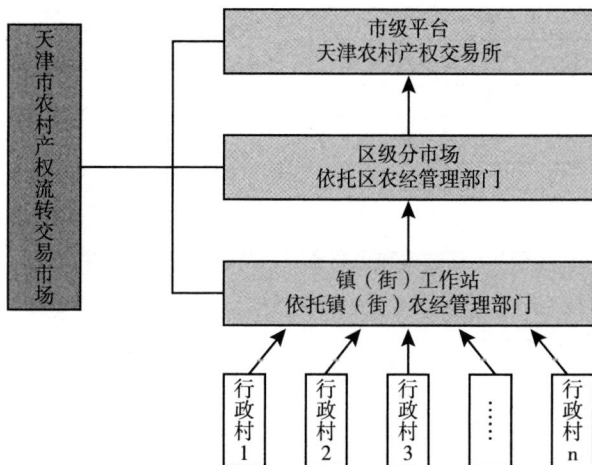

图8　天津农村产权流转交易市场结构

截至 2017 年 11 月底，天津农交所在全市 10 个涉农区都已设立分市场，建立了 151 个涉农镇街的工作站，成为国内第一个建立标准化、系统化、规范化市场网络和交易系统的农村产权交易所（《天津农村产权流转交易市场大数据报告》）。

江苏省和山东省的省级农村产权交易市场构建方式颇为相似，都是自上而下的形式，但在具体层级的设置上有所差别：前者构建了省、市两级交易信息服务平台，区县级交易中心，乡镇级交易服务中心和村级交易服务点，共五个层级，后者没有市级机构和村级服务机构（见图9）。随着市场的不断发展，山东省农村产权交易市场的层次可能会更加丰富。

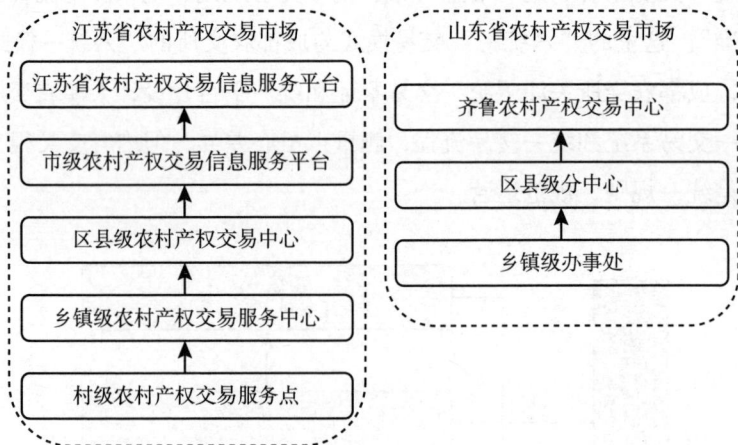

图9　江苏省和山东省农村产权交易市场结构

资料来源：笔者根据江苏省农村产权交易信息服务平台和齐鲁农村产权交易中心网站资料整理。

5. 经营成果

由于农村产权交易市场尚处于建设期和培育期，大多数农村产权交易机构的数据披露不是很充分。根据公开资料，我们收集的全国各产权交易所的累计经营成果如表3所示。其中重庆土地交易所的数据不包括地票相关数据，《重庆农村土地交易所2016年度报告书》披露的数据显示截止到2016年底，累计的地票交易金额已达396.20亿元，远大于10.19亿元的累计农村产权流转交易金额。总体上看，西部的成都、中部的武汉以及东部的江苏交易市场最为活跃，累计交易额都超过了百亿元，成都农交所的金额更是超过了500亿元，交易活动频繁可能与这些区域的土地确权较早完成，以及当地政府高度关注和政策支持力度大相关。

表3 全国各产权交易所的累计经营成果

指标/地区	成都	重庆	武汉	北京	天津	江苏	齐鲁	安徽
交易数量（笔）	13925	—	2948	402	352	>43000	3250	276
交易面积（万亩）	—	18.47	124.30	11.37	10.77	261	13.7	—
交易金额（亿元）	570	10.19	172.60	31.50	8.06	170.7	15.28	4.29
截止日期	2016.12	2016.12	2016.12	2016.03	2017.06	2017.06	2016.11	2016.12

资料来源：笔者根据公开资料整理。

与累计经营成果相比，年度数据显得更为匮乏。《2016年度武汉市农村产权流转交易市场分析报告》展示了分年度的经营结果，数据显示自2009年成立以来，年交易金额均保持在18亿元以上，2016年度增长到了25亿元，显示了一定的成长空间。

（二）服务机构

截至2018年底，全国承包地确权登记面积14.8亿亩，占实测面积16.6亿亩的89.2%，30个省份已向党中央、国务院报告此项工作基本完成。农村土地确权工作的稳步推进为农村土地流转交易打开了想象空间，早在2014年，方正证券的一份研究报告估计土地确权市场空间将近1000亿元，加上后续的土地流转、土地金融、农民征信、土壤大数据等业务空间将接近2500亿元。蓝海市场的巨大成长吸引了众多的企业纷纷涉足，跑马圈地，以期搭上高速成长的列车，获得可观回报。

围绕农村土地流转交易的顺利进行，这些企业和机构根据自身优势的能力和资源，通常定位于服务职能，配合农村产权交易机构的工作。其经营服务活动有利于市场边界的扩展，减少信息不对称，增强流动性，是完整市场拼图不可或缺的一部分。从其提供的服务内容来看，大致上可以分为六大类：运营服务、金融服务、技术服务、经纪服务、收储服务和培训咨询服务（见图10）。农村产权交易机构的前期建设和日常运营都有赖于这些企业提供的专业化技术支持和运维支撑。良好的资金融通和有效的风险转移是农村土地流转交易的必要保证，抵押贷款等新兴业务的获批也对金融服务提出了新的需求，银行、保险、租赁等金融机构则可以很好地提供专业化服务。由于土地所具备的地理属性，在农村产权交易机构所采用的诸多技术中，地理信息技术的作用尤为关键，专注于土地信息和三农大数据的四川鱼鳞图信息技术股份有限公司已成长为新三板创新层企业。总的来看，农村是一个熟人社会，因而经纪人的沟通功能仍然必不可少，农村产权交易机构和社会化服务企业都在搭建完善的经纪人体系，将触角延伸至每个出让主体。值得关注的一个趋势是，进入市场的社会化企业大都致力于成为一家综合性的服务运营商，提供从运营、技术、经纪到培训咨询等的一系列服务，并积极与金融机构合作，整合一揽子解决方案，如土流网、神州土地、土地资源网（地合网）、聚土网、来买地网、51找地、搜土地、土银网、农村土地网等。

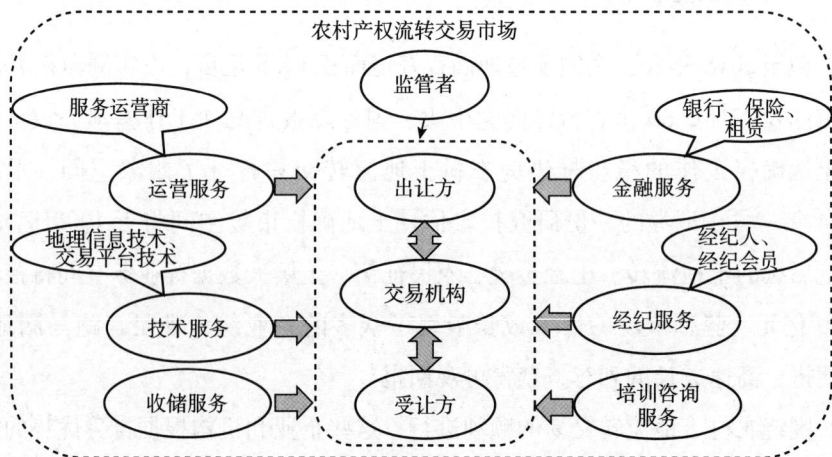

图10　农村产权交易市场生态

三 发展中出现的问题

经过 10 年的长足发展，多层次的农村产权交易机构已在全国范围内遍地开花，为规范农村土地的流转交易，促进农民增收，助力农村产业升级，推动农村区域发展，做出了重要贡献。然而，在发展过程中也暴露了不少问题，制约了进一步更好更快的发展。以下几个方面的问题较为突出。

（一）农村产权改革的落实困难

确权颁证是流转交易的前置程序，虽然很多地方已完成了确权工作，但措施并未完全落实到位，许多农民尚未拿到"证书"，即不明晰的产权让流转交易无从谈起。各区域差异化的农村产权改革进程直接影响了后续农村产权交易机构的有效运转。

（二）农村产权进场交易比例低

中共中央、国务院印发的《关于稳步推进农村集体产权制度改革的意见》提出"在试点基础上探索支持引导其依法自愿有偿转让上述权益的有效办法"，并未严格规定农村产权必须进场交易，加之交易双方风险防范及法律意识薄弱，大多数交易量较大的农村产权尤其是土地承包经营权多为线下私下交易。

（三）农村产权交易机构的宣传工作滞后

农村产权交易机构是市场信息汇聚和发散的中介，有义务做好宣传推广工作。市场中的利益相关者，特别是农民，对农村产权交易机构的功能价值认知不足，对相关的交易事项也缺乏了解，对进入市场抱有极为谨慎的态度，流转交易动力不足。

（四）农村产权交易机构的主管部门多元

在农村产权交易机构的建设中，各主管部门起到了积极的引导作用。但多元化的主管部门现象也带来了一系列问题，如各交易机构之间的业务范围、市场覆盖、操作流程、平台系统等差异明显，阻碍了统一省级市场的构建。

（五）农村产权交易机构重建设、轻运营

很多农村产权交易机构陆续挂牌成立，但运营数据甚为缺乏，市场活跃度较低，相关的人力资源建设也未跟上。

四　结语

多层级的农村产权交易机构已在各地区如雨后春笋般地建立起来了，其在构建规范的农村土地流转交易市场进程中发挥着关键作用，契合了十九大提出的"乡村振兴战略"要求，为"城乡统筹发展"和"新型城镇化战略"创造了良好的市场环境。与此同时，多样化的社会主体也以服务机构的角色切入市场，丰富了市场生态，增强了市场活力。

但也面临着多方面的问题，有必要及时总结发展中的经验和教训，汇聚行业的广泛共识；加强农村产权改革的落实，扎实做好"还权赋能"的工作；建立统一的市场标准，突破多元管理的藩篱；着力提升农村产权交易机构的市场化运营水平。在不断地解决问题中，形成多方合力，共同推动中国农村土地流转交易市场的进步。

参考文献

叶兴庆、张云华、伍振军：《农村产权流转交易市场：现状与问题》，《中国农村金融》2015 年第 2 期。

高俊峰：《我国林权流转现状若干问题思考》，《中国林业产业》2014 年第 6 期。

《国务院办公厅关于引导农村产权流转交易市场健康发展的意见》（国办发〔2014〕71 号）。

重庆土地交易所:《重庆农村土地交易所2015年度报告书》,2016。

重庆土地交易所:《重庆农村土地交易所2016年度报告书》,2017。

武汉综合农村产权交易所:《2016年度武汉市农村产权流转交易市场分析报告》,2017。

天津农村产权交易所:《天津农村产权流转交易市场大数据报告》,2017。

赵成:《土地确权大爆发,空间直指2500亿》,方正证券研究报告,2014。

B.9
农村产权交易市场社会化服务
发展报告

李晓妹[*]

摘　要： 国务院印发《关于引导农村产权流转交易市场健康发展的意见》后，农村产权交易中心开始在全国"遍地开花"，大量的农交中心的成立不但催生、激活了针对农村产权交易市场的社会化服务平台的活力，也让这类平台显现了一系列的问题。本报告以土流网服务中国农村产权交易市场的实践经验为案例，从操作经验角度分析了以土流网为代表的中国农村产权交易社会化服务平台的服务内容、在服务农村产权交易市场方面起到的作用、面临的问题及解决思路，以及通过社会化服务手段提升农村产权交易市场建设程度、交易活跃度及服务行业规范化程度的可实现性。

关键词： 农村产权　产权交易　农业社会化服务　政府购买服务　土流网

自1995年国务院批转农业部《关于稳定和完善土地承包关系的意见》

---

* 李晓妹，湖南土流信息有限公司副总裁，主要研究方向为农村产权交易市场、不动产登记预约及预审、县域农村闲置资产及资源盘活、乡村振兴基础服务领域的社会化服务体系建设、推广、运营。

（国发〔1995〕7号）第一次提到"建立土地承包经营权流转机制"以来，土地承包经营权流转历经十几年整体环境已渐趋成熟，进入政策鼓励发展阶段。随着国家对农地流转的支持政策陆续出台，以及2015年3月5日十二届全国人大三次会议上，李克强总理在政府工作报告中首次提出"互联网＋"行动计划，为了争夺土地流转约百万亿元的市场，在农村土地流转服务行业陆续崛起一个又一个互联网土地流转的探索者，这些服务平台在团队、资源、资金、运营模式、信息规模及服务领域等方面展开了激烈竞争。与此同时，这类平台也面临着服务缺乏统一标准、企业缺乏长效造血机制及行业缺乏官方认证和管理等多重问题，针对这些问题，本报告尝试从向政府提供社会化服务模式切入，结合面向农户、农业新型经营主体的社会化服务实践，提出逐步解决行业存在问题的思路，实现通过社会化服务平台的参与有效促进农村产权交易市场活跃、规范、高效发展的目标。

一　农村产权交易社会化服务存在的问题及成因

（一）社会化服务行业未成规模

自2009年以来，能向土地流转、农村产权交易市场提供社会化服务的平台主要分为两类，一种是专业的农地流转互联网平台，截至2016年底平台数量从2015年的不足10家已猛增至20家。其中，实现全国性运营的不超过10家，具备一定口碑、经营年限、市场份额、服务能力的不超过5家（土流网、搜土地、土地资源网、聚土网和神州土地网）；另一种是非专业但具有农地交易信息的综合网站，如58同城、房天下、赶集网，这些网站以交易工业用地及其建筑为主，以提供农地流转信息为辅。

以20家平台中累积挂牌面积最多的土流网举例说明服务覆盖未成规模（见图1），其中实测、确权面积来自农业部2017年11月29日农村承包地

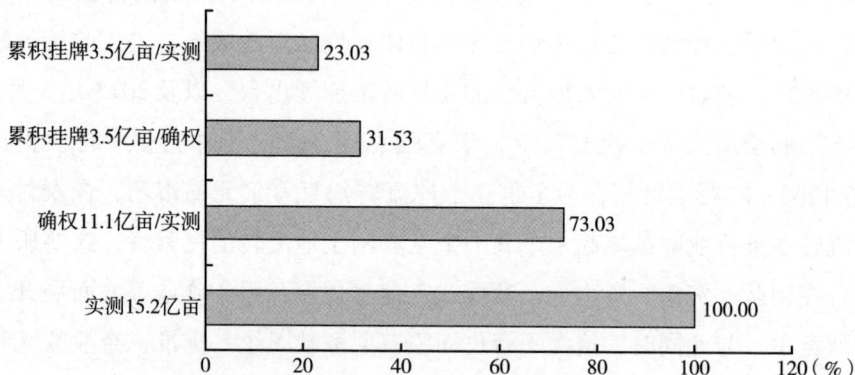

图1　服务平台累积挂牌规模

确权登记颁证试点情况新闻发布会发布数据。土流网累积挂牌土地面积数据为同一时点数据。

（二）社会化服务行业整体处于灰色地带

由于缺乏官方统一的认证、服务及收费标准等管理体系，土地经纪人的身份未得到认同、执业标准无认证，面对巨大的市场需求想做不敢做，曾在2011年通过农业部审核发布为农业行业标准的土地流转经纪人职业（农业部第1642号公告，序号130，标准号NY/T 2099-2011），也因原申请机构撤销等原因未继续向人力资源和社会保障部申请认证及列入职业大典。

流转服务行业正规的技能培训指导资料仅为2011年中国农业出版社出版的教材（见图2），且后续并未随着服务范畴的扩展推出专业的农村产权流转服务标准和培训指导规范。

在没有统一的服务收费标准的前提下，实际经纪服务中收费标准受客户资金实力、付款意愿、交易季节等诸多因素影响并不能按表1的通用参考费率执行，且存在如表2、表3所示的多种付费方式和付费种类，让客户无从甄别其正当性。

图 2　流转服务行业技能培训指导教材

表 1　通用经纪服务费参考收费标准

土地性质	付款方式	面积/费率			
		0~200 亩	200~500 亩	500~1000 亩	1000＋亩
耕地	年付	3.30%	3.30%	3.00%	2.60%
耕地	一次性支付超过 5 年租金	3.00%	2.90%	2.70%	2.30%
山/林地		5.60%	4.00%	3.60%	3.00%
水面		3.60%	3.30%	3.00%	2.90%
工业地		4.90%	4.50%	3.00%	2.50%
商业地		3.00%	2.60%	2.20%	1.60%

数据来源：土流网内部调研报告，2017 年 12 月。

表 2　经纪服务费参考收费标准

土地性质	付款方式	费率
耕地	一次性支付全部租赁年限	50~100 元/（亩·年）

资料来源：土流网内部调研报告，2017 年 12 月。

表3　带看地服务参考收费标准

距离	费率	距离	费率
<100km	500 元/次	200～300km	1000 元/次
100～200km	800 元/次	350km +	1500 元/次

资料来源：土流网内部调研报告，2017 年 12 月。

经纪服务企业也一直在低调试水不敢大规模推进、社会资本在此大环境下同样不敢大规模投入此类平台，截至 2017 年 12 月对外公布获得投资的平台仅 6 家，总投资规模未超过人民币 5 亿元，且绝大多数投资发生在土流网获得过亿元投资后（见表4）。这些均导致农村产权交易社会化服务行业整体市场发展缓慢、不完善。

表4　农村产权交易经纪服务企业获得投资情况

被投资主体	获得投资年份及金额				总投资额	投资方
	2014 年	2015 年	2016 年	2017 年		
土流网	5000 万元	15000 万元	0	0	20000	盛大、复娱文化、经纬
聚土网	0	数百万元	数千万元	数千万元	未过亿元	中路、祥峰、曲速、众海、京东金融
地呱呱	0	0	0	数千万元	未过亿元	道生、清科、徐汉杰、姚臻
地合网	0	0	2000 万元	0	2000 万元	未透露天使投资、北极光
来买地	0	0	1500 万元	0	1500 万元	玖创、唯猎、天使湾
51 找地	0	0	160 万元	0	160 万元	未透露

数据来源：互联网公开报道，2017 年 12 月。

（三）社会化服务平台缺乏确定的上级主管部门

由土地流转平台、土地流转经纪人根据市场需求转变成的农村产权社会化服务平台、农村产权流转经纪人已经在市场上存在多年，服务跨多个领域：覆盖农村工作综合部门、科技、财政、国土资源、住房城乡建设、农业、水利、林业、金融等近 10 个主管部门的业务领域。交易项目涵盖：农户承包土地经营权、林权、"四荒"使用权、农村集体经营性资产、农业生产设施设备、小型水利设施使用权、农业类知识产权、其他农村建设项目招标、产业项目招商和转让等。目前大部分省市的农村产权交易市场是由农业部门（含供销系统）牵头管理，也不乏国土资源部门（含：不动产登记部门、国土开发投资类公司）、财政部门兼管的情况。

上级主管部门一直未得到统一和确认，因此服务内容、流程、标准等处于各自为政的状态，无从考核和确保服务质量。

（四）社会化服务平台在产权交易市场中职责不清晰

据不完全统计，自 2008 年以来全国已成立市县级农交中心（所）一千多家，大部分农交中心（所）由于自身管理服务体系及其经纪会员机制、管理体系不健全，出现身兼"裁判员＋运动员"双重角色的现象，既负责宏观性指导、市场监控、业务审批、规范性管理工作，也负责社会化服务平台主要从事的流程性、业务性、交互性服务（包含：收集并披露流转信息、交易委托、交易受理、核实交易资格、确定交易方式、促成交易、交易交割、办理备案手续、交易后跟踪服务等），这导致服务内容与社会化服务平台的服务有较大重叠但是大部分为公益性服务，在一定程度上造成社会化服务平台收费困难，流转客户的认知混淆，无法真正通过服务不同环节实现优势互补、激活市场、提升服务效率。

（五）农村产权交易社会化服务内容、标准不统一

由流转服务转向农村产权服务的社会化服务平台最早成立于 2009 年，同期仅有少量农村产权交易市场建成，从 2015 年开始农村产权交易市场进入快速建设期，未形成统一的服务标准。以服务范围已覆盖全国的 5 家平台为例，21 大项服务内容，没有一家平台可全覆盖，仅 2 家可向农交中心提

供全项服务,服务项目横跨了农业、国土2个领域,农户、农村新型经营主体、农交中心3大主体(见表5),因此提供社会化服务的平台在短时间内无法形成系统、清晰、完备、有效的服务体系,不能通过向各地农交中心(所)提供完善的社会化服务以协助农交中心(所)快速达到增加农村产权交易市场活跃度、提升成交量的目的。

表5　农村产权交易平台的服务内容

服务内容/平台		土流网	神州土地	土地资源网	聚土网	地合网	搜土地
针对进场交易双方服务内容	供需信息发布	√	√	√	√	√	√
	加盟服务	√	√	√	◎	√	◎
	农业项目服务	√	√	√	√	√	◎
	地价评估工具	√	√	◎	◎	√	◎
	农业培训	√	√	◎	◎	◎	√
	农业资讯	√	√	√	√	√	√
	农业大数据分析	√	√	◎	◎	◎	◎
	农村金融	√	√	◎	√	◎	√
	咨询服务	√	√	√	◎	◎	√
	农业研究	√	√	◎	◎	◎	◎
	农业规划	√	√	◎	◎	◎	◎
	土地托管	◎	◎	◎	√	◎	◎
	订单农业	◎	◎	◎	√	◎	◎
	招拍挂信息服务	√	◎	√	◎	◎	◎
	国土服务	√	◎	◎	◎	√	◎
针对农交中心服务内容	交易中心建设	√	√	◎	◎	◎	◎
	交易管理软件	√	√	◎	◎	◎	◎
	交易中心运营	√	√	◎	◎	◎	◎
	宣传招商	√	√	◎	◎	◎	◎
	业务培训	√	√	◎	◎	◎	◎
	农业金融	√	√	◎	◎	◎	◎

资料来源:相关平台官方网站内容,2017年12月。

（六）社会化服务平台缺乏长效造血机制

大多数社会化服务平台以互联网信息服务平台起步，自1998年我国进入互联网时代，"免费"的盈利模式一直沿用至2015年前后，互联网开始逐步显露出不同的收费模式，在此之前，以信息服务为主的农村产权交易社会化服务平台几乎没有清晰、可复制扩大的营利模式，多数选择传统的收费服务平衡收支（见表6）。

表6 社会化服务平台营利模式

服务内容/平台		营利模式
针对流转双方服务内容	供需信息发布	曾有部分平台尝试收费,后均免费
	加盟服务	收费
	农业项目服务	收费但较难实现
	地价评估工具	免费
	农业培训	收费
	农业资讯	免费
	农业大数据分析	免费
	农村金融	收费但较难实现
	咨询服务	少部分收费
	农业研究	收费但较难实现
	农业规划	收费但较难实现
	土地托管	收费但较难实现
	订单农业	收费但较难实现
	招拍挂信息服务	免费
	国土服务	收费
针对农交中心服务内容	交易中心建设	免费
	交易管理软件	收费
	交易中心运营	少部分收费但较难实现
	宣传招商	部分收费但较难实现
	业务培训	部分收费但较难实现
	农业金融	收费但较难实现

资料来源：土流网内部调研报告，2017年12月。

二 国外土地流转、农村产权交易社会化服务经验

美国：在美国的土地流转过程中，大多只涉及土地使用权、经营权的有偿转让，地主或自找使用者出租，或通过中介出租，价格由市场供求关系决定。4.7 万个农村合作组织机构，遍布全国的农业服务网络，成为土地规范化流转和规模化经营的重要保障。

法国：鼓励市场中介组织的发展。政府组建不以营利为目的的、由国家代表实行监督的"土地整治与农村安置公司"（由 28 家农业设施和土地管理机构组成了非政府、非营利，但受政府监督的组织 SAFER），通过中介组织去收购和转卖农地，订立长期租约，以刺激投资。同时，法国政府还设置土地事务所和土地银行等其他的相关机构促进土地的有效管理和流转。

日本：政府借鉴欧美发达国家的治理经验，也在农地问题上引进市场机制，发挥市场中介作用，鼓励扩大土地经营规模。同时，日本政府加强对中介组织的扶持与培育，积极引进西方中介组织发展的经验和理论，在国内成立多个由各县、市町村政府及农协联合组成的合作经济组织。1999 年颁布《新农业基本法》制定了新农民进入农业的技术培训和管理计划，为土地产权流动创造社会条件。目前，日本已有 99% 的农户参加了农协，农协是土地流转中最重要的媒介。

不难看出，国外土地流转、农村产权交易市场的社会化服务发挥作用的前提，很大程度上是政府的引导、鼓励、扶持和培育。这些机构与我国绝大多数国有、非营利的农村产权交易中心的服务职能有相近之处，且更具有市场的灵活性。这类模式值得我国参考借鉴，但脱离了政府的主导、扶持和培育，现阶段在我国很难解决上述农村产权交易市场社会化服务平台遇到的问题。

三 土流网的实践探索

（一）通过请进来、送出去的方式扩大服务市场规模

通过互联网推广、线下宣传等方式及口碑传播，截至 2017 年 12

月，土流网实现累积挂牌 3.5 亿亩土地，完成交易 1.042 亿亩，平均每天吸引 10 万多农民、新型经营主体经营者、经纪人、农业投资人等通过浏览网站、微信公众号、自媒体账号、使用 App 寻找商机和服务，在树立行业优势的地位同时，对行业整体市场规模的扩大起到推动作用。表 7、表 8、表 9、表 10 是土流网与同类型平台在服务市场规模方面的相关数据对比。

表 7　土流网与同类型平台累积挂牌土地面积

指标/企业	土流网	地合网	土地资源网	聚土网
累计发布面积（万亩）	35596	601	11221	1679

资料来源：土流网内部调研报告，2017 年 11 月 30 日。

表 8　土流网与同类型平台 App 累积下载量

指标/App	土流网测亩仪 App & 土流网 App	地合网	土地资源网	聚土网
累计下载量（万次）	690	100	22	3

资料来源：百度手机助手、360 手机助手、豌豆荚、木蚂蚁等 38 个安卓应用市场，2017 年 11 月 30 日。

表 9　土流网与同类平台日独立访问人数

类型	站点	第三方平台预估流量	行业占比
土地流转平台	土流网	60293	79.9%
	土地资源网	8678	11.5%
	地合网	2248	2.98%
	聚土网	2616	3.47%
	来买地	654	0.87%
	农村土地网	973	1.29%
农业服务平台	惠农网	8257	—
	一亩田	13283	—
	吾谷网	5298	—

资料来源：站长之家、Alexa、爱站网、5118 等，2017 年 12 月 1 日。

表10 土流网与同类平台在新媒体平台的情况

土地流转平台	粉丝数（人）	总阅读量（次）	文章数	平均阅读量（次）
土流网	22.6万	6564000	19	345474
聚土网	5.5万	48433	11	4403
地合网	4万	1294679	53	24428
惠农网	2.1万	74158	22	3371
一亩田	11.7万	21818	30	727
土地资源网	—	—	—	—

资料来源：头条号，2017年11月30日。

除了通过传播手段扩大行业覆盖面以外，土流网自2012年成立土流学院，每月定期在长沙和韶山举办农村产权经纪人（土地流转经纪人）的理论、实战培训，向外输出专业服务人才，从而扩大行业规模。

农村产权经纪人系统学习公司战略、公司业务管理、行业发展、法律知识、政策制度、土地知识、产权知识、评估技术、业务案例、业务话术、业务实操技术、经营管理等内容，同时通过不定期邀请政府相关部门和行业专家来开办讲座、交流及线上培训，解读政策和分享行业相关知识。目前土流网已经举行相关培训60期共227场（不含线上讲座），总共有2万多人次参与培训，其中大部分经纪人在全国300多个地区（除西藏地区外）设立了土流网服务中心。

通过这些严格受训并与土流网服务中心合作的经纪人，可确保每个合作的农业政府、农交中心（所）所在地都有近百名（平均）专业的农村产权经纪人服务线下交易，主动承担信息收集、发布、交易撮合、手续办理等市场化服务工作，并带领交易双方到所在地农交中心（所）进行交易备案、鉴证，提高农村产权交易市场的规范化程度和进场交易比例。

在逐渐解决了行业及从业人群不成规模问题的同时，这些客源、地源均会通过土流网自主开发的农村产权及金融交易管理平台软件共享给通过购买社会化服务采购平台软件的农业政府、农交中心（所），并通过线上流量转化和线下活跃在当地的土流网合作经纪人累积的方式，为合作农业政府及农交中心（所）源源不断地提供交易供需资源，活跃了合作当地的农村产权交易市场。

实例1：

江西省某县（区）在2017年初引进土流网农村产权交易市场社会化服务，包含：向当地农村产权交易中心提供人员、硬件配置方案，提供交易流程、标准文件开发，提供农村产权交易及农村金融服务管理软件，派驻人员完成部分交易中心运营工作，共享非涉密确权数据及双方农村产权流转供需和成交信息等，经过半年的合作体验，当地政府感受到经纪人提供的社会化服务对提升当地农村产权市场规范和活跃程度有明显的促进作用，进而推出一系列扶持政策，其中流转奖励政策（见表11）对派驻当地的经纪人给予了充分的鼓励和认可，在奖励政策推出不到2个月的时间里派驻经纪人就完成3笔流转交易，其中1个1000亩，2个300多亩，在向当地政府申报后，项目奖励金已发放到位。

表11　江西省某县（区）农村产权流转奖励政策

流转面积	流转年限	转入方奖励	转出方奖励
>200亩	>3年	（每亩）100元	0元
>1000亩	>10年	（一次性）乡镇5万元+行政村5万元	（每亩一次性）200元

资料来源：土流网内部调研报告，2017年10月。

（二）通过政策参编、派遣入驻的方式体现行业价值、暂缓行业管理缺失问题

2016年3月，土流网受农业部委托参与了编制2016年7月由农业部印发的《农村土地经营权流转交易市场运行规范（试行）》的工作，行业内农村产权交易平台有3家机构参与，同类社会化服务平台中有1家参与，初步

体现了社会化服务平台的行业价值。

实例 2：

2017 年 1 月，土流网与湖南省某县（区）农业局签署服务协议，深度参与到该局承接的农业部"土地流转规范化管理服务试点项目"当中，此试点项目在全国仅设置 2 个地区，另一个试点地区依托该地区的政府农村要素交易市场来实现规范化管理服务，体现了以土流网为代表的农村产权交易市场社会化服务平台在行业中的地位。

土流网通过全程、深度参与该县（区）的试点项目，协助政府实现了该地区超过 17 项管理目标（见表 12），通过各级验收，在该地区确立基本业务及服务上级主管部门。

表 12　土流网协助政府优化事项

土流网提供服务	协助政府优化事项
提供具备创新网签形式的"农村土地经营权流转管理服务系统平台软件"	1. 土地流转合同审批、管理信息化、电子化 2. 流转价格评估、预警 3. 提高办事效率和操作规范性 4. 落实区县、乡镇、村三级线上、线下联动
参与"三重风控"管理体系"线下联席评审＋线上网签审批＋交易鉴证并见证"中的 2 个部分	1. 审批全程有记录、有跟踪、有存档、可追溯 2. 实现"官方鉴证＋民间见证"双重认证效力 3. 确保每份交易合同安全规范、有法可依、有据可证
流转综合服务	实现区县内： 1. 流转供需信息全国发布、共享 2. 特色项目宣传招商对接 3. 交易经纪撮合 4. 保险精准衔接（经营权抵押贷款履约保证保险） 5. 经营权主体抵押融资等
人员派遣、入驻办公	协助完成： 1. 服务中心建设 2. 服务中心各项管理规定、制度、流程研发 3. 操作交易业务非审批类工作 4. 探索农户和农业投资方（工商资本）对接服务向乡镇延伸 5. 探索确权成果在涉农补贴、承包权退出、农田整治、解决地块细碎化、农产品销售、土地金融等方面的应用和增效、增收，实现数据资源增值

资料来源：土流网项目调研报告，2017 年 12 月。

（三）强化服务、优势互补理清行业角色

土流网在 2 年的实践中服务了 20 个省份的近百家的农业政府和农村产权交易机构，逐步探索出一套"政府购买社会化服务、企业负责建设运营服务"的模式：在政府的监督、管理、指导下，由财政出资采购土流网社会化服务项目，通过共建的方式分别从多个角度实现"农村产权交易中心（所）"的各项建设工作，以及后续咨询、宣传、运营、管理、纠纷调处等工作。

通过政府采购运营外包合作的模式，政府与以土流网为代表的社会化服务平台分别明确了职责，在各自权益及优势范围内高效协作证明是可行并且有效的。截至 2017 年 12 月，已有超过 50% 的土流网合作政府采纳了"政企分工协作"的合作模式，其中近半数为软件、交易、数据类合作施行一段时间后补签的农交中心运营外包合作协议。

实例 3：

土流网县级运营外包合作协议模板条款。

1. 业务范围：

甲乙双方为农村集体经济组织、农业新型经营主体、农户提供农村产权交易场所和配套服务，包括但不限于发布交易信息、组织农村有形产权和无形产权交易、开展农村产权评估、法律咨询、培训指导、委托管理、价格指导、投融资等服务。

2. 合作方式：

_____县人民政府通过购买服务方式，签订合作协议，免费提供办公场所给乙方（湖南土流信息有限公司）进行办公使用，其中办公所需软硬件设施等无偿使用。乙方入住_____县农村产权交易中心（所），在_____县农业局（或农村产权交易监督管理委员会）的监督、管理和领导下，负责实施_____县域内（一）业务范围覆盖的服务项目。

3. 服务费用：

双方签订合同后，由_____县人民政府财政连续_____年每年

向乙方支付每年_____拾万元工作经费（包括：人员工资、办公交通费、办公通讯费、软硬件设施日常维护费、办公场所水电取暖费、办公场所物业费、业务推广宣传费）。

（四）整合服务打造盈利闭环

针对在农村产权交易市场服务产业链上的信息服务平台、官方农村产权交易中心、产权经纪人、农村金融服务机构等提供单一服务的各个环节，土流网推出农村产权交易市场全程市场化解决方案，整合信息、交易、项目、金融、宣传服务于一体，整体提供给供需双方及业务监管机构和主管政府部门，不但解决了单一服务的弊端，还形成了营利闭环。在营利闭环中，每个服务环节可独立操作，多个服务环节又存在相互依存、促进的关系，可在不同应用环境下进行复制，明晰了整个社会化服务行业的营利模式。图3为农村产权交易市场全程市场化的解决方案结论及启示。

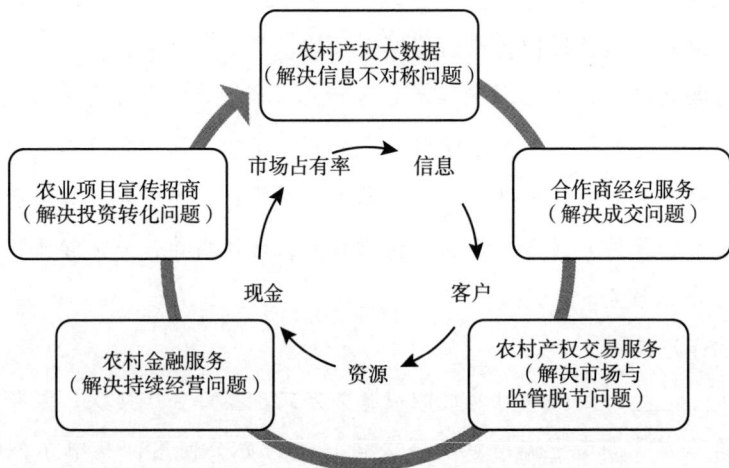

图3 农村产权交易市场全程市场化解决方案结论及启示

对农村产权交易市场社会化服务的研究带给我们很多启示，重要的是要找出在现阶段优化服务模式最可行的着力点，有效改善社会化服务平台的发展环境。目前，我国农村产权交易市场社会化服务行业仍处于发展初期，自主快速发展壮大的实力仍然较弱,加强政府政策引导,实现政府公益性平台和社会资本的经营性平台相结合、审批服务和运营服务相协调显得尤为重要,为此本报告提出以下几点建议。

(1)在农业部出台工作指导性文件《农村土地经营权流转交易市场运行规范(试行)》(农经发〔2016〕9号)的基础上,考虑出台"互联网农村产权交易经营性服务行业发展指导意见",将"互联网+农村产权交易"服务平台的业态明确为互联网农村产权交易经营性服务行业(平台),与"政府搭建的公益性、非营利性平台"相区分,形成公益性服务为中心、经营性服务平台优势互补、协同发展的农村产权流转交易服务市场。

(2)在"指导意见"出台后,成立"互联网农村产权交易经营性服务行业协会"(农业部经管司可作为协会上级主管单位),以协会名义制定"互联网农村产权交易经营性服务行业运行规范",明确农村产权交易中的登记、办证、仲裁等属于纯公共服务范畴,主要是由政府机构来完成,而诸如法律咨询、资产评估、抵押融资、交易信息发布、价格发现、组织产权交易(除部分必须进场交易的集体产权外)、签约、交付、执行等多个环节的经营性服务主要属于市场范畴,应由社会化服务平台完成。

(3)合理设立行业准入门槛,以及确立农村产权流转经纪人、评估师等考核认证制度,科学制定行业操作规范,从而为依法依规、职责清晰、功能完备、运行规范的经营性服务行业提供制度保障,可以参考房地产经纪人职业体系,重新启动并设立农村产权经纪人职业体系。

参考文献

《国务院批转农业部〈关于稳定和完善土地承包关系的意见〉》(国发〔1995〕7号),中华人民共和国农业部官方网站,http://www.moa.gov.cn/zwllm/zcfg/flfg/

200601/t20060120_ 539835. htm。

范怀超：《国外土地流转趋势及对我国的启示》，《经济地理》2010 年第 3 期。

《中华人民共和国农业部公告第 1642 号》，中华人民共和国农业农村部官方网站，http：//www. moa. gov. cn/govpublic/ncpzlaq/201110/t20111011_ 2353752. htm。

《国务院办公厅关于政府向社会力量购买服务的指导意见》（国办发〔2013〕96 号），http：//www. gov. cn/xxgk/pub/govpublic/mrlm/201309/t20130930_ 66438. html。

《国务院办公厅关于引导农村产权流转交易市场健康发展的意见》（国办发〔2014〕71 号），中华人民共和国中央人民政府网站，http：//www. gov. cn/zhengce/content/2015 - 01/22/content_ 9424. htm。

《中共中央国务院关于加大改革创新力度加快农业现代化建设的若干意见》，中华人民共和国中央人民政府网站，http：//www. gov. cn/zhengce/2015 - 02/01/content_ 2813034. htm。

农业部印发《2015 年农村经营管理统计数据（印刷）》，2015。

《十二届全国人大三次会议政府工作报告全文》，人民网，http：//he. people. com. cn/n/2015/0317/c192235 - 24177313. html。

尉郁：《国外土地承包经营权流转的经验与启示》，《改革与战略》2015 年第 5 期。

20 家网站地址：地呱呱（www. diguagua. net）、地合网（www. dihe. cn）、地源网（www. landsource. com. cn）、金土地（www. kingland119. com）、聚土网（www. jutubao. com）、来买地（www. laimaidi. com）、农村土地网（www. nctudi. com）、农地圈（www. quandier. com）、搜土地（www. soutudi. so）、神州土地网（www. tudi66. com）、土包租（www. tubaozu. com）、土地资源网（www. tdzyw. com）、土流网（www. tuliu. com）、土拍网（www. chinatupai. com）、土易网（www. tuyinet. com）、土银网（www. tuyin. com）、51 找地（www. 51zhaodi. com）、云地网（www. yunland. cn）、易土地（www. ytudi. cn）、智土地（www. zhitudi. com）。

《农业部就农村承包地确权登记颁证试点等情况举行发布会》，中华人民共和国中央人民政府网站，http：//www. gov. cn/xinwen/2015 - 02/27/content_ 2822508. htm。

58 同城（www. 58. com）、房天下（www. fang. com）、赶集网（www. ganji. com）。

融资数据来源：土流网（http：//www. evervc. com/startups/18103）、聚土网（http：//www. ebrun. com/20170510/230108. shtml）、地呱呱（http：//news. newseed. cn/p/1332608）、地合网（http：//www. sohu. com/a/111561678_ 189731）、来买地（http：//www. newseed. cn/project/51649）、51 找地（http：//www. askci. com/news/hlw/20161013/15283769466. shtml）。

百度手机助手（http：//shouji. baidu. com/）、360 手机助手（http：//sj. 360. cn/index. html）、豌豆荚（http：//www. wandoujia. com/）、木蚂蚁（www. mumayi. com）。

惠农网（www. cnhnb. com）、一亩田（www. ymt. com）、吾谷田（www. wugu. com. cn）、

站长之家（www. chinaz. com）、Alexa（www. alexa. cn）、爱站网（www. aizhan. com）、

5118（www. 5118. com）。

头条号（手机访问 https：//mp. toutiao. com）。

百度指数（http：//index. baidu. com）。

《农业部印发〈农村土地经营权流转交易市场运行规范（试行）〉的通知》，中华人民共和国农业部官网，http：//www. moa. gov. cn/zwllm/zcfg/nybgz/201607/t20160704_5195156. htm。

B.10
农村集体建设用地制度改革和实践报告

摘　要： 城乡二元土地制度壁垒使农村土地与城市土处于不平等的地位，作为农民主要生产资料的土地在制度上受到极大的限制，导致中国乡村的发展缓慢、城乡贫富差距扩大以及大量土地闲置等问题。自20世纪90年代末以来，农村很多地方已经开始了集体建设用地流转的尝试，然而，土地制度改革涉及的问题很多，稍有不慎改革就可能会背离初衷。本报告尝试通过对农村集体建设用地制度的梳理、改革发展历程的回顾，探讨农村集体建设用地改革的关键问题。

关键词： 农村集体建设用地　改革历程　溢价分配

引　言

2016年4月25日，习近平总书记在安徽凤阳县小岗村农村改革座谈会上的讲话中指出："我们农村改革是从调整农民和土地的关系开启的。新形势下深化农村改革，主要仍然是处理好农民和土地的关系。"所以，农村集体土地经营制度改革，在整个农村改革中具有重要且基础性的地位。

当前，中国的土地制度存在诸多的问题，一方面，由于中国《宪法》

＊ 张微林，法学博士，金融学博士后，中信集团法律合规部，主要研究方向是宪法学与行政法学法律、农村金融与乡村治理等。

确立的城乡二元土地制度壁垒，使农村土地与城市土地处于不平等的地位，作为农民主要生产资料的土地在制度上受到极大的限制，导致中国乡村的发展缓慢、城乡贫富差距扩大以及大量土地闲置等问题；另一方面，由于农村集体土地所有权主体缺位，法律权能不完整，实行严格的用途管制等法律限制，导致农用地被恶意占用，农村集体经营性建设用地流转受限，宅基地的用益物权得不到保护等问题。

因此，自20世纪90年代末以来，农村很多地方已经开始了集体建设用地流转的尝试，2004年以来党中央、国务院也通过政策释放出集体建设用地使用权有限流转的"信号"，但作为土地管理领域的纲领性法律文件《土地管理法》《城市房地产管理法》一直未进行修订，而目前的土地制度极大地限制了农村的发展，在这个背景下，本报告尝试通过对农村集体建设用地制度的梳理、改革发展历程的回顾，探讨农村集体建设用地改革的关键问题。

一　农村集体建设用地的基本制度

（一）我国土地制度基本框架

1. 法律的相关规定

我国《宪法》规定，矿藏、水流、森林、山岭、草原、荒地、滩涂等自然资源，都属于国家所有，即全民所有；由法律规定属于集体所有的森林和山岭、草原、荒地、滩涂除外。城市的土地属于国家所有。农村和城市郊区的土地，除由法律规定属于国家所有的以外，属于集体所有；宅基地和自留地、自留山，也属于集体所有。"国家为了公共利益的需要，可以依照法律规定对土地实行征收或者征用并给予补偿"。《土地管理法》第8条的规定与宪法条文一致。由此可见，我国的土地从所有权来看，只分为国家所有和集体所有两种。

《土地管理法》第43条规定，任何单位和个人进行建设，需要使用土地的，必须依法申请使用国有土地；但是，兴办乡镇企业和村民建设住宅经依法批准使用本集体经济组织农民集体所有的土地的，或者乡（镇）村公共设施和公益事业建设经依法批准使用农民集体所有的土地的除外。

《土地管理法》第63条规定，农民集体所有的土地的使用权不得出让、转让或者出租用于非农业建设；但是，符合土地利用总体规划并依法取得建设用地的企业，因破产、兼并等情形致使土地使用权依法发生转移的除外。

2. 农村集体建设用地的范畴

农村集体建设用地是指乡（镇）集体经济组织和农村个人投资或集资，进行各项非农业建设所使用的土地（见图1）。农村集体建设用地实际上分为三类：其一是农民的宅基地，这类规模最大；其二是农村的公益性和公共设施用地；其三是农村集体经营性建设用地。

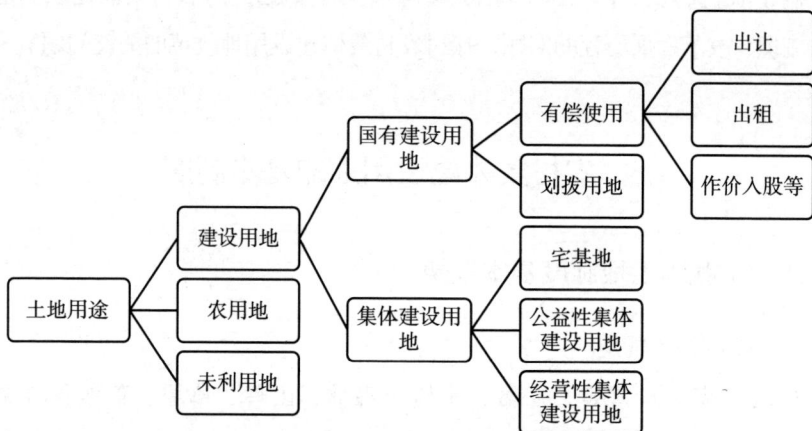

图1　农村集体建设用地的范畴

农村宅基地是仅限本村集体经济组织内部符合规定的成员，按照法律法规规定的标准享受使用、用于建造自己居住房屋的农村土地。农村宅基地制度实行"一户一宅"原则，这是农村集体经济组织对其成员提供的基本住房保障制度。根据现行法律规定，农村的宅基地不能流转。

农村集体公益性建设用地是乡（镇）村公共设施用地。集体经济组织作为主体，建设服务于乡（镇）村的小学、幼儿园、门诊、农村超市等设施用地。根据现行法律规定，乡（镇）村公共设施用地不能流转。

农村集体经营性建设用地是具有生产经营性质的农村建设用地。农村集体经济组织使用乡（镇）村土地利用总体规划确定的建设用地兴办企业或者与其他单位、个人以土地使用权入股、联营等形式共同举办乡镇企业、商业所使用农村集体建设用地，如乡镇企业用地和招商引资用地。

（二）城乡二元土地制度壁垒

1. 二元土地架构

要激发农村土地的活力，促进土地流转，其中最重要的前提和基础即产权清晰。根据现行法律规定，农村和城市郊区的土地，除由法律规定属于国家所有的以外，属于农民集体所有；宅基地、自留地、自留山，属于农民集体所有。可见，农村土地属于农民集体所有。至此，确立了中国城市土地国有制和农村土地集体所有并存的二元土地所有制架构。

2. 二元土地法律权属的区别

国有土地和农村集体土地权利的不平等主要表现为建设用地的不平等。根据现行法律规定，允许自然人、法人和其他组织在一定条件和期限内取得建设用地使用权，并享有对国家土地占有、使用和收益的权利。建设用地使用权人有权将建设用地使用权转让、互换、出资、赠与或者抵押等。实行"房地一体原则"，即建设用地使用权转让、互换或者赠与的，附着于该土地上的建筑物及附属设施一并处分。

相比之下，农村集体建设用地的法律权能受到的限制较大。

第一，集体建设用地所有权不完整。按照《物权法》规定，所有权人对自己的不动产或者动产，依法享有占有、使用、收益和处分的权利。集体土地的所有权并不能发生交易，其他组织或个人进行建设，需要使用农村集体土地的，集体土地所有权发生变更的唯一可能性即是国家征收、征用。

第二，集体建设用地使用权主体不清晰。一般而言，农村集体建设用地只能由农村集体及其所属成员享有使用权。《土地管理法》存在农村村集体、村集体经济组织、村民委员会、乡镇农民集体、村民小组等多个土地所有权主体，可见所有权主体规定繁杂。另外，农村集体经济组织概念本身过于宽泛，对农村集体土地的合法代表法律上没有给予明确界定，必然导致农村集体所有土地主体虚位，在产权运行中也必然会出现混乱。

第三，法律对集体建设用地进行了用途管制。根据《土地管理法》规定，农村集体建设用地只能用于兴建村民住宅、乡镇企业及乡（镇）村公共设施和公益事业，若要实现其他用途，必须先被征为国有。

第四，集体建设用地使用权的法律权能受到了限制。对集体所有的建设用地，使用权人没有收益权和转让权，仅享有占有和使用的权利。不能出让、出租和转让用于非农业建设，这是《土地管理法》对农民集体土地使用权的另一个限制。《物权法》《担保法》等明确限制集体所有土地使用权的抵押和担保。

（三）不合理的农地征收补偿制度

农村集体经营性建设用地改革与征地制度的改革就像一个硬币的两面：一方面，其他组织或个人需要使用农村集体土地的进行建设，必须经过土地征收程序；另一方面，正在探索的农村集体经营性建设用地入市改革，入市后不改变农民集体所有权性质，这样的土地多了，相应的征收土地就少了。

1. 脱离"公共利益"的土地征收

由于城乡土地的二元架构，农村土地转化为城市建设用地，必须通过土地征收实现，这是唯一合法途径。虽然《宪法》规定"可以依照法律规定对土地实行征收或征用并给予补偿"，但前提在于"国家为了公共利益的需要"。可见，符合公共利益是土地征收的前提和基础。我们目前征地范围这么广，已经严重脱离了公共利益这个范畴了。

2. 不合理的补偿标准造成分配不公

目前农民对土地征收制度最大的意见就是补偿地。《土地管理法》明确规定了征地补偿的标准是按照土地原有用途确定，并给予了补偿标准。一方面，农村土地不仅是农民的生活来源，同时还承担了养老、医疗等社会保障和福利责任。现有的补偿标准不足以保障农民的基本生活；另一方面，随着经济的发展，土地的价值大幅攀升，土地的增值收益大多归了土地占有者，农民丧失了土地增值收益的分享权。

（四）农村集体建设用地的制度困境

关于农村集体建设用地利用的制度困境，早有学者进行了呼吁。但是，迄今集体建设用地的总体经济效益低的局面依然在持续。一方面，集体建设用地利用的规模效应没有得到发挥，普遍存在"村民私搭乱建住房"等现象。另一方面，即使是在农村集体土地、厂房等资产转为股权后，也没有清晰的产权权属关系，集体经济组织治理结构不科学，集体内部矛盾以及贪污腐化行为依然严重。

二 农村集体建设用地制度改革历程

（一）农村集体经营性建设用地制度由来

1. 乡镇企业的兴起

研究农村集体经营建设用地应追溯到乡镇企业的兴起。改革开放初期，政府鼓励和扶持农村集体经济组织利用自身资金、土地和劳动力兴办乡镇企业，1984年，邓小平夸奖乡镇企业异军突起，此后乡镇企业如雨后春笋般快速发展，至1992年达到高峰期，乡镇企业达2000多万家，从业人员接近12000万人，它所创造的产值要占到整个国家工业产值的1/3，所以有人说乡镇企业成为中国经济的主力。此时，农村集体经营性建设用地的利用形式主要是农民自建自用。

2. 乡镇企业建设用地

当时，我国所有的建设只能使用国有土地，建设用地也都须经由国家征收。农村乡镇企业用地怎么办呢？于是出现很多不规范的现象，不少农民或者农村集体经济组织自行用土地办企业。于是，1996年10月全国人大常委会通过的《乡镇企业法》第28条对乡镇企业用地进行了规范，即乡镇企业用地应当符合土地利用总体规划，要本着严格控制、合理使用和节约用地的原则，经县级人民政府批准后方可使用。

3. 乡镇企业衰落

但是，《乡镇企业法》是从1997年1月1日开始实施的，而这时乡镇企业已经开始走下坡路了。到20世纪90年代中期，随着三资企业、国有企业、个体和私营经济的蓬勃发展，乡镇企业的发展空间受到极大的挤压，效益普遍下降。于是那时各地都推行了乡镇企业改制，实际上是把相当数量的乡镇企业改成了个体、私营企业。

（二）农村集体经营性建设用地有限流转

1. 制度设置的原因

乡镇企业，无论是农村集体经济组织举办的，还是农民个人举办的，一旦出现亏损、倒闭、兼并、破产等情形，如何处理债权债务问题，尤其对没有其他资产的企业，只剩下厂房及其下土地如何处理的问题。1996年《乡镇企业法》对此并未做出明确规定，1998年修订的《土地管理法》第63条做出了规定。

这样，一方面，当乡镇企业出现破产、兼并或亏损等情形时，符合土地利用总体规划并依法取得乡镇企业建设用地的，其使用权可以依法发生转让，也就有可能转让给本集体经济组织之外的经营主体；另一方面，由于国家建设用地指标有限，且征地手续复杂、费用较高，地方政府也鼓励农村集体经济组织进行集体建设用地流转，进而实现招商引资。因此，这项制度规定在政策上保留下来，既保障了公平，又能够促进地方发展。

2. 流转的条件

按照国家有关法律规定，乡镇企业用地的土地使用权已可以作为企业的资产，破产、兼并时，对企业的资产处置应当包括土地使用权，但需要符合两个条件。

2004年修订的《土地管理法》沿用1998年的规定，在表述上并未扩大其规定范围。2004年10月国务院出台的《国务院关于深化改革严格土地管理的决定》，其中明确规定村庄、建制镇中的农村集体建设用地使用权在符合土地利用规划条件下可以依法流转。可以看出，该决定的规定在表述上比《土地管理法》有了进一步扩大，这也是我国农村集体建设用地使用权流转制度改革迈出的第一步。

（三）建立城乡统一的建设用地市场

1. 制度改革的提出

农民对国家征地制度反应很强烈，并提出为什么农村集体的土地和国家的土地差别这么大。为了解决农民不满的问题，2008 年十七届三中全会提出要建立"建立城乡统一的建设用地市场"。因此，《中共中央关于推进农村改革发展若干重大问题的决定》中也有相应表述。

2. 需要解决的问题

需要解决一系列的问题：首先，因为许多乡镇企业已经停产倒闭了，使符合规划和用途管制的农村集体经营性建设用地进入市场，有利于盘活这些被占用的土地；其次，明确农村集体的非经营性建设用地仍然不能进入市场，这包括农民的宅基地、农村集体公益性建设用地。

随后，2009 年国土资源部出台的《关于促进农业稳定发展农民持续增收推动城乡统筹发展的若干意见》中明确提出，要建立和健全严格规范的农村土地产权制度，规范农村集体建设用地流转，逐步建立城乡统一的建设用地市场。2012 年国务院下发的《中共中央国务院关于加快现代农业进一步增强农村发展活力的若干意见》中，明确提出要严格规范农村集体经营性建设用地流转。

（四）制度改革深入与改革试点

为了贯彻落实党的十八大关于全面深化改革的战略部署，十八届三中全会指出，"实行农村集体经营性建设用地与国有土地同等入市、同权同价，农村集体经营性建设用地在符合土地规划和用途管制前提下可以进行出让、租赁或者入股，要建立城乡统一的建设用地市场"。

2014 年 12 月 2 日，习近平总书记主持召开了中央全面深化改革领导小组第七次会议。中共中央办公厅和国务院办公厅联合印发了《关于农村土地征收、集体经营性建设用地入市、宅基地制度改革试点工作的意见》，标志着新一轮土地改革大幕正在开启。

三 "三块地"改革试点

（一）改革试点的背景

根据现行法律，农村集体建设用地不能合法进入市场流转，必须通过征地程序转变成国有土地后才能入市流转；在农村集体建设用地上盖的"商品房"是没有产权的"小产权房"，建的酒店是违法的，农村的住宅只能自住，不得用于经营。当前，在经济发达地区特别是大城市城乡接合部地区的农民加盖多层住房出租盈利、村庄自主开发建设搞经营等现象变得越来越普遍——因为它顺应了社会经济发展的需要。与此相伴的是，在城市建设用地指标相当紧缺的情形下，却有相当一部分现有存量农村集体建设用地没有得到充分利用。

农村现有存量建设用地主要包括以下两方面：第一，乡镇企业因经营不善而荒废，既无法开发也不能流转的土地，如一些地区的乡镇工业大院；第二，通过乡村建设、"农民上楼"置换出来的农民宅基地以及不少闲置宅基地。在现有存量集体建设用地的利用中，"小产权房"是非常突出的现象：现有法律规定，在农村集体土地上建的房子只能自住，不能出售，一旦对外出卖进入市场就是不合法的"小产权房"。长期以来，我国农村集体建设用地不能流转、农村住宅不能买卖等现状，完全是计划经济体制的产物，是传统集体所有制的产物。

（二）改革试点的基本原则

2013 年 11 月十八届三中全会通过的《中共中央关于全面深化改革若干

重大问题的决定》中提出了"农村土地征收、集体经营性建设用地入市和农村宅基地制度改革",我们将其称为农村土地制度"三项改革",也称作"三块地"改革。

农村土地制度改革涉及多元利益主体,情况非常复杂,因此中共中央就改革确立了"三条底线",即"坚持土地公有制性质不改变,耕地红线不突破、农民利益不受损"。

(1)坚持土地公有制性质不改变。我国《宪法》明确规定,土地属于国有和集体所有两种。① 虽然现在无论理论界还是实务界对集体所有制存在的缺陷都有讨论,但任何改革都不能违宪,所以改革需在农村土地集体所有的基础上进行。

(2)坚持耕地红线不突破。耕地保护的问题涉及粮食安全问题。中国有超过13亿的人口,美国的人口比中国少10亿人,美国的耕地比中国多将近10亿亩;印度比中国少1亿人口,但是印度的耕地比中国多6亿亩;俄罗斯的人口仅为中国的1/10,耕地跟中国差不多。要严守耕地保护红线,划定永久基本农田,不断提升农业综合生产能力,才能确保谷物基本自给、口粮绝对安全。

(3)坚持农民利益不受损。土地制度改革涉及农村利益关系的调整,更涉及工农之间、城乡之间以及国民经济各个部门之间利益格局的调整,在整个的利益博弈当中农民的利益是最容易受损的。这是因为:一方面,农村征地范围过宽,对征地农民的补偿还偏低,农民的利益受损害比较严重;另一方面,有关土地增值收益分配机制中未考虑到农民,也损害了农民的利益。

(三)改革的重点

本轮改革的大方向是在坚持农村土地集体所有的前提下,强化土地用途管制;完善建设用地使用权,保障和丰富宅基地用益物权,构建完整的农村

---

① 土地使用权,在符合规划的前提下与国有土地享有平等权益,抓紧完善相关法律法规。

集体土地产权制度；充分发挥集体土地的资源和资产的双重作用，最终形成产权清晰、权能明确、权益保障、流转顺畅、分配合理的城乡统一建设用地市场。本轮改革的亮点有以下四点。

（1）按照集体土地所有权的主体类型，将集体土地明确归属为乡、村、小组三类集体产权主体，探索所有权多种吸纳方式和经济组织形态。

（2）按照土地使用方式和市场需求，建立与国有土地同等的划拨、出让、出租土地使用权类型，赋予农村集体经营性建设用地与城市国有经营性用地同等的权利，在符合规划和用途管制，并依法取得的前提下，允许农村集体经营性建设用地出让、租赁、入股，真正实现与国有土地同等入市，同权同价。

（3）按照所有权与产权关系，在集体经济组织内部探索宅基地有条件有偿使用和自愿有偿推出的机制，同时还要稳妥审慎地推进农民住房财产权抵押担保，以扩宽农民增加财产性收入的渠道。

（4）在征地改革中，要缩小征地范围，规范征地程序，完善补偿标准，建立被征地农民合理规范多元的保障机制。除此之外，还在集体经营性建设用地入市中，建立兼顾国家、集体、个人的土地增值收益分配机制。

（四）改革试点的主要任务

时任国土资源部部长姜大明在接受采访时，清晰阐明了农村土地制度改革试点的主要任务。

（五）改革试点要求与探索

党的十八届三中全会对"三块地"改革提出了原则性的要求，鉴于这些改革会突破现行的一些法律，所以中央全面深化改革领导小组在2014年底批准了试点方案。

2015年2月全国人大常委会通过决定，授权国务院在北京市大兴区等33个行政区域进行试点，探索农村土地改革经验，以便在全国推广。其中，有15个县级单位试验的是集体经营性建设用地入市，有15个单位是宅基地

制度改革，选择征地制度改革的只有 3 个县级单位。授权期限截止到 2017
年度。

（六）改革试点延期一年

2017 年十二届全国人大常委会第三十次会议通过决定，北京市大兴区
等 33 个农村土地制度改革试点期限延长一年，延长至 2018 年 12 月 31 日。
无论试点延期是基于何种考虑，对本次改革所涉及的重大利益的调整和重大
制度的改革，保持严谨的态度是正确的。但如果不解决好改革中的关键问
题，改革就可能偏离最开始的目的。

四　改革面临的关键问题

（一）中国贫富差距扩大的根源

1. 中国贫富差距扩大

中国社会贫富差距正在进一步扩大，北京大学中国社会科学调查中心
发布了《中国民生发展报告 2015》，显示中国目前的收入和财产不平等状
况日趋严重。报告说，中国居民收入基尼系数已经从 20 世纪 80 年代初的
0.3 左右上升到现在的 0.45 以上，而家庭财产基尼系数则从 1995 年的
0.45 提高到 2012 年的 0.73。人民网也发文称"我国顶端 1% 的家庭占有
全国三分之一以上财产"。

2. 根源：不公平的土地收益分配制度

关于造成中国贫富差距过大的原因的分析相当多，且都在一定层面上有
相当合理的理论支撑。近日，中央党校的专家表示，"房子是导致中国两极
分化的重要原因"。笔者深表认同的同时，尝试拨开"房子"这个外衣，探
查其内部核心根源。

房屋的价值包括房子本身及其所附着的土地的价值。随着经济的发展，
尤其是处于市中心位置的房屋的价值增长了几十倍，那么到底是什么增值了

呢？毋庸置疑，随着时间的推移房子越来越旧，房子本身是不断折旧贬值的；那么，增值的部分就是其所附着的土地价值的增值。

根据法律规定，土地属于国有或者集体所有，个人仅享有的是土地的使用权，《物权法》将建设用地使用权和宅基地使用权都明确为用益物权，而用益物权人对他人所有的不动产和动产，依法享有占有、使用和收益的权益。从上面的分析可以看到，现行政策对国有建设用地和农村宅基地使用权做了两个极端的处理。

国有建设用地使用权在制度上被允许在市场上自由交易流转，且增值收入归个人所有，使得谁享有使用权谁就获得增值收益。而农村集体经营性建设用地使用权以及宅基地使用权却在制度上受到了极大的限制，根据现行制度，农村土地不能直接入市交易，需经过征地程序，以低廉的价格由集体产权转化为国有产权，然后才能在市场上高价转出。这在某种程度上使贫富差距进一步扩大。

在平均利润率规律的作用下，正常的产业均衡发展，这才是正常的市场经济秩序。但是，这些年来，我国的房地产业利润高得离谱，所谓利润，基本上来源于土地增值收益。房地产行业的畸形发展让大量的资金、资源涌向房地产行业，对实体经济发展造成了严重的阻碍。

（二）集体建设用地改革的关键

1. 土地改革的目的与初衷

土地制度改革的本质，是为了使作为重要生产要素的土地进入市场。实施土地制度改革所要实现的目的主要有以下三点，第一，改变计划经济无偿用地、大圈大占造成的土地资源浪费状况；第二，理顺经济关系，土地所有者获取地租，使用土地的企业或个人，在平均利润规律作用下平等竞争；第三，促使用地者集约利用土地。从现实效果来看，上述这些目标都没有实现。

2. 地方立法"先行"

我国 1998 年通过的《土地管理法》明确规定，农村集体建设用地不能入市，各项建设必须使用国有土地。显然，这是对宪法关于城市土地属于国家所有的具体延伸。然而，2005 年广东省出台了《集体建设用地使用权流转办法》，在一个省的范围内建立关于土地使用权可以依法转让的规定的宪法秩序。截至 2017 年 7 月，颁布集体建设用地使用权流转类规定的省级行政区包括广州、河北、湖南、安徽、山东、上海、湖北、河南、海南等地，地级市颁布此类规定的则较多，从地域分布上看，南至三亚，北至佳木斯，东至大连，西至成都。

从地方立法综合情况可以看出，规定的基本框架包括土地流转的基本原则、流转条件、流转程序、土地收益分配以及法律责任等。其中又以流转程序和土地收益最为核心。各地方政府进行不同程度的尝试，主要是因为《土地管理法》的规定不符合地方的具体实际。以广东为例，广东的大部分地方，都是在集体土地上发展起来的，新《土地管理法》一出，企业和基层政府都面临非法的压力，经济运行轨道也都可能要做根本性改变。

3. 建立"土地使用权依法转让"的宪法秩序

国家立法和地方立法发生方向性冲突，在我国立法史上可能并不多见。笔者这里不着力讨论立法冲突、法律位阶以及法律效力等问题。从现实角度来看，新《土地管理法》1999 年实施，从 2000 年开始，中央几乎每年都有文件提出，要改革征地制度，探索集体建设用地进入市场的办法；2005 年以后广东等省份出台地方立法；2007 年十七届三中全会决定，明确提出逐步建立城乡统一的建设用地市场，各地掀起农村土地制度改革试验、试点的高潮；直至十八届三中全会决定，进一步确定 33 个改革试点。因此，有必要对现行土地制度做根本性的改革，建立土地使用权可以依法转让的宪法秩序。

参考文献

刘守英：《中国城乡二元土地制度的特征、问题和改革》，《国际经济评论》2014 年第 3 期。

《官方解读农村土地制度改革：确立"三条底线"》，中国新闻网，http：//www. chinanews. com/gn/2015/02 – 03/7029674. shtml。

《农村"三块地"改革试点延期一年（政策解读)》，人民网，http：//politics. people. com. cn/n1/2017/1107/c1001 – 29630395. html。

金 融 篇

Finance

B.11

农地金融服务创新与实践

李利华*

摘　要： 本报告对2015年以来农地金融服务创新模式进行了梳理，将
其按照农地产权抵押形式分为基于农地产权抵押的金融服务
模式、"农地+地上设施等"组合担保模式、"金融机构+第
三方"担保模式等五类，并就这些模式所体现的共同特征与
实践经验进行总结分析，提出未来农地金融服务的可持续发
展模式，并对各方承担的功能与相互关系加以探究。

关键词： 农地金融　农地产权抵押　组合担保 "金融机构+第三方担保"

---

* 李利华，金融学博士，中国财政科学研究院博士后，现任职于《财政研究》《财政科学》编
辑部，主要研究领域：金融理论与政策、财政理论与政策、政策性金融与宏观调控理论与政
策等。

一 农地金融服务宏观环境的变化

2014 年一项针对天津农地两权贷款意愿及其影响因素展开的调研结果显示，农民是否愿意将土地经营权抵押，与户籍性质和居住地没有显著关系，说明天津地区土地的社会保障职能较弱，相信这一结论在我国经济较发达区域的农地流转中具有代表性；另外，在控制其他条件的前提下，家庭总收入、土地确权及贷款经验是影响农民贷款意愿的主要因素。

2016 年以来，伴随着我国农村土地确权工作的迅速开展，以及农村土地市场的日臻完善，我国宏观农地流转环境已经发生显著变化。

（一）社会金融生态环境日趋成熟

具体体现为社会法律意识、企业信用观念增强，社会信用体系、国家"三农"担保体系建设逐步完善，农业保险、农村互助机构稳步发展。金融生态环境的积极变化，有利于金融机构加大以农地为基础的金融服务力度。

（二）"三农"客户群体发生变化

从近年来国家重点扶持的新型农业经营主体来看，与传统小散农户相比，新型农业经营主体具有组织化、规模化、专业化经营优势，是金融机构"三农"业务的重点客户群体。此外，国内农业优势产区资源集聚，农村第一、第二、第三产业融合加速，乡村城市化速度加快等趋势，也都将带来新的更加优质的"三农"客户群体。

（三）农民收入总量与结构发生变化

过去，农民的身份和职业是统一的，农户的收入来源主要是种养、加工业，金融需求弹性低，抗风险能力差。现在，"农民"这一概念的内涵发生了较大的变化：一是农民的身份与从事的职业逐步分离。目前，主要从事非农产业且收入相对稳定的农民达 3 亿人，已占农民总数的近 50%。二是农民收入结构发生了较大变化。国内农民人均纯收入中，务农收入占比大幅降低，目前农民收入的约 50% 来自务工收入，10% 左右来自财政性补贴及其他收入。三是农村内部居民收入差距拉大。现阶段，有 20% 以上的高收入农户家庭人均纯收入超过 2 万元。与城市个人客户的同质化竞争不同，农民收入分化加剧，带来了对金融服务需求的差异化。收入较高的农户对所需贷款的规模以及贷款期限均有着差异化的需求，其金融需求弹性更高。

（四）涉农金融需求特点的变化

一是需求主体多元化。过去的主体主要是农户，如今家庭农场、专业大户、农民专业合作社、涉农龙头企业和农户等多种主体并存。二是资金需求规模化。由于农业产业化和现代化的发展，资金需求主要用于农田水利基础设施建设、小城镇建设以及农业规模化经营。农户的贷款需求也体现在购买住房、汽车、大型农机具等方面。与过去单一农户小型种植、养殖与初级加工的金融服务需求有本质上的差异，不仅在资金需求体量、贷款用途与抵押物价值等方面差异显著，更在风险偏好、风险承受能力、还贷能力以及政策市场环境等方面发生了重大的改变。三是产品需求多样化。客户的产品需求从传统的单一贷款向包括信贷、投资、理财、保险、基金、咨询等服务在内的"一揽子"金融服务转变。

二 创新型农地金融服务与实践

为适应快速增长的涉农金融服务需求，并在农业产业化发展趋势的大市场中提前获得有利位置，各银行机构加大了涉农相关金融服务的投放力度，同时积极与当地政府合作，根据农村金融业务特点与需求变化不断尝试进行产品创新与服务创新。本部分列举了部分有代表性的，不同于传统"两权/三权"贷款模式的金融机构参与当地以"两权/三权"资产为基础进行融资以推动农业产业发展的新方法、新模式，并根据各个模式中对农地资产的不同处置方式进行分类，目的在于对当前农地金融服务创新和实践进行尽可能全面的观察与尽可能清晰的梳理。

（一）基于农地产权抵押的金融服务

1. "统贷统还"模式

"统贷统还"模式由陕西省石泉县最早实践。为建设金融扶贫实验示范区，创新金融支持方式，石泉县成立"扶贫开发投融资有限公司"作为平台公司。平台公司作为贷款主体从农发行贷来资金，具体使用对象从平台公司贷款，用于生产，平台公司负责统贷统还，采用委托代建项目融资模式。

这一案例中，虽然并未直接利用农地产权作为抵押物进行贷款，但贫困户在加入合作社并顺利取得贷款的过程中，"集约土地"是该创新模式中合作社吸纳贫困户入社的首要条件；同时，县级转贷机构与农民之间最终形成贷款协议的有效抵押物是农地产权，并形成事实意义上的反担保。贫困户带着这5万元贷款加入合作社，这5万元成为合作社产业化经营所需启动资金。整个模式使政府财政专项扶贫资金止步于设立平台公司，使政府、银行、合作社和农民之间的责权利关系得以有效划分，并在事实上起到了精准扶贫的效果；农发行抓住当地政府制度创新的契机，准确评估、恰当平衡贷款人信用资质、实际抵押物价值与贷款用途，灵活主动掌握贷款各项指标，既能够满足政策行金融支持脱贫攻坚的职能要求，又能够将偿贷风险控制在较低的水平，使政策性贷款的有效性得以保障。

2. 农地流转收益抵押贷款模式

四川省率先试行农村土地流转收益抵押贷款政策，国开行、农行和邮储银行抓住这一契机，与当地政府分别签署了农业战略合作与信贷合作协议，授信额度分别为60亿元、300亿元、200亿元。全省涉农银行类机构也同时推出多种业务产品，并完善相应的配套措施。

3. 农民住房财产权抵押贷款

2016 年 3 月，监管部门签发行政规章，天津蓟县等 59 个试点县（区、市），可以用农房所有权及所占宅基地使用权进行抵押。农业银行首先出台了《农民住房财产权抵押贷款管理办法》，在不改变所有权性质的前提下，宅基地可作为贷款抵押物。试点区域虽突破了宅基地不得抵押的法律限制，但对其后续处置并没有予以规定或者示例。

4. 土地流转信托

土地流转信托的资金主要来源于由信托公司发行信托产品进行融资。土地经营权作为信托财产，由其所有者农村集体经济组织或者使用权所有者农户委托给信托公司进行经营管理。信托公司作为金融中介以土地经营权获取建设和运营所需资金。同时，作为受托人，信托公司委托有资质和能力的企业运营信托财产，通过农地的集约化运营，获取收入。

（二）"农地 + 地上设施等"组合担保模式

1. "土地承包权 + 地上设施"模式

在农地"两权贷款"基本模式基础上，金融机构纷纷拓展应用范围，在国定试点区域和农地确权政策基础比较健全的地区推广使用"农村土地经营权 + 大棚""农村土地经营权 + 农机具"等组合担保方式，适当提高大棚和农机具的抵押率，农业银行在国定试点区域推行组合担保模式时将这一组合担保模式的抵押率由 30% 提高至 50%。同时，金融机构正在尝试推广"土地承包权 + 地上农作物"、动植物活体为抵押物的金融产品与服务；另外，"农村土地经营权 + 农产品收购订单"、粮食仓单、生产及配套辅助设施等抵押担保方式也正在推行。

2. "一权一棚"抵押担保模式

河北省饶阳县的设施农业以温室大棚为主，因此，在承包土地经营权基础上衍生出"一权一棚"。为解决农村承包土地大户的资金困难问题，饶阳县开展了"一权一棚"抵押贷款。

（三）"金融机构＋第三方"担保模式

1. "金融机构＋第三方机构＋农户"模式

由第三方机构（土地托管机构、土地担保公司、农民/专业合作社等）提供担保，同时农户以农地产权实施反担保进行融资。为了解决农户在现有金融风控体系下难以提供合格抵押物的难题，由第三方机构作为担保机构介入。最重要的是，第三方机构还可以解决农村土地经营权的流转问题，对于农地抵押物变现难题的解决具有重要意义。

在这一模式中，金融机构与第三方机构均在推进农村金融改革纵深发展、化解"三农"客户担保难、融资难等方面发挥了积极作用。有鉴于我国当前金融市场发育程度、农业产业化发展阶段与农村融资主体的特点，本报告认为在未来相当长一段时期内，我国农地金融服务模式仍然应该以银行为最重要的资金提供者，以新型农业主体为主要客户，政府提供法律、评估、流转市场建设等中介服务支持；同时，由于我国精准扶贫进入攻坚阶段，且农业生产具有弱质性特征、农业产业需要扶持，当地财政可适度出资成立第三方中介机构，承担部分担保或增信职能，银行适度放宽农业经营性贷款的审批标准，多方协作构建多元化的风险分担机制（见图1）。

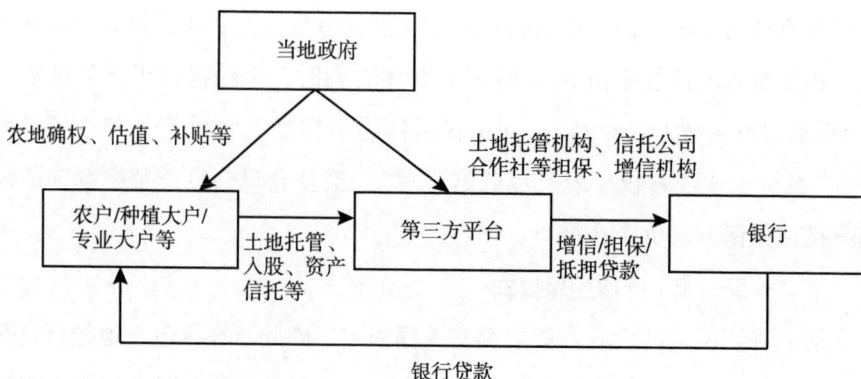

图1　第三方平台参与农地金融服务示意

2. "金融机构 + 信用村 + 农户"模式

农业银行目前正在固定试点区域尝试推广"农行 + 信用村 + 农户"模式，发展农户贷款。对于信用环境好的村庄，推进银村合作和信用村建设。对于集体经济预期分红收益、集体经济组织生产经营现金流、集体土地开发项目收益权等具有集体收益的项目，以土地承包经营权流转和集体经营性建设用地使用权为基础发放贷款。

（四）"土流网 + 银行 + 保险公司"服务模式

2016 年，土流网提出以政策为指导，由土流网牵头，联合银行、保险公司等为农民提供土地金融服务的新模式。土流网依托各地农地产权交易中心，基于大数据中心提供农地流转金融服务。

针对当前农地金融服务所面临的评估难、担保难与处置难问题，土流网提供农地精准估价，8% 的行业最低融资费率，以及违约资产处置服务。目前土流网选择联合各大保险公司和各地的地方担保公司一起为农民提供担保服务，保险公司可为贷款农户提供政策性保险和商业保险，进一步保证农民有还款能力。如果出现坏账，银行会向保险公司申请理赔，保险公司委托土流网通过各地的农地产权交易中心进行土地流转，所得费用优先偿还给保险公司和银行，溢价部分返还农民，土流网收取适当中介费用。违约土地流转的转包期结束后，土地的经营权自动转回给农民。截至 2015 年，土流网联合湖南政府和邮政储蓄银行、保险公司提供了 7200 万元左右的信贷支持；2016 年初，土流网继续拓展在新疆、湖南等地的试点工作。

邮政储蓄银行作为普惠金融的大众银行，客户主要为小微企业、家庭农场、合作社，以及广大的农村创业者。邮储银行瞄准土流网面向农村创业者开发的土流服务 App，截至 2016 年初已经完成了 23 笔共 600 多万元的专业评估、数据分享以及土地的处理及交易委托业务。只要是农村创业者，都可以通过软件服务与邮政储蓄银行达成资金合作。

（五）证券化融资模式

国内第一支信托助农 ABS 产品"天风证券－云信农分期一号资产支持专项计划"于 2017 年 12 月 28 日由云南信托联合农分期发行。这只场内发行的资产证券化产品是完全支持农业经营主体的，这也是国内首创。在此次资产支持专项计划中，云南信托为原始权益人和资产服务机构。该专项计划的基础资产为云南信托农分期单一资金信托项下的信托受益权。此次专项计划预计规模为 1.51 亿元，优先级分为优先 A－1 级、优先 A－2 级两档产品，评级均为 AAA。并且，该专项计划中设置了多种信用增级措施，包括结构化分层、超额利差、不合格贷款的赎回以及差额补足承诺等。云南信托作为放款收款的主体，构造了封闭的现金流，实现了风险隔离。

三　经验总结与分析

前文已经对近年来农地金融服务所处的宏观环境以及金融服务创新模式进行了大致梳理，可以感受到各地农村经济社会环境与政府支持政策的供给力度、质量是农地金融服务创新最重要的推动力。除此之外，本报告力求从以上案例中挖掘寻找具有推广价值和借鉴意义的经验，为农地金融服务与产品创新提供一些启示。

（一）第三方平台有效降低了金融机构贷款风险

一直以来，农户贷款难的主要原因就是缺乏有效的抵押物，农业生产不确定性强，以及信用环境不健全，造成金融机构贷款意愿不强。在陕西省石泉县模式中，地方政府以政府信用做担保，由第三方机构统贷统还，增强了金融机构的贷款意愿，大幅提高了贷款额度，降低了融资成本。在这种模式下，农户是承贷主体，由农户将资金汇集入社，供合作社集中使用。另外，在贷款流程设计中，由第三方平台机构对贫困农户的贷款申请进行审查，充分发挥村委会、镇政府以及第三方平台的信息优势，有效地减少了由于缺乏信用数据和档案，造成贷款双方信息不对称的问题。

（二）金融服务创新需谨慎选择客户与区域

从以上案例可以看出，各家金融机构在拓展、深化农地金融服务的过程中，优先考虑国家政策导向和处置便利性。区域上，重点支持两类区域优先发展：一是国定试点区域；二是已出台规范性文件或管理办法、配套机制较为成熟的地区。重点支持三大类客户，一是适度规模的专业大户、家庭农场等新型农业经营主体；二是建设农业基地的农业产业化龙头企业、涉农工商企业；三是集约开发利用农村集体经营性建设用地的优质企业或者具有较强实力的村级组织。

（三）充分重视并积极推动当地政府进行制度创新

农村土地承包经营权抵押的焦点问题在于土地是否确权，抵押能否登记以及违约怎么变现。这些问题的解决有赖于农村产权制度改革的进一步深入。同时，财政扶贫资金的使用对象虽然是贫困地区和贫困人口，但在撬动金融资产的过程中也须遵循金融市场的一般规律。在前文案例中，农地金融服务机构推动地方政府建立相应的风险补偿机制，如建立风险补偿金等，就是金融机构大力推动政府进行制度创新，以制度创新保障财政扶贫资金与金融资产的可持续运营。

（四）农业保险有力助推农地流转

农业易受自然影响，农业保险在农地金融和农地流转中起到了重要的作用。通过风险共担，降低了金融机构的风险。同时，农业保险对农地流转通过互联网信息进行传播也有着不可比拟的作用。"互联网＋农业保险"使得土地快速流转处置，形成了风控闭环，农村土地的流转扩大了范围，流转速度进一步加快。

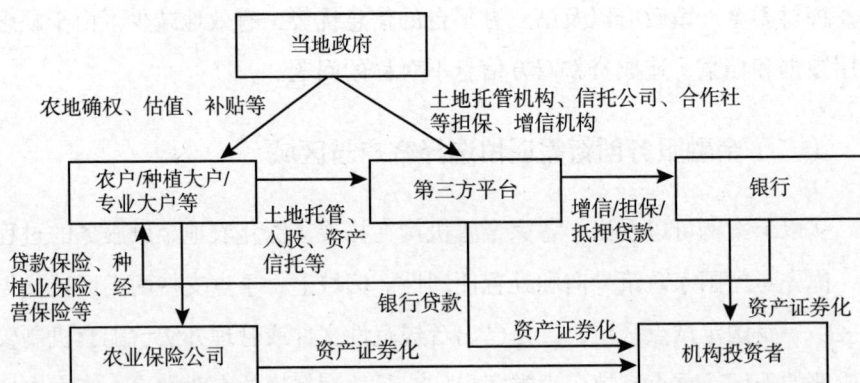

图2 农地金融服务模式示意

综上所述，未来农地金融服务体系将整合政府、第三方机构、银行、保险和机构投资者等多方主体，充分发挥各自优势，合理分散融资风险、生产风险与经营风险，形成资金总量充足、价格合理、有效利用和风险共担的健康、可持续的农地金融服务模式。与本报告图1相比，图2更加凸显了农业保险和机构投资者的功能，这也是本报告对农地金融服务模式发展趋势的基本判断。

参考文献

中国人民银行、中国银监会等5部委印发《农民住房财产权抵押贷款试点暂行办法》。
《四川省农村土地流转收益保证贷款试点工作方案》。
《四川省农村土地流转收益保证贷款暂行办法》。

B.12
农业银行农村土地经营权
抵押贷款业务实践

赵文生　王沏善*

摘　要： 中国农业银行率先推行以农村土地承包经营权为抵押品的涉农贷款，为农村土地资源的价值发现以及市场发展提供金融支持。具体做法包括制定业务试点准入标准、督促分支行加快市场摸底和试点申报、明确业务推进工作目标、积极稳妥推进业务试点、突出信贷支持重点以及灵活产品使用形式等。经典案例包括吉林省分行和湖北省分行创新土地经营权抵押贷款等。

关键词： 中国农业银行　涉农贷款　经营权抵押

党的十八届三中全会、2014 年中央"一号文件"明确了农村土地承包经营权抵押、担保权能后，国家着手推进农村土地的相关制度建设和法律修订，中国农业银行（以下简称"农业银行"）作为面向"三农"的大型商业银行，率先出台《农村土地承包经营权抵押贷款管理办法》，在全行范围内推行以农村土地承包经营权为抵押品的涉农贷款，为农村土地资源的价值发现以及市场发展提供金融支持。

---

* 赵文生，中国农业银行总行党委宣传部部长、企业文化部总经理、中国农业银行报业公司董事长，曾任总行办公室副主任、农户金融部副总经理。王沏善，内蒙古财经大学在读硕士研究生，研究方向为普惠金融。

一 案例背景

从 2010 年开始，农业银行先后在福建、山东、重庆、湖北、吉林等地试点开办农村土地承包经营权抵押贷款业务，在坚持农村土地所有权不变的前提下，将其中的经营权用于抵押发放贷款。继多户联保、林权抵押等创新担保方式之后，农业银行顺应时代的需求，面向"三农"客户推出了以农村土地承包经营权为担保品的新型贷款产品。

按照中央关于农村土地产权制度的改革精神，加强总行层面的制度设计，出台了全行性的《农村土地承包经营权抵押贷款管理办法》（以下简称《办法》），这是大型商业银行首次针对农村土地承包经营权抵押出台的全行性管理办法。

该《办法》规定，依法承包的"四荒"（包括荒山、荒沟、荒丘、荒滩等）土地使用权、家庭承包集体土地使用权、以流转方式（包括转包、出租、互换和转让）获得的农村土地经营权，以及这些土地上面的设施可以设定抵押权。该《办法》为推动农业规模化、集约化发展，提高了单户贷款额度，最高可贷款人民币 1000 万元。同时，根据农村土地的价值产生周期和生产经营现金流状况，设定抵押率、贷款用途、贷款期限和还款方式。

农业银行首先在农业部规定的首批 33 个农村土地承包经营权流转规范化管理和服务试点地区推出该项业务。为保证《办法》推广与国家农村土地承包经营权抵押担保制度建设进程同步，农业银行在湖北襄阳召开了现场推进会，面向全国推广此项业务。

二 具体做法

农业银行重点从规范试点要求、督促分支行申请试点等几个方面抓好业务试点推进工作。

（一）制定业务试点准入标准

研究制定了《农村土地承包经营权抵押贷款业务试点准入标准》，从试点申报范围、试点地区条件、试点支行条件、申报工作要求、申报材料内容五方面，对申报、审查、审批标准进行明确、规范和细化。

（二）督促分支行加快市场摸底和试点申报

指导和督促各分支行与当地政府汇报沟通，了解当地农村土地流转配套制度和市场建设情况，开展市场调查，摸清当地产业布局、土地资源、流转规模以及新型农业经营主体发育情况等重要信息，选择条件成熟地区申报试点业务申请。

（三）明确业务推进工作目标

将农村土地经营权抵押贷款作为服务新型农业经营主体的重要抓手，以全国农村土地承包经营权确权颁证工作为契机，积极稳妥推进业务试点，大力支持土地流转和规模农业发展，力争每个一级分行均有业务试点、每一个符合试点条件的支行均开办业务，做到试点到位、支持到位、服务到位，确立农业银行在农地金融服务领域的市场领先地位。

（四）积极稳妥推进业务试点

一是总行在将试点审批条件与审批流程规范化、标准化、制度化的基础上，坚持"成熟一个，批准一个"的原则，认真、及时、稳妥地做好试点审批和相关指导工作。二是一级分行结合本区域土地流转规模、客户发育程度等实际，明确试点工作安排和业务发展目标。督促各二级分行和县支行抓紧时间完成市场摸底调查工作、掌握各地相关情况，确保满足试点条件的支行均要申报试点申请。三是各支行着重了解当地农村土地流转规模，摸清依托土地流转开展农业生产的新型农业经营主体的数量、分布、从事行业及经营情况，将其纳入支行规模经营农户名单目录台账，并从中优选客户作为下一步的重点支持对象。

（五）突出信贷支持重点

一是区域方面，重点在国家或省级政府确定的农村土地承包经营权流转试点县、抵押贷款试点县、确权颁证推进县以及现代农业综合配套改革试验区、现代农业示范区推广业务试点。二是客户方面，重点支持以机械化、设施化、订单化方式开展生产的种植大户，以及有标准化养殖场地、有订单支撑和投保畜牧业保险的规模养殖户。坚持"适度规模经营"的原则，对于农地过度集中的，例如单一自然人承包整村或几个村子全部土地的，存在隐性的垄大户风险，应当审慎介入。三是行业方面，重点满足小麦、玉米、水稻等主要粮食作物生产中的各类资金需求，重点支持肉牛和肉羊的标准化养殖场改造、奶牛养殖的奶源基地建设、生猪养殖的原料供应基地和生产基地建设。

（六）灵活产品使用形式

一是目前农村土地经营权地抵押率根据土地经营权取得方式和缴纳租金期限长短确定，最低40%、最高60%。二是拓展农村土地承包经营权的应用范畴，推广使用"农村土地经营权＋大棚""农村土地经营权＋农机具"的组合担保方式，适当提高大棚和农机具的抵押率（由30%提高至50%），重点解决一年一付租金方式的土地经营权抵押价值小的难题。三是在实现对抵质押物有效监管的前提下开办农作物、动植物活体抵押，鼓励支持分支行开展"农村土地经营权＋农作物、农产品收购订单、粮食仓单、生产及配套辅助设施"抵押担保方式。

（七）加强与地方政府合作

一是积极与地方党政汇报，力争取得党政领导对农业银行开展业务试点的支持，逐步解决业务推进的制度性障碍问题。地方政府完善土地流转平台，为抵押物的价值变现提供可行的途径。二是规范完善抵押登记手续，进一步完善农地抵押的法律有效性。推动地方农业主管部门提高土地抵押登记业务受理效率，在土地承包经营权抵押登记及处置上，落实好抵押经营权的他项权利，保障抵押人与抵押权人的合法权益。三是借鉴甘肃"双联贷"、内蒙古"富农贷"，主动营销政府扶贫项目和配套政策支持，探索在地方政府设立或注资政策性担保公司、建立风险保障基金、提供贷款财政贴息等机制下，开展"农行+政府+农村土地经营权+农户"的银政合作模式贷款业务。

（八）抓好风险防控

重点把好农村土地经营权抵押贷款"四关"。第一，把好押地准入关。抵押农村土地承包经营权的还需预留口粮田，抵押农业土地不得改变农业用途；第二，把好流转手续关。出台规范的农村土地流转合同参考范本，协助农民签订有效的流转合同。贷款业务操作中要见农户、见场所和项目、见承包费收据，确保农民承包地流转在坚持依法、自愿、有偿的基础上进行；第三，把好贷后管理关。定期实地查看，形成完整的档案，保证抵押权利真实有效；第四，把好资产处置关。出现不良，应及时处置。平时对贷款农户加强贷款政策宣传。

三　经典案例

（一）吉林省分行创新土地经营权抵押贷款情况

为破解农村金融"瓶颈"，2014年5月，吉林省分行在延边朝鲜族自治州开展了农村土地经营权抵押贷款（简称"农地贷"）试点，创新"农地贷"，得到了农业银行总行（以下简称"农总行"）的大力支持，目前试点范围已扩大到全省36个县（市、区）。

农村土地抵押的障碍在于农村土地不能抵押。为解决这个障碍，吉林省在县市（区）成立物权融资担保公司，获得了"农村土地承包经营权证"的农户可以申请用家庭承包或流转的农村土地经营权作为抵押，物权融资担保公司提供担保，向当地农行贷款。将农村土地资源变成资产，让资产变资金提供了可行路径。

"农地贷"按照土地面积发放贷款，贷款额度有所提高。由于"农地贷"方便、快捷、利息低、申请容易，物权融资公司不收取任何费用，目前设押土地面积超过 16.5 万亩，加快了土地要素集聚。试点中，延边州政府对符合条件的种植大户和家庭农场提供贴息，农行延边分行发放单笔最大额度的"农地贷"为 100 万元。

在农总行支持下，吉林省分行及时归纳总结问题，寻找解决办法，加大创新力度，为"农地贷"试点工作积累经验。

在试点过程中，吉林省分行主要采取了以下举措。

1. 制定政策

2014 年 10 月，吉林省农委与吉林省分行联合制定了《全省农村土地经营权抵押贷款试点工作方案（试行）》。政策为开展"农地贷"试点搭建了平台，农总行先后两次批复，将延边朝鲜族自治州试点扩大到全省 36 个县（市、区）。在总结试点经验基础上，发布并推广《中国农业银行农村土地承包经营权抵押贷款管理办法（试行）》。

2. 银政合作

"农地贷"试点工作由吉林省政府联合吉林省分行在全省推广。2015 年 3 月 24 日，"农地贷"试点启动会议在梅河口市召开，政府也积极完善全省农村土地承包权、经营权证发放工作。"农地贷"主要向家庭承包经营农户、家庭农场、专业大户、农民合作社及农业企业等发放，支持农业经营。

3. 让农民得实惠

自吉林省分行扩大开展"农地贷"试点后，公主岭市陶家屯镇农民张玉山是第一位受益者，他在公主岭支行贷款 30 万元，该贷款即是以农村土地承包经营权为抵押所得。张玉山承包了 30 公顷耕地，预计可实现纯年利润 90 万元。

（二）湖北省分行创新土地经营权抵押贷款情况

湖北襄阳是全国重要的夏粮基地和商品粮生产基地，耕地面积887.7万亩，开展农村土地承包经营权抵押贷款市场广阔。2012年6月，农行湖北襄阳分行发起农村土地承包经营权抵押贷款，并于2013年2月成为农总行指定的试点行。

近年来，农行湖北省分行响应政策号召，顺应全省农村土地流转趋势，以创新为媒，通过对家庭农场等新型农业经营主体的支持，激活农村产权这一"沉睡的资本"，让农民手中的隐性资产焕发活力，取得了良好的社会效应。

1. 超500户新型农业主体受益

在"一号文件"出台之前，湖北省襄阳已经出现一种新型借贷方式，农业银行已在湖北省内进行了先行先试探索。2012年，农行湖北省分行和农行襄阳分行起草制定了《中国农业银行湖北省分行农村土地承包经营权抵押贷款管理办法（试行）》。在襄阳，全市经营土地面积100亩以上的大户9436户，其中仅500亩以上的就有868户，经营面积达62万亩。如果支持其中500亩以上的大户，按年户均发放贷款100万元测算，每年可发放贷款8.68亿元。

2013年农行襄阳分行和钟祥支行成为全国农行系统农村土地承包经营权抵押贷款业务首批试点行，在省分行指导下，《农村土地承包经营权抵押贷款操作指引》由试点行制定，进一步盘活了农村土地资源，取得了良好的社会效应。

2. 政策创新突破法规瓶颈

担保法和最高人民法院《关于审理涉及农村土地承包纠纷案件适用法律问题的解释》限制了农村土地承包经营权的担保功能。中央从政策层面给予试点地区先行先试的权利。襄阳、钟祥等地先行先试经验的取得，得益于当地政府、农业银行进行了一系列突破政策瓶颈的探索。2013年10月17日，农业银行总行在襄阳召开农村土地承包经营权抵押贷款业务推进会，传播襄阳分行、钟祥支行的经验。

襄阳市政府先后出台了《农村土地承包经营权抵押贷款办法》《农村土地承包经营权抵押登记实施办法》等文件。地方政府相关政策的出台，为农业银行试点创造了可靠而明确的法律环境。这些文件对土地经营权评估、登记、变更、处置等流程做出了细致的制度安排，通过抵押登记破除贷款审批上的障碍。襄阳市由抵押登记部门签发全市统一的农村土地承包经营权抵押他项权利证书，通过确权颁证破除贷款申请上的障碍。

3. 流程优化加强风险控制

在流程优化方面，首先，农行从承包方式、客户对象、经营类型、贷款用途、贷款额度五个维度严格把关准入；其次，重点对土地承包经营权抵押贷款实行动态管理；再次，通过一系列表格和报告，包括农户财务状况简表和抵押物价值估价表，调查报告模板和审查报告模板，资金使用承诺书等梳理风险。

另外，农业银行还鼓励组合担保，避免抵押过多集中于土地承包经营权带来的抵押变现风险。"土地承包经营权＋房地产""土地承包经营权＋其他资产""土地承包经营权＋担保公司"等组合担保方式视情况使用。

最后，由地方政府支持贷款创新，设立风险补偿专项基金。涉农贷款出现损失之后，政府和银行各承担贷款本金净损失的50%。

未来，农业银行将进一步推动地方政府、农业部门在农村土地承包经营权抵押贷款试点地区扩大农业保险范围、增设险种，降低自然灾害等对农业大户、家庭农场等造成的损失。

参考文献

《中国农村土地市场发展报告（2015~2016）》，社会科学文献出版社，2016。

中国农业银行《农村土地承包经营权抵押贷款管理办法》。

吉林省农委与吉林省分行联合制定了《全省农村土地经营权抵押贷款试点工作方案（试行）》。

襄阳市政府《农村土地承包经营权抵押贷款办法》《农村土地承包经营权抵押登记实施办法》。

最高人民法院《关于审理涉及农村土地承包纠纷案件适用法律问题的解释》。

B.13
农业保险发展与实践

王紫桐[*]

摘　要： 2004年中国保监会在9省份试点农业保险至今，我国农业保险取得了显著成果，但在不同历史时期也面临不同发展问题。本报告界定了农业保险的定义和属性，阐述了我国农业保险的发展状况，即农业保险经营机构不断壮大、农业保险制度不断完善、农业保险补贴范围不断扩大、补贴比例不断提高、保费规模和保险覆盖面持续较快增长、经济补偿作用得到有效发挥、农业保险大灾风险分散机制不断完善、农业保险在服务"三农"中发挥重要作用等，分析了农业保险存在的问题，针对性地提出了全方位完善制度体系、加大中央财政保费补贴力度、探索建立农业直接补贴政策与农业保险保费补贴政策有机结合的机制和加快建立健全农业保险准入和退出机制等建议。

关键词： 农业保险　保费补贴　准入退出机制

　　农业是人类衣食之源、生存之本，始终是关系国民经济发展的全局性和根本性问题，对保障国民经济发展和社会稳定具有至关重要的作用，但是农业发展却在很大程度上受到自然条件和经济条件的双重制约。而农业保险是分散和化解农业风险灾害损失、保护和提高国家粮食综合生产能力、促进农

＊　王紫桐，中国人民大学财政金融学院在读硕士研究生，主要研究方向为货币银行等。

民增收、确保粮食安全、维护农村经济社会稳定、解决"三农"问题的重要手段。自 2004 年，中国保监会在 9 省份试点农业保险至今，我国农业保险经过 14 年的高速发展，取得了一些显著的成就，但是在不同的历史时期，我们也面临着不同的发展问题。

一 农业保险的基本认识

（一）定义

简单来说，农业保险就是为农业提供风险保障的保险，《保险法》第 184 条规定，"国家支持发展为农业生产服务的保险事业"，可以理解为广义上的农业保险，是为农业生产提供服务的保险。《农业保险条例》中区分了农业保险和涉农保险的定义，第 2 条规定："本条例所称农业保险，是指保险机构根据农业保险合同，对被保险人在种植业、林业、畜牧业和渔业生产中因保险标的遭受约定的自然灾害、意外事故、疫病、疾病等保险事故所造成的财产损失，承担赔偿保险金责任的保险活动。"这是指狭义的农业保险。第 32 条规定："涉农保险是指农业保险以外、为农民在农业生产生活中提供保险保障的保险，包括农房、农机具、渔船等财产保险，涉及农民的生命和身体等方面的短期意外伤害保险。"可见，从狭义上说，农业保险是指针对农业提供的保险；从广义上说，农业保险包括狭义的农业保险和涉农保险。为了聚焦研究，本报告所指农业保险是指狭义的农业保险。

农业保险可以分为政策性农业保险和商业性农业保险。政策性农业保险和商业性农业保险虽然都是农业保险，但在经营目标和操作方面有很大的区别。具体来讲，商业性农业保险以营利为目的、经营范围更广泛，是不具备财政补贴条件的农业保险，而政策性农业保险是由政府主导、组织和推动，按商业保险规则运作，由财政给予保费补贴，但不以营利为目的，以支农、惠农和保障"三农"为目的的农业保险。

（二）农业保险的属性特征

1. 农业的弱质性

农业一般具有风险单位较大、风险发生频率较高、损失规模较大、区域效应明显、具有广泛的伴生性等特点，农业风险包括自然风险、市场风险等。首先，农业对自然条件的依赖性很强，抵御自然灾害的能力较弱，尤其是对洪涝、干旱、台风、地震、泥石流、冰雹等特大自然灾害缺乏抵御的能力，因而这些灾害会造成农业的巨大损失。例如，2009 年东北地区发生多年不遇的大旱、2016 年新疆生产建设兵团（以下简称"新疆兵团"）特大雹灾、2017 年四川九寨沟地震、广东"天鸽"台风等给农业生产和农民生活带来了很大的困难。可见，考虑到农业保险风险的特殊性，随着承保规模的快速扩大，面临的自然风险远远超过了传统险种。其次，农业产品受到季节性、地域性等特征的影响，无法根据市场需求及时调整供给，加之农业产品的需求弹性较小、收益低下，使农业面临很大的市场风险。可见，农业具有先天的弱质性，需要政府的保护和扶持。

2. 农业保险的正外部性

由于农业保险在效用上具有整体性、在消费上又具有外部性，可以说是典型的准公共产品。首先，农业保险因为风险较大、赔付较高，所以农业保险产品费率相应较高，但是由于农业保险保障程度不足、农民收入较低、存在风险不会发生的侥幸心理、具有国家救助的依赖心理、购买保险后不出险亏本等一系列问题的影响，农民投保的积极性较低，购买农业保险的需求严重不足；其次，在没有政府补贴的情况下，保险公司如果按照政府要求或者农民可以接受的价格提供农业保险，将会面临很大的风险，存在赔不起的问题，导致农业保险的供给严重不足；再次，利益外溢，农业保险通过对受灾农户进行经济补偿，可以保证农户收入，使其快速恢复农业生产，但因为其同时也保证了全社会农产品价格保持相对稳定，保障了国家粮食安全，使全社会受益，使得农民的边际私人收益小于边际社会效益，农民投保动力不足。可见，农业保险具有很强的正外部性，农业保险本身可以增进全社会的福利水平，而且通过政府补贴还可以有效发挥收入转移支付的功能，均衡农民收入水平。所以，完全市场化的农业保险将会导致"市场失灵"现象的发生。例如，1992年后，农业保险经营进入纯商业化经营模式，中国人民财产保险公司为确保盈利，改变"规模很大，利润很小甚至为负"的局面，开始对公司的农险业务进行战略收缩，停办了一些长期亏损的农业保险险种。从经济效益来讲，这一转变是很成功的，但从农业保险保费规模来看，规模连年萎缩；从社会效益来看，农业保险基本处在了崩溃的边缘。可以说，市场化进程的加快对农业保险这个带有很强"正外部性"特征的险种产生了很大的破坏性。

3. 农业保险的信息不对称风险

农业保险具有保险标的较小、分布较散、风险发生频率较高、风险识别较难、赔付率较高、理赔难度较大、管理链条较长、参与主体较多等风险特征。由于存在信息不对称的问题，所以投保农民对保险标的风险程度和损失信息比保险公司掌握的更多，会导致农民产生逆向选择，即在自愿投保和保险费率相同的情况下，农民将有意愿购买预期高风险的保险，而不会投保预期低风险的保险，这样将会导致保险公司承保大量高风险业务而亏损，进而提高保险产品费率，形成更多农户不愿意投保的恶性循环。同时，由于存在信息不对称的问题，农民可能在投保和理赔时产生道德风险，将本身带病的牲畜投保、将经常发生灾害的"坏地"投保、对本身不是由于疫病或自然灾害导致的保险标的损失索赔，将未投保的能繁母猪冒充投保的母猪索赔等。

二　我国农业保险的发展情况

纵观我国农业保险的发展历程，农业保险经历了不同的发展时期，包括试点、停办、政策性导向、商业性导向、政策性与商业性相结合的阶段。自2004年中国保监会试点至今已有14个年头，在政府的大力扶持和财政补贴下，我国农业保险得以快速发展，呈现出多处可喜的局面。

（一）农业保险经营机构不断壮大

随着我国保险市场的进一步开放、保险主体迅速增加，2004年中国保监会在中国人民财产保险公司和中华联合财产保险公司经营农业保险的基础上，在上海、吉林、黑龙江分别批设安信、安华和阳光互助三家不同经营模式的专业性农业保险公司。截至2018年年底，已有33家财产保险公司参与农业保险，农业保险市场垄断的格局基本被打破。从保费收入集中度来看，2018年中国人民财产保险公司和中华联合财产保险公司两家市场份额占据了全部份额的一半以上，达到59.84%，前十家经营农业保险的公司市场份额占比为94.17%，农业保险市场集中度很高，但呈现微缓下降态势（见表1）。

表1 2018年前十家经营农业保险的公司保费收入一览

序号	公司	保费收入（亿元）			占比（%）
		种植	养殖	小计	
1	人保财险	169.77	94.83	264.60	46.21
2	中华财险	49.56	28.52	78.08	13.63
3	太保财险	28.57	13.55	42.12	7.36
4	国寿财产	24.22	10.87	35.09	6.13
5	阳光农业	27.17	1.21	28.38	4.96
6	国元农业	23.54	2.22	25.76	4.50
7	安华农业	19.17	6.05	25.22	4.40
8	中航安盟	9.01	5.80	14.81	2.59
9	中原农业	10.86	2.46	13.32	2.33
10	平安财险	7.81	4.08	11.89	2.08
33家公司总计		392.33	180.32	572.65	100.00

资料来源：笔者根据公开数据整理。

（二）农业保险制度不断完善

从制度完善角度来看，我国的农业保险制度呈现出分阶段、逐步完善的特征。农业保险的制度框架主要是国务院对农业保险的发展方向提出纲领性要求，财政部对政策性农业保险的财政补贴提供制度保障和相应规范，农业部从保证农业发展角度对农业保险提出相应要求，中国保监会从行业监管的角度对农业保险的承办机构、业务管理等方面进行规范和监管，中国保险行业协会从行业自律的角度对农业保险的基本原则、基础服务能力、内控管理、业务管理和服务等方面进行规范，国家税务总局等按照国家要求对农业保险提供税收优惠支持等（见表2）。

表2 2007～2016 年我国农业保险相关制度一览

部门	年份	名称	文号	是否有效
国务院	2006	国务院关于保险业改革发展的若干意见	国发〔2006〕23 号	否
	2013	农业保险条例	2012 年 10 月 24 日国务院第 222 次常务会议通过	否
	2016	农业保险条例	根据 2016 年 2 月 6 日国务院令 666 号《国务院关于修改部分行政法规的决定》修正	是
	2014	国务院关于加快发展现代保险服务业的若干意见	国发〔2014〕29 号	是
	2016	关于完善支持政策促进农民持续增收的若干意见	国办发〔2016〕87 号	是
财政部及相关部委	2007	财政部关于财政农业保险保费补贴国库集中支付有关事项的通知	财库〔2007〕58 号	是
	2007	财政部关于《能繁母猪保险保费补贴管理暂行办法》	财金〔2007〕66 号	财金〔2008〕27 号实施后废止
	2007	中央财政保险保费补贴试点管理办法	财金〔2007〕25 号	财金〔2008〕26 号实施后废止
	2008	中央财政种植业保险保险费补贴管理办法	财金〔2008〕26 号	财金〔2016〕123 号实施后废止
	2008	中央财政养殖业保险保险费补贴管理办法	财金〔2008〕27 号	财金〔2016〕123 号实施后废止
	2009	财政部关于中央财政森林保险保费补贴试点工作有关事项的通知	财金〔2009〕25 号	财金〔2016〕123 号实施后废止
	2009	财政部 林业局 保监会关于做好森林保险试点工作有关事项的通知	财金〔2009〕165 号	是
	2013	农业保险大灾风险准备金管理办法	财金〔2013〕129 号	是
	2014	农业保险大灾风险准备金会计处理规定	财会〔2014〕12 号	是
	2014	财政部关于 2014 年度农业保险保费补贴工作有关事项的通知	财金〔2014〕86 号	否
	2015	中国保监会 财政部 农业部 关于进一步完善中央财政保费补贴型农业保险产品条款拟订工作的通知	保监发〔2015〕25 号	是

部门	年份	名称	文号	是否有效
财政部及相关部委	2015	关于加大对产粮大县三大粮食作物农业保险支持力度的通知	财金〔2015〕184号	是
	2016	中央财政农业保险保险费补贴管理办法	财金〔2016〕123号	是
中国保监会	2008	关于加强政策性农业保险各项政策措施落实工作的通知	保监发〔2008〕61号	是
	2008	关于印发《关于做好2008年农业保险工作 保障农业和粮食生产稳定发展的指导意见》的通知	保监发〔2008〕22号	否
	2009	保监会关于进一步做好农业保险发展工作的通知	保监发〔2009〕93号	是
	2009	关于规范政策性农业保险业务管理的通知	保监发〔2009〕56号	是
	2010	关于加强涉农信贷与涉农保险合作的意见	银监发〔2010〕25号	是
	2011	关于加强农业保险承保管理工作的通知	保监产险〔2011〕455号	保监发〔2015〕31号实施后废止
	2012	关于加强农业保险理赔管理工作的通知	保监发〔2012〕6号	保监发〔2015〕31号实施后废止
	2013	关于加强农业保险条款和费率管理的通知	保监发〔2013〕25号	是
	2013	关于加强农业保险业务经营资格管理的通知	保监发〔2013〕26号	否
	2013	关于进一步加强农业保险业务监管规范农业保险市场秩序的紧急通知	保监发〔2013〕68号	是
	2015	关于进一步完善中央财政保费补贴型农业保险产品条款拟定工作的通知	保监发〔2015〕25	是
	2015	中国保监会关于印发《农业保险承保理赔管理暂行办法》的通知	保监发〔2015〕31号	是
	2017	财产保险公司产品费率厘定指引	保监发〔2017〕2号	是
协会	2014	农业保险服务暂行标准	中国保险行业协会	否
	2016	农业保险服务通则	中国保险行业协会	是

资料来源：中国政府网（http://www.gov.cn/）、财政部网站（http://www.mof.gov.cn/index.htm）、原中国保监会网站（http://bxjg.circ.gov.cn）等。

（三）农业保险补贴范围不断扩大，补贴比例不断提高

自 2007 年中央财政拿出 10 亿元选取 6 省区市进行政策性农业保险保费补贴试点以来，政策性农业保险补贴范围不断扩大、补贴比例不断提高。2016 年，中央财政拨付农业保险保费补贴 158.30 亿元，同比增长 7.47%，是 2007 年的 7 倍多。

从补贴险种来看，财政补贴已由最初的种植业 5 个种类，扩大至种植、养殖、森林 3 大类 15 个种类，基本覆盖了关系国计民生和粮食、生态安全的主要大宗农产品。

从补贴比例来看，财政补贴从对种植业和能繁母猪在"试点省份省级财政部门承担 25% 的保费后，财政部再承担 25% 的保费"扩大到"种植业在省级财政至少补贴 25% 的基础上，中央财政对中西部地区补贴 40%、对东部地区补贴 35%……养殖业在省级及省级以下财政至少补贴 30% 的基础上，中央财政对中西部地区补贴 50%、对东部地区补贴 40%……公益林在地方财政至少补贴 40% 的基础上，中央财政补贴 50%……商品林在省级财政至少补贴 25% 的基础上，中央财政补贴 30%……藏区品种、天然橡胶在省级财政至少补贴 25% 的基础上，中央财政补贴 40%"。在上述补贴政策基础上，中央财政进一步对产粮大县三大粮食作物保险加大支持力度，对缓解产粮大县县级财政负担、扩大农业保险覆盖面、保障国家粮食安全等起到了积极作用。

从补贴区域来看，能繁母猪保费补贴范围为"中部地区 10 省、西部地区 12 省、新疆兵团及黑龙江省农垦总局，广东省农垦总局和海南省农垦总局"，种植业从 6 省区市，全面扩展到全国范围的财政农业保险保费补贴。

（四）农业保险的保费规模和保险覆盖面持续较快增长

2007～2018 年，我国农业保险保持快速增长势头，累积保费已经达到 3323.16 亿元，保费规模仅次于美国，已成为全球最重要、最活跃的农业保险市场之一。农业保险保费收入从 2007 年的 53.33 亿元快速增长到 2018 年的 572.65 亿元，十一年间增长了 9.74 倍，充分说明农业保险的覆盖面不断

增长，在农业生产保障、农民收入增长、保障国家粮食安全等方面发挥了有效的作用（见图1）。

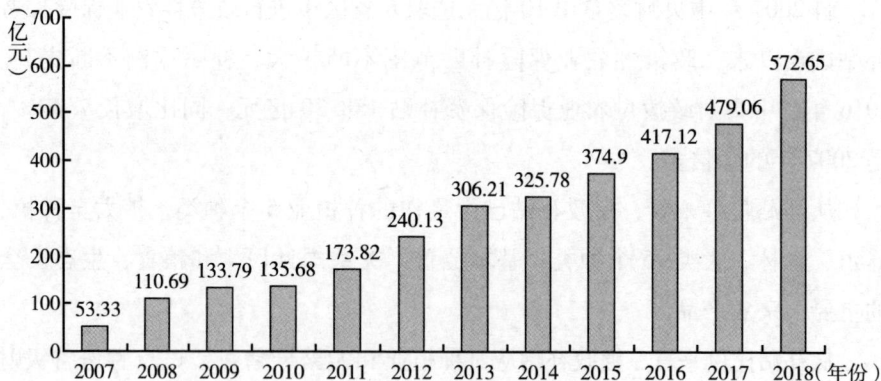

图1　2007～2018年农业保险保费收入

资料来源：《中国保险年鉴》（2007～2018）及相关统计。

从险种类别来看，种植业保险保费收入从2007年的32.3亿元快速增长到2018年的392.33亿元，十一年间增长了11.15倍（见图2）；养殖业保险保费收入从2007年的21.03亿元快速增长到2018年的180.32亿元，十一年间增长了7.57倍（见图3）。

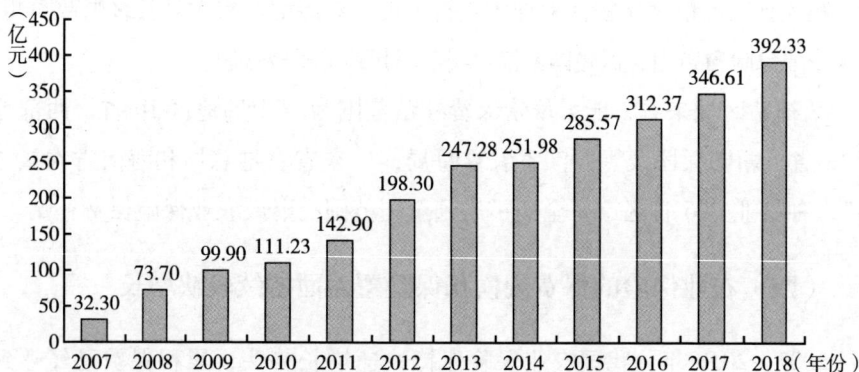

图2　2007～2018年种植业保险保费收入

资料来源：《中国保险年鉴》（2007～2018）及相关统计。

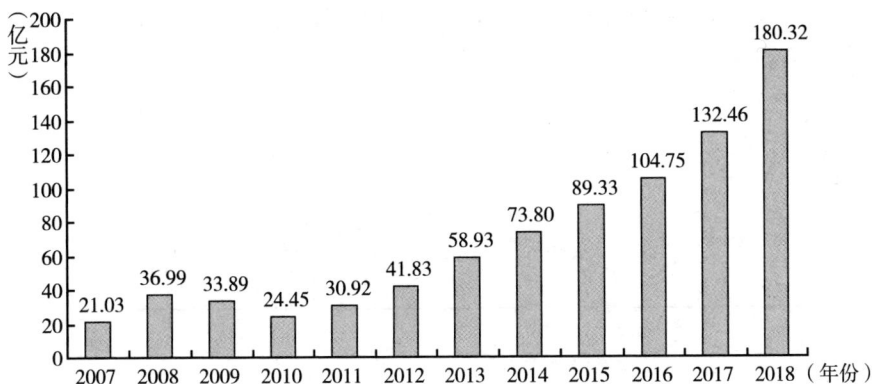

图 3　2007～2018 年养殖业保费收入

资料来源：《中国保险年鉴》（2007～2018）及统计数据。

从险种结构来看，如图 1、2、3、4 所示，一是种植业保险占比仍然较高，但保费增速有所下降。2018 年种植业保险保费收入占比为 68.51%，明显高于养殖业保险。二是养殖业保险保费增速较高，潜在发展空间巨大。2018 年度种植业保险保费增速为 13.19%，养殖业保险保费增速为 36.13%。三是新型险种发展迅速。2014 年目标价格保险承保品种发展到生猪、蔬菜、粮食作物和地方特色农产品等，试点地区扩展到 20 个省份，参保农户 77 万户次，保费收入 2.8 亿元，提供风险保障 62 亿元。

从地域分布来看，如图 5 所示，2007～2016 年，河北、辽宁、江苏、安徽、河南、广东、广西、甘肃、青海、宁夏 10 个省份的农业保险保费增长较快，占比从 2007 年的 1.94%、0.18%、1.72%、1%、2.62%、0.99%、0.51%、0.77%、0.19%、0.11% 分别增长到 2016 年的 5.48%、3.75%、4.04%、5.27%、6.70%、2.59%、2.07%、2.02%、0.67%、0.95%；内蒙古、吉林、浙江、四川、新疆 5 个省份的农业保险保费增长较慢，占比从 2007 年的 8.12%、12.92%、3.2%、13.59%、14.19% 分别下降到 2016 年的 7.69%、3.55%、1.63%、7.49%、8.67%。可见，随着农业科技的不断进步和国家政策的支持，全国各地农业保险都保持增长的势头，但是出现地区增速和发展空间的差异。

图4 2007~2018年种植业和养殖业保险增速对比

资料来源:《中国保险年鉴》(2007~2018)及相关统计。

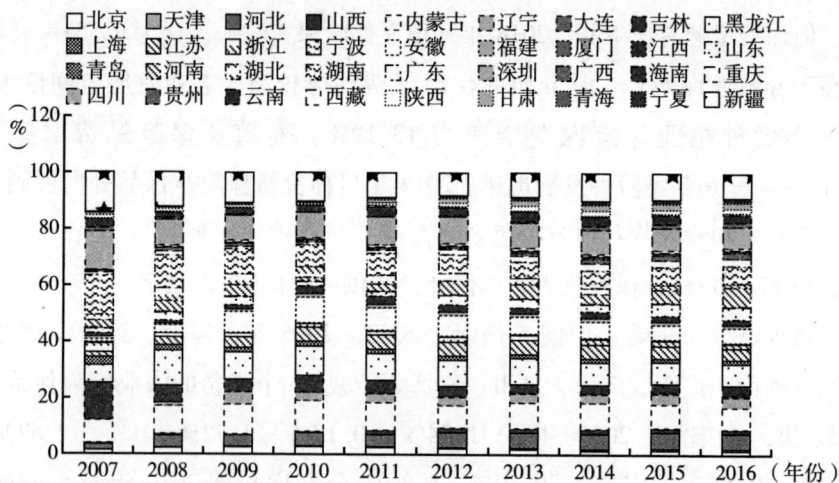

图5 2007~2016年全国农业保险保费占比

资料来源:《中国保险年鉴》(2007~2018)。

(五)农业保险的经济补偿作用得到有效发挥,已经成为稳定农业生产、保障国家粮食安全的重要手段

近年来,在政府的大力支持和引导下,农业保险经济补偿功能得到较好

发挥。从承保险种来看，农业保险已经覆盖了农、林、牧、副、渔业的各个方面；从开办地域来看，农业保险已经覆盖了全国所有省份。2007～2016年，农业保险承保农作物面积从2.3亿亩增加到17.21亿亩，承保农作物品种达到211个，玉米、水稻、小麦三大口粮作物承保面积承保覆盖率超过70%，提供的风险保障从1126亿元增长到2.16万亿元。2007～2014年参保农户数达到2.47亿户次，赔款也在逐年提升，共计向1.68亿户次的农户支付赔款958.62亿元。例如，2009年东北特大旱灾，为5200万亩受灾作物支付赔款19.5亿元；2013年东北涝灾支付赔款38.56亿元。可见，农业保险较好地保障了农业生产，对促进农民增收起到了积极的保障作用。

（六）农业保险大灾风险分散机制不断完善

近年来，随着保险公司风险防范意识的增强和政府多方位的支持和规范，我国多层次农业保险大灾风险机制得到不断完善。从2007年起，连续10年的中央一号文件要求完善我国农业巨灾风险转移分摊机制。2013年，财政部发文规范了农业保险大灾风险准备金的管理，明确了遵循"独立运作、因地制宜、分级管理、统筹使用"的原则。在此基础上，地方也做了很多有益的实践尝试，积累了宝贵经验。例如，浙江、江苏地方政府与经办农业保险的公司按比例共担超赔风险，北京、成都地方政府出资建立大灾风险基金等。

（七）农业保险在服务"三农"中发挥重要作用

随着各级政府的重视和支持，农业保险在服务"三农"中发挥着重要作用。第一，从产品创新来看，保险公司与地方协同因地制宜推出了一系列具有特色农业经营风险的创新产品。例如，上海、北京、四川等地开展了蔬菜价格指数保险、生猪价格指数保险等，农业保险的保障范围从传统的生产物化成本向农产品价格转移，保障风险从自然风险向市场风险延伸；又如，新疆喀什疏附县探索农户综合保险模式，对农牧民农业生产及家庭财产、人身意外伤害等提供综合性保险保障。第二，从服务能力来看，各保险公司投入大量资源，完善服务网络，不断提升服务水平和服务能力。例如，人保财险、中华财险等公司引入无人机航拍等新型科技，提高了承保理赔的服务效率；中华财险、阳光农险在黑龙江农垦和新疆兵团采取人工干预天气等方式，有效增强了防灾防损能力，经济效益和社会效益十分显著。第三，从发挥金融功能、创新支农惠农角度来看，农业保险同样发挥着重要作用。自2007年中央财政开始实施农业保险保费补贴政策以来，财政补贴已成为支农资金最有效的方式之一，切实起到了"四两拨千斤"的杠杆作用。例如，2011年，中央财政保费补贴资金约66亿元，由此为"三农"带来的风险保障达到6523亿元，中央财政资金放大效应近100倍。同时，农业保险通过对灾后农民提供经济补偿、与金融信贷相结合等方式，提高了农民的偿债能力、有效改善了农村金融服务链，缓解了农民贷款难的问题。例如，人保财险的"银保富"产品等。

综上，我国农业保险发展取得了长足进步，从政策目标和功能作用上来看，农业保险从提供灾后经济补偿单一目标向完善农业支持保护体系、服务农业现代化、服务扶贫开发等综合目标和功能拓展；从发展方式上来看，农业保险从粗放式经营逐步向专业化、精细化发展模式转变；从发展动力上来看，农业保险从以往主要依靠财政补贴的单元驱动模式向产品创新、服务创新和农户参保意识增强的多元驱动模式转变；从发展速度来看，农业保险从高速增长向中高速增长转变；从保障范围来看，农业保险由保自然风险向保市场风险、质量风险在内的综合风险延伸。

三　我国农业保险发展中存在的问题及相关建议

（一）我国农业保险发展中存在的问题

在回顾我国农业保险发展取得的显著成绩的同时，我们也看到当前农业保险发展中还存在一些亟待解决的突出问题，主要表现在：（1）农业保险制度缺乏从顶层设计规范和完善农业保险的法律、法规、制度体系；

（2）农业保险费率水平较低，覆盖面仍然较小，与各地农作物风险状况不匹配；（3）农业保险产品开发能力有待进一步提升；（4）政府支持力度有待进一步全方位强化；（5）农业保险宣传组织不足，农民的保险意识仍需提高。

（二）我国农业保险发展的政策建议

1. 强化顶层设计，全方位完善制度体系

我国农业保险制度是在具有中国特色的社会主义市场经济的政治、经济和法律框架下逐步探索发展的，对推动我国农业保险发展起到了重要的作用，取得了很好的成绩。但是，我们需要看到，我国农业保险缺乏更高层面的顶层设计，仅仅停留在《农业保险条例》的层面，没有上升到经过全国人民代表大会审批的法律层面。而农业保险不仅涉及关系国计民生和粮食安全等的重要农作物、畜产品等，而且涉及整个"三农"保障体系的建立和完善，涉及我国农村治理模式的改变等，所以，农业保险制度的建立应该上升到全国人大审批的法律层面，全方位完善制度体系，建议尽快研究制定"农业保险法"。

"农业保险法"的内容包括但不限于：（1）应从顶层规划农业保险的整体框架，指导各省制定或完善农业保险经营模式，不仅要允许因地制宜、分散决策、制度创新，而且要规划农业保险的发展要点，列明不可或缺的制度要素，以便各地参考，防止因某些重要制度要素缺失导致农业保险的运作出现较大偏差。例如，大灾风险管理制度、农业保险风险评估和费率厘定机制。（2）要区分农业保险中政策性与商业性的定位和导向。例如，对于政策性农业保险，政府在择优选择的基础上，要稳定保险公司经营预期，明确经营区域、经营险种和经营期限等。（3）明确对国民经济发展、推进"三农"体系建设的重要意义和举措。（4）农业保险经办机构的要求。例如，服务网络、投入要求等。（5）业务规范。例如，明确几种农业保险的工作模式，包括对农民的宣传、组织收费和理赔到户的具体组织和推动模式等。（6）农业保险涉及部门的分工协作、职能边界等。例如，明确各级政府的

牵头部门，并细化各自工作职责和基本工作目标。（7）政策性农业保险的财政补贴范围、比例、方式等。例如，对农业保险经办机构在国内进行再保险安排（包括农共体），并进行再保保费补贴，以激励直保公司不断扩大服务领域。（8）农业保险大灾风险分散机制。（9）农业保险合同规范。（10）农业保险法律责任。

2. 进一步加大中央财政保费补贴力度

从我国的农业保险实践来看，农业保险作为分散农业生产风险和创新农村金融服务的手段，已经得到大家的一致认可，不仅符合国际通行规则，也符合我国国情。因此，建议进一步加大对农业保险的补贴力度，逐步改变事后救助为引导商业化手段以不断强化事前防范。一是逐步扩大中央财政补贴品种范围。一方面，逐步探索将涉及居民基本生活的重要农产品和畜禽纳入中央财政补贴范围（如肉羊、肉牛、养鸡以及新疆特色林果业等），设立特色农产品保费补贴项目，给予适度保费补贴，支持农业供给侧改革工作的推进；另一方面，逐步将中央财政补贴的主要粮棉作物的收入保险纳入补贴范围，以加大推进农业保险由物化成本保险向产量保险、收入保险的转变，从防范自然风险向包括市场风险、质量风险在内的综合风险延伸。二是在完善基础制度、引导地方农业保险经营模式的基础上，提高中央财政保费补贴力度，降低农业大省各级财政保费补贴比例，同时探索农业大省财政"省、市、县"三级补贴模式向"省、市"两级补贴模式转变。三是提高保障水平。目前，全国各地方相同作物的保障水平还有较大差异，有的省非常低，导致农民缺乏保险意愿，建议对国家大宗农作物和主要畜禽的物化成本建立风险保障最低参考标准，供各省参照执行，提高农业保险风险保障能力和水平。

3. 探索建立农业直接补贴政策与农业保险保费补贴政策有机结合的机制

由于当前农业保险缴费难和收费成本高仍然制约着农业保险发展和工作效率的提高，建议试点推进农业直接补贴政策和保险保费补贴政策相结合机制，探索解决"一边发放农业补贴、一边收取农业保险保费"的问题。建议通过公开、透明、严格的程序，将部分涉农直接补贴资金转换为农户自交保费部分，充分发挥支持政策的协同效应。同时，保险公司应协同地方政府做好相关政策宣传，如告知、公示等工作，确保农户知情并提供相关保险凭证，以提高农业保险承保工作效率、降低政府和保险公司成本，不仅有利于承保覆盖面的扩大和理赔服务工作的开展，而且能够有效提高农业抗风险能力。

4. 建议加快建立健全农业保险准入和退出机制，保持农业保险市场适度竞争

农业保险在保险标的、风险特点、经营规则、专业技术等方面的要求，与普通的财产保险显著不同。而且，农业保险的"正外部性"决定其具有"市场失灵"的特征，需要政府在有限竞争的环境下对其加以引导和支持。换句话说，政策性农业保险虽不排除市场竞争机制，但这种竞争应是受约束的有限竞争或适度竞争，而不应是充分的自由市场竞争。因此，建议农业保险采取适度竞争模式，一方面，政府给保险公司划片经营或者只允许在省和市级竞争，规定一个县只能由 1~2 家保险公司经营农业保险，经营险种不出现重叠，且给予一段时期内的稳定经营；另一方面，加快农业保险准入和退出机制建设，建立严格的农业保险市场准入标准和服务评价机制，对服务质量不达标、考评不合格的机构，要求退出农业保险市场。

综上，随着我国政治、经济改革的不断深化，我国农业保险受到各级政府的高度重视和大力支持，国家政策频出，效果显著，农业保险的发展空间巨大，但同时也面临很多挑战。所以，在新的发展时期，应遵照十九大报告要求，从国家社会经济发展的战略高度对农业保险进行顶层设计，使农业保险不仅成为我国现代农业风险管理的基本手段，而且成为农业支持保护体系和农村保障体系的重要组成部分，成为不断改进农村公共服务、提高农村社会治理的有效方式。

参考文献

陈文辉：《中国农业保险市场年报》，南开大学出版社，2016。

李茂生、李光荣主编《中国"三农"保险发展战略：努力构建三支柱"三农"保

险体系》，中国社会科学出版社，2010。

中国保监会财产保险监管部：《2013 年中国农业保险发展报告》，2014。

中国保监会财产保险监管部、南开大学农业保险研究中心：《中国农业保险发展报告》，2015。

李同彬：《市场条件下农业的弱质性及其保护》，《农业经济》2005 年第 11 期。

刘峰：《对新常态下农业保险发展改革的几点思考》，中国保险报网，http：//xw. sinoins. com/2015 – 12/30/content_ 180030. htm。

庹国柱：《我国农业保险的发展成就、障碍与前景》，《保险研究》2012 年第 12 期。

庹国柱、朱俊生：《完善我国农业保险制度需要解决的几个重要问题》，《保险研究》2014 年第 2 期。

尹成杰：《关于推进农业保险创新发展的理性思考》，《农业经济问题》2015 年第 6 期。

于一多：《我国农业保险市场失灵及政策建议》，《上海保险》2010 年第 12 期。

李传峰：《公共财政视角下我国农业保险经营模式研究》，博士学位论文，财政部财政科学研究所，2012。

逯家英：《城镇化进程中农业保险发展问题研究》，博士学位论文，吉林大学，2015。

《中央财政农业保险保费补贴试点管理办法》的通知（财金〔2007〕25 号）。

财政部关于印发《中央财政农业保险保险费补贴管理办法》的通知财金〔2016〕123 号。

《关于加大对产粮大县三大粮食作物农业保险支持力度的通知》（财金〔2015〕184 号）。

B.14
农村土地经营权资本化创新与实践

梁小翠　萨日娜*

摘　要： 农村土地经营权资本化方兴未艾。资本化手段不仅提升了农村土地经营权作为重要生产资本的流动性，也极大促进了农业规模化经营进程。本报告从我国农村土地经营权资本化的现实背景出发，探讨了资本化创新实践模式，包括农地入股、土地银行和土地交易所、农村土地经营权抵押贷款、农村土地流转收益保证贷款、农村土地经营权流转信托等；总结了农村土地经营权资本化当前面临的几大问题，包括相关法律法规与现行政策的冲突、非粮化程度加剧、配套体系有待进一步完善等。本报告认为，资本化未来趋势是以农村土地经营权为基础的农村金融产业链业态更加丰富、农村土地经营权资本化各类业态的资产证券化可期、资本化进程中的配套体系和制度环境不断完善，建议进一步完善相关法律法规、加大政府对涉农金融机构支持力度、加快土地金融产品体系建设并积极吸引社会资本参与或控股涉农金融及相关产业机构。

关键词： 农村土地经营权资本化　农地入股　股份合作　经营权抵押贷款　农村土地信托

---

* 梁小翠，中国社会科学院研究生院经济学博士，现就职于中国国新基金管理有限公司，主要研究方向为房地产行业及地产金融。萨日娜，中国财政科学研究院博士，现就职于中国信达资产管理股份有限公司，主要研究方向为宏观经济、股权投资与市场化债转股等。

所谓农村土地经营权资本化是指，不论土地经营权流转方式为何种，将依托于土地经营农业产生的未来收益折算成市场现值的过程，资本化能够为土地经营权这一资产的市场交易提供价值标尺。从国内外实践来看，农村土地经营权资本化至少应具备三个基本条件：清晰的土地经营权权利边界、实现权利流转的交易平台和土地经营权市场价值。以农村土地经营权资本化为最终目标的新一轮土地制度改革，正在从根本上改变土地作为极其重要的生产资本的经济意义与社会意义。

一　现实背景

目前土地流转已经进入关键阶段，伴随着农业规模化经营的推动和农地立法保障的共同作用，农村土地经营权资本化进程正处于提速的进程中。本报告中的农村土地经营权特指农民通过承包经营方式获得的基本农田经营权，农村房屋产权和集体建设用地使用权等农村产权不在本报告的讨论范围之内。

（一）农业规模化经营助推资本化进程加速

长期以来，我国农业发展一直受制于分散经营和农业技术落后，这一现状与现代农业专业化、标准化、规模化、集约化要求的矛盾与日俱增。同时，受经济结构调整和城镇化进程影响，大批劳动力从农村流出，弃耕抛荒现象严重，农村土地经营权作为重要的生产、生活和生存资本流转需求愈加迫切。一面是大量农业经营者对大规模农地的"求而不得"，另一面是贫困农民无法高效利用农地和缺乏社保体系有效覆盖，农村土地资本化作为有效解决这一"两难困境"的对策应运而生。

据农业部数据显示，截至 2016 年底，全国农地确权面积 8.5 亿亩，约占全国第二轮承包合同面积的七成，2582 个县（市、区）开展了农村土地经营权流转试点，流转面积 4.7 亿亩，约占全国农民承包耕地总面积的 35.1%，同期农业经营收入占家庭收入比例降至 1/3 以下。另据中国农村网数据，截至 2017 年底全国家庭承包耕地流转面积 5.12 亿亩，同比增长

6.9%，流转面积占家庭承包耕地面积的37%，比2016年提高1.9个百分点。农村土地经营权流转催生了大量规模化经营主体，规模经营主体主要分为四大类：第一类主体是家庭农场，总量为87.7万家，近三年同比增长率平均为131%（见图1）；第二类主体是农民生产型或服务合作社，总量为193万家；第三类是农业企业，具备一定规模的农业企业数量已经达到13万家；第四类是农业社会化服务组织，多由政府、集体、事业单位等与农户有机组合而成，总量为115万家。据农业部数据，目前全国已有20余省份建立了工商资本租赁农地的监管和风险防范制度，全国范围内已经建成近2万个土地流转服务中心，农村土地经营权有序流转、农业适度规模经营的健康发展格局已经初步形成。

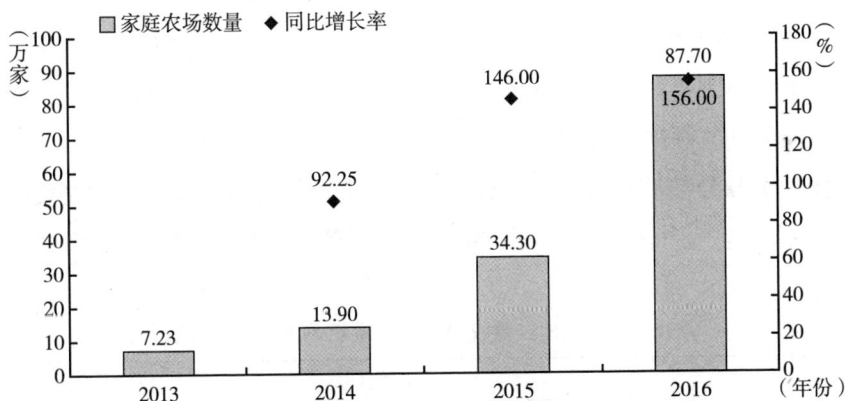

图1 2013～2016年我国家庭农场数量及同比增长率

资料来源：农业部2013～2015年家庭农场专项调查、农业部。

基于土地经营权从承包经营权分离、收益权和财产权有效分割两大前提条件，农业规模化经营快速发展，显著提升了土地资源配置效率，从而助推我国农业现代化进程。与之相伴随的是，农村金融体系在政策引导和扶持下正深度渗透农村经济活动，以更快脚步盘活巨大的农村存量资产，土地经营权资本化进程有望进入加速周期，预期农村金融创新产品不断增多、结构更趋复杂将是整个金融行业发展的一大趋势。

（二）三权分置赋予土地经营权资本化加速发展的良好制度环境

受土地制度改革滞后于农村经济发展的影响，农村土地流转过程中遇到大量阻碍因素，金融机构面临巨大的法律风险而抑制其涉农金融业务的积极性，进一步导致农地这一重要生产资本一直"沉睡"，既无法为进城务工人员提供创业就业的"初始资本"，也无法为以种植为职业的农民真正提供社会保障功能。

自 2008 年 10 月，人民银行联合银监会等部门下发《关于全面推进农村金融产品和服务方式创新的指导意见》后，地方金融机构大力支持农村土地承包经营权资本化进程，以农地入股、承包经营权抵押贷款和土地信托等形式为代表的资本化形式纷纷涌现。2009 年 3 月《关于进一步加强信贷结构调整 促进国民经济平稳较快发展的指导意见》的发布为全国范围的土地经营权抵押贷款试点解绑，至 2015 年初，农村土地经营抵押贷款试点已经实现在全国范围内铺开，2016 年 3 月，《农村承包土地的经营权抵押贷款试点暂行办法》的出台更是为农村金融机构提供了原则性的指引。2016 年 8 月《关于完善农村土地所有权承包权经营权分置办法的意见》正式确立"三权分置"，此轮农村土地制度改革的核心思路进一步得以明晰。表 1 为农村土地经营资本化主要相关法律法规。

表 1　农村土地经营权资本化主要相关法律法规梳理

年份	文件名称
2008	《关于全面推进农村金融产品和服务方式创新的指导意见》
2009	《关于进一步加强信贷结构调整　促进国民经济平稳较快发展的指导意见》
2013	《中共中央关于全面深化改革若干重大问题的决定》
2010	《2010 年中央一号文件》
2014	《关于引导农村土地经营权有序流转发展农业适度规模经营的意见》
2015	《关于开展农村承包地的经营权和农民住房财产抵押贷款试点的指导意见》
2015	《关于做好 2015 年农村金融服务工作的通知》
2016	《农村承包土地的经营权抵押贷款试点暂行办法》《农民住房财产权抵押贷款试点暂行办法》
2016	《关于完善农村土地所有权承包权经营权分置办法的意见》
2017	《关于加快构建政策体系培育新型农业经营主体的意见》

资料来源：根据公开资料整理。

农村土地"三权分置"是对于现行农村土地制度"两权分离"的改革，目的正是为了解决当前农地所有权和承包经营权的矛盾问题，将经营权从承包经营权这一权利束中剥离出来，突出经营权重要性的同时提出放活土地经营权。"三权分置"赋予农地真正的经营者更多的法律保障和相应的权利，一方面使农业在更长周期内健康发展，另一方面为农村土地经营权资本化进程构建了良好制度环境。

明晰的经营权权利和边界是"三权分置"，是农村土地经营权能够在土地流转系统内公平、公开交易的前提条件，是切实推进农村土地经营权资本化进程的基础。据农业部数据，截至 2018 年底，全国承包地确权登记完成面积 14.8 亿亩，占实测面积的 89.2%，30 个省份已向党中央、国务院报告了此次工作基本完成。

（三）农村产权市场及配套体系不断完善

农村土地经营权资本化实质上是将土地资产未来经营收益转换成资产市场现值的过程，土地经营权价值的衡量是资本化过程中的核心环节。近些年来，随着以产权关系调整为核心思想、以"还权赋能"为操作路径的农村土地制度改革不断深入，权利边界清晰、权属关系明确、权益有效保障、流转效率较高的农村产权制度体系正在形成，不断推动农村产权市场及配套建设的建立健全。

受农业零散经营的低效率和农地被强制赋予的"社会保障"职能两大因素制约，土地资本化内生需求较弱，进而导致农村土地承包经营权缺乏流动性，反过来进一步制约资本化诉求产生，形成了"恶性循环"。得益于国家对农业发展的大力支持，农业产业链条和功能形态有了长足的发展，尤其是设施农业、休闲农业等附加值较高的业态推陈出新，提升了整个农业盈利水平，带动了土地流转需求的增长，土地向新型、规模化农业经营主体快速集中。同时，在政策管制放松和大力引导下，农村土地经营权在一定程度上具备了充当抵押物的价值稳定性和可交易性，土地的可交易性显著提升，土地银行、土地交易所、土地投资经营公司等流转中介百花齐放，土地评估机构、土地托管公司和土地保险公司等配套机构队伍也迅速壮大，再加上农村基础社保体系已经基本覆盖，为涉农金融机构开展金融服务提供了前提条件。

可以说，农村土地产权市场及配套体系的不断完善为农村土地经营权资产证券化奠定了坚实基础。农村土地承包经营权在经过"还权赋能"后，收益性、风险性、流动性、产权明确性等资产属性更加清晰，未来通过抵押贷款、信托、农地入股等形式将农村土地经营权资本化，从而盘活农村土地经营权这一存量资产，亦能提升农民收入并推动农民的城镇化率持续提升。

二 创新与实践模式及比较

长期以来，土地的金融属性主要体现在城镇的国有土地上，由此而来的土地财政、地方债问题至今未有彻底解决的途径。自上一次土地制度调整为"所有权与承包经营权相分离"的两元权利体系后，在规模经营农业不断发展的推动下，"弱化所有权，稳定承包权，放活经营权"一直是农村土地制度改革的方向，农户土地承包经营权期限一再延长，实质上已经形成"长久不变"的普遍预期，2016 年 11 月"三权分置"的基本确立为抵押和担保等行为扫清了障碍，农村土地的金融属性不断深化具备了制度基础。图 2 为 2010～2016 年农村土地流转数量及占比。

1. 农地入股

农村土地经营权入股，是指农民将土地经营权作为生产资本的一种，转化为平台企业的股权，从而实现享受规模化农业生产经营效益的目的。2015 年初，农业部决定在江苏武进、山东青州等 7 个地区开展农村土地经营权入股农业产业化经营试点，7 个试点区域先后培育了一批以土地经营权入股的农业产业化龙头企业和农民合作社，基本建立了股份合作制机构的运作机制，取得了良好的阶段性试点成果。但值得关注的是，农地入股这一流转方式在《农村土地承包法》中的土地承包经营权流转方式中被提及，但是并没有对这一方式进行明确界定。

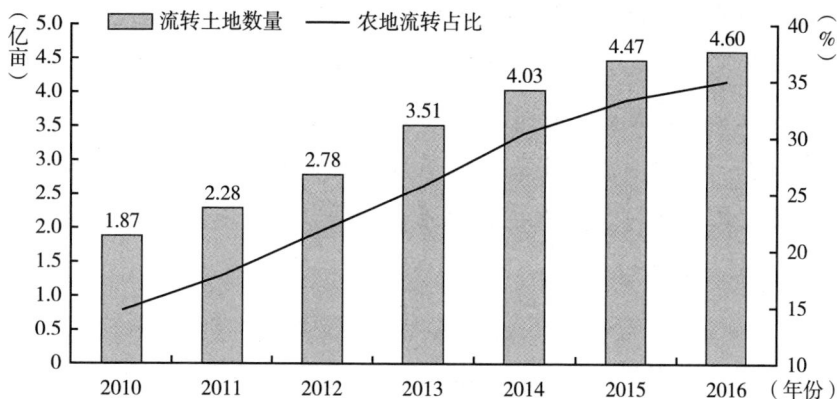

图2　2010～2016年农村土地流转数量及占比

资料来源：农业部。

农地入股实现资本化模式中的平台主体地位非常重要，在降低农村土地经营权流转交易成本和保障农民利益的同时，提升农民与其他市场主体博弈能力。一方面，据其平台主体营利与否可以将其划分为非营利性的社团法人和营利性的合作社法人两种模式；另一方面，依据政府是否在这一过程中起主导作用，又可将农地入股划分为政府主导模式和合作社（村集体）主导模式。目前，农地入股的主要方式有三种，分别为土地入股农业产业经营公司、农地入股农民合作社以及农地入股农村合作社后再入股农业公司（见图3）。收益分配主要采用"保底+分红"方式，但也有少量区域采用直接按股分红、按股分享销售收入的方式。

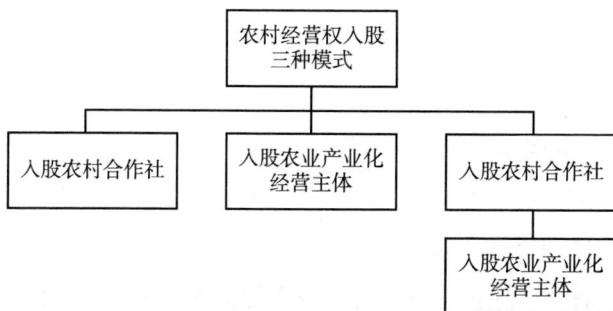

图3　农地经营权入股的三种模式

以湖南长沙为例，长沙市政府鼓励农民以土地经营权作价入股，设立农民土地股份合作社，同时鼓励发展专业合作、股份合作等多元化类型合作社，由合作社统一组织将所集合的土地出租给农业产业化经营主体，并按照"县级有流转中心、乡镇有流转服务站、村级有信息员"的要求，建立健全农村土地流转服务体系，有力地支撑了长沙市农地入股的这一实践（见图4）。

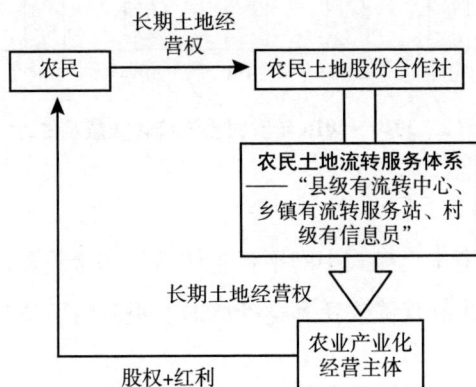

图4　长沙市农村土地经营权入股典型模式

农地入股可称为农村土地经营权资本化进程中至关重要的一环，其意义在于这一进程是诸多农地经营权资本化形式的重要基础，大量地区的农村土地经营权抵押贷款和土地信托是依托于农地入股这一模式快速发展壮大的。农村土地经营权入股实现了农民的风险共担机制和利益共享机制，这对于农民持续获得财产性收入和产业化农业主体规模化获得土地用于经营都具有重要的现实意义。

2. 土地银行和土地交易所

土地银行是指以土地为存贷标的及相关金融服务的金融机构，其主要业务是提供土地抵押贷款和发行土地债券，2009年起，土地银行在成都开始试行。具体来看，土地银行以政府力量作为主导，集合了中介、评估、信贷等功能，一方面，可以实现农民将农地存入土地银行后，土地银行根据中介机构的评估，给予农户确定存储价格的"存地"功能；另一方面，依托于政府力量将农地的承包经营权、集体建设用地使用权和农民宅基地使用权集中，经过一定的开发整理后，将前述土地经营权或使用权"零存整贷"，进而促进农地高效流转和农业规模化经营。四川彭州的土地银行还引进龙头企业，与农业经营主体进行合作，有效降低了经营风险。

土地银行还可以依托于涉农金融机构，为土地存贷者提供相关金融服务，或与信托公司进行合作，将经营权流转形成的受益权形成非标产品，农民可以实现该受益权的转让、继承和赠予等功能。目前我国正处于工业化进程中期向后期迈进、城镇化速度放缓和农业现代化的"三期叠加"发展阶段，决定了我国土地银行需要服务于农业现代化和城镇化的双重目标。为鼓励土地银行提供大量低息贷款，国家可采取财政贴息手段降低贷款利率，同时允许土地银行在银行间债券市场发行土地银行债券来筹集资本金。土地银行模式成熟后，需要尽快建立起农村土地经营权抵押贷款证券化机制。图5为典型土地银行的业务模式。

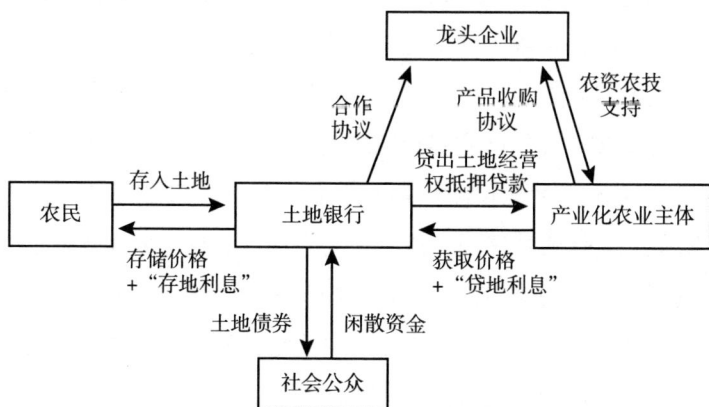

图5　典型土地银行业务模式

重庆市于 2008 年 12 月 4 日挂牌，被誉为"中国第一家土地交易所"。交易所设立之初的目的是利用重庆"地票"制度的试点政策，统筹利用城乡土地资源，将城乡建设用地"增减挂钩"，并通过交易所以招拍挂手段实现出租、转让、入股、抵质押、信托等形式的农村土地经营权流转。土地交易所提供土地经营权流转的基础设施和相关配套，以招拍挂形式实现土地经营权的流转，实质是提供土地经营权交易信息的平台，能够通过这种方式实现土地经营权价值的发现和流转，通过公开交易方式保障农地流转交易双方的利益。

土地交易所和土地银行存在共性，也存在差异。可以看出，土地交易所的核心职能在于"土地经营权流转的平台"，而土地银行则是"将农地、农业经营主体、社会资金、涉农企业资源整合并提供全套服务的平台"。

3. 农村土地经营权抵押贷款

农村土地经营权抵押贷款作为资本化最容易标准化的实践形式，一直是农村金融体系重点建设的内容之一，也是政府部门促进和扶持农村金融发展最容易"落子"的领域之一。2016 年 3 月，人民银行会同相关部门印发《农村承包土地的经营权抵押贷款试点暂行办法》和《农民住房财产权抵押贷款试点暂行办法》，从抵押贷款对象、贷款投向管理、风险补偿机制、政策扶持配套机制等方面进行了原则性的指引，并对试点区域的金融机构落实农村土地经营权抵押贷款的试点提出了明确要求，彰显了中央推动这一农村金融产品快速发展壮大的决心。目前，农村土地经营权抵押贷款已经具备一定规模，央行发布的《中国农村金融服务报告（2016）》数据显示，232 个农地抵押贷款试点县贷款余额为 140 亿元，59 个农房抵押贷款试点县贷款余额为 126 亿元。伴随着这一业态的蓬勃发展，农村土地经营权抵押贷款风险补偿机制正在政策的强力推动下在全国范围内铺开，专业化处置不良资产的机构开始出现并发展壮大，这既是农村土地经营权抵押贷款风险开始显现的象征，也是其发展到一定阶段的必然产物。

（1）风险补偿机制的推广

为防范和分担农村土地经营权抵押贷款风险对农村金融机构产生的巨大影响，不少区域探索建立了风险补偿基金为代表的风险补偿机制。以潍坊市为例，由市和区县两级财政设立风险补偿基金，在涉农贷款借款人发生违约时，由风险保证金和风险补偿基金顺序补偿，风险补偿基金最大补偿金额为贷款损失金额的20%，实质上形成了政府、农村金融机构和借款人共同承担贷款违约风险的局面（见图6）。

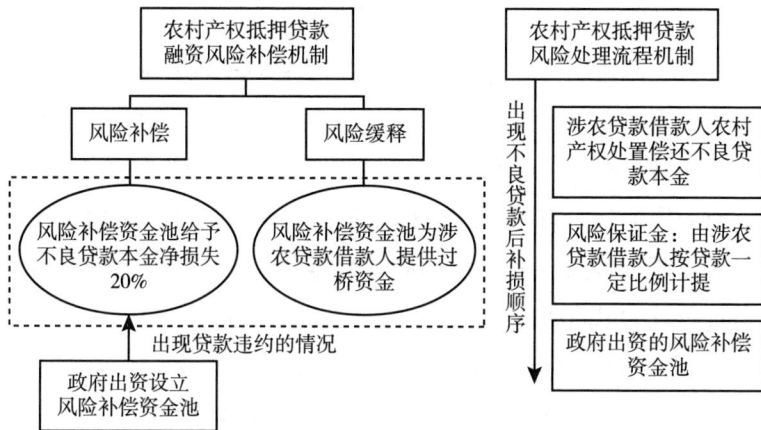

图6　潍坊市构建的农村土地经营权抵押贷款风险补偿机制及风险处理流程机制

资料来源：根据资料整理。

（2）专业化不良贷款处置机构出现

不少试点区域利用专业化中间机构对违约贷款的抵押物进行处理，中间机构的类型包括物权公司、融资性担保公司等，这些专业机构的出现有效降低了农村金融机构贷款顾虑。以四川省为例，当涉农贷款借款人不能如期偿还金融机构的抵押贷款时，由融资性担保公司代为偿还金融机构贷款，并获得借款人抵押的土地经营权，融资性担保公司可以将土地经营权进行阶段性再流转，待收回代偿的贷款本息后再退还给借款人。值得关注的是，即便此类中间机构只是阶段性流转土地经营权，但仍然需要关注农村土地经营权实际由中间机构进行流转的合法性。

（3）防范农民"失权失地"的政策将约束风险范围

不少试点区域制定了防范农民全部失地的举措，有效约束了农民因"失权失地"而导致的社会不稳定风险。例如山西省要求借款人抵押的承包地面积不得超过其所拥有承包经营权土地面积的2/3，山东省枣庄市规定土地合作社用于经营权抵押贷款的面积比例不得超过 1/3，且抵押年限不得超过 3 年。前述措施有效保证了借款人满足基本生活的社会保障要求，同时也达到了盘活部分农村资产的目的。

总体来看，农村土地经营权抵押贷款主要涉及农业产业化经营主体和金融机构两类群体，关系网较农村土地信托、土地银行等形式简单，从而决定了其外部性风险有限，但土地经营权资本化程度高，产生的衍生风险大。具体来看，对农民而言，有"失地失权"风险，对政府而言，面临社会稳定和担保风险，对金融机构而言，面临政策风险和经营风险。因此，农村土地经营权抵押贷款的风险防范和控制制度建设就尤为重要。

4. 农村土地流转收益保证贷款

顾名思义，土地收益权保证贷款是以农地的未来预期收益作为还款保证向金融机构申请贷款，土地收益保证贷款实际上也是土地经营权抵押担保融资模式的一种，但其土地价值评估模型与土地经营权抵押贷款并不一样，土地经营权抵押贷款模型是基于地租折现，而土地收益保证贷款则是基于土地所获收益折现，实质上都是来源于金融机构对于未来经营土地可能获得收益的价值评估。具体来看，土地收益保证贷款的核心条款包括两个：一是物权融资公司与贷款农户签订土地流转合同，将土地经营权转让给物权融资公司；二是物权公司充当贷款担保人，在贷款农户无法履约时先行偿付，通过将土地经营权另行发包收回本息。图 7 为吉林省土地流转地收益保证贷款模式。

土地收益保证贷款基于《农村土地承包法》中的允许土地承包经营权转让、转包、互租、互换的条款，将土地承包经营权流转给物权融资公司，合理规避了《担保法》和《物权法》不允许农村土地承包经营权设置抵押的法律限制。

5. 农村土地经营权流转信托

土地信托更准确的名称应为农村土地经营权流转信托，其核心载体为土地经营权的流转过程，是指在不改变农村土地集体所有制和不影响农户土地承包权的前提下，由信托机构接受代表农民意愿机构的委托对农村土地经营权进行流转、收益的过程。

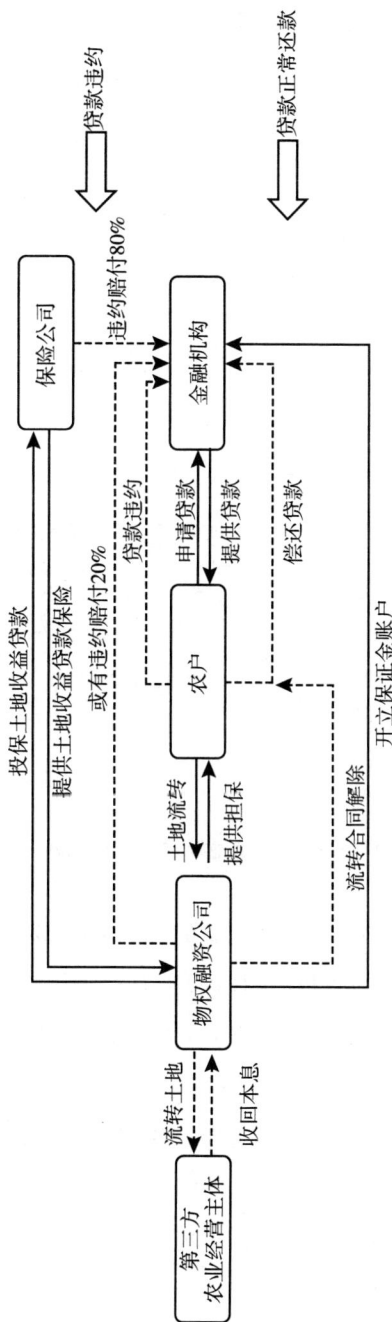

图7 吉林"物权公司＋银行＋保险"土地收益保证贷款模式示意

土地经营权流转信托的受托主体不同，可以将土地信托划分为两大类型：基层政府为主体（包括乡镇政府和村委会）和农村股份专业合作社为主体，恰好对应了农村土地信托以政府为主导和以信托公司为主导的两个阶段。部分对信托公司进行业绩考核的基层政府主体容易陷入过度干预信托公司决策的局面，与现在金融体系中的脱行政化趋势背道而驰，因此不少地区选择在运作模式中增加集体资产经营管理中心或是采用土地股份专业合作社的方式来规避这一问题（见图8）。

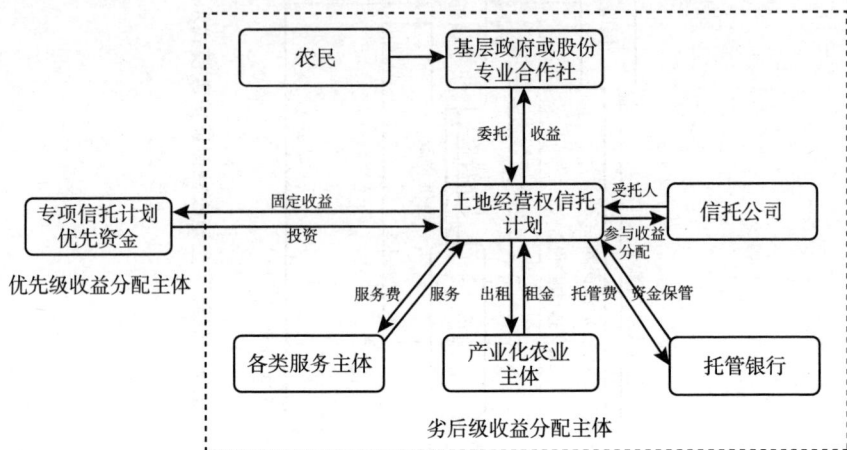

图8　典型农村土地经营权信托模式

从基层政府可能存在的对农民收益的"信用担保"，直到信托机构的"刚性兑付"，整个土地信托过程中风险环节表现为"不断嵌套"，从而导致土地信托对整个农村金融体系可能引致的风险较其他方式更大。针对不少学者提出的土地信托这一流转模式中，土地经营权存在阶段性流入信托机构手中的合法合规问题，本报告认为，现期信托机构逐步摆脱对"刚性兑付"的依赖，回归到"受托理财"的本位上时，这一问题将迎刃而解，信托机构将不存在真实流入的过程，也就不存在"流入主体资质不合格"这一与现行法律法规相悖的问题。

农村土地信托作为创新型的农村土地经营权资本化手段，目前仍停留于初级向中级迈进的阶段，尤其是我国尚未建立起信托财产登记制度，从而导致农村土地信托收益权流转基本无法实现这一问题。尽管原则上《信托法》规定了土地信托应办理登记手续，但对于细节过于原则性的规定使具体过程并不具备可操作性。总体来看，土地信托运行机制正在不断丰富自身的业务模式，在未来"三权分置"的推动下，土地信托的快速发展仍然是值得期待的。

三 目前面临的几大问题

未来相当长的一段时期内，农村土地经营权资本化问题都是影响城乡统筹发展和农业现代化的关键。土地的"三权分置"是最新的改革探索，既需要约束风险产生和扩散的严谨态度，也需要积极稳妥推动改革试点的决心。当前农村土地经营权资本化过程中面临三个方面的问题，即为法律法规与现行政策的冲突、非粮化程度加剧和配套体系有待进一步完善。

（一）相关法律法规与现行政策的冲突

首先，虽然从目前各地试点的结果来看，农村土地经营权资本化各类业态的风险可控，但在全国范围内进行更深程度的推广，将暴露出更多的与现行法律法规相冲突的问题，如专业化中间机构阶段性流转农地是否合法、司法机构对"失地"农民的保护等。

其次，农村土地经营权并无法律明确定义。不论是《物权法》还是《农村土地承包法》均未对土地经营权做出严格意义上的概念界定，这一提法更多存在于理论探讨和政策相关文件中。关于我国农村土地经营权资本化研究的几乎所有文献都提及这一过程中的产权不清问题，尽管近几年政府相关政策不断出台和相关措施不断落地，但法律与当前政策之间的条款冲突仍然未得到有效解决，如目前大量区域试点的农村土地经营权抵押贷款与《担保法》禁止耕地、宅基地和自留地使用权抵押冲突，现行法律框架下相关权益很难获得支持，因此，政策和法律冲突这一问题仍然是阻碍资本化进程的最重要影响因素。即便是现在全国如火如荼的抵押贷款业务也只获得了地方政府文件的明确支持。

最后，在农地流转市场不成熟的区域，涉及农地经营权处置的金融机构法律风险更大。在2010年以前不少区域都试点过"土地银行"这一业态，但这些探索最终并没有取得预期的效果，根本原因就是金融机构在农地流转过程中无法合法地实现对抵押、担保土地的充分处置。农村土地经营权资本化的各类形式需要更长周期、更大范围的试点，需要加快相关法律修订和配套制度构建，进而助推农村土地经营权资本化速度的提升和程度的加深。

（二）非粮化程度加剧

随着政策导向进一步明确和扶持力度加大，各省份已经开始系统性推进农地经营权流转的进程，虽然在农业规模化种植进程加速方面"功不可没"，但同时农村土地经营权资本化进程加速间接引致非粮化程度加剧。非粮化程度加剧主要归因于两点，一是服务于国家战略的粮食农业产业收益率显著低于其他行业，同时当前农业补贴力度不足，从而导致了规模化农业选择非粮农作物；二是粮食农业全产业链亟待升级，从粮食产品的品质升级，到粮食产业生产效率的提升，再到粮食农业的物流配套等，都有巨大的提升空间。在补贴粮食种植而非农户等引导政策配合下，农村土地经营权资本化不应该是非粮化现象的助推力量，而应该是降低非粮化程度的有力工具。

（三）配套体系有待进一步完善

当前农村土地经营权资本化配套体系仍然处于初期发展阶段，仍然需要进一步提升保障力度和覆盖范围。从农村土地市场发展来看，当前土地市场价格形成机制还不健全，进而造成市场难以形成有效的土地价值信号，同时叠加农村土地经营权价值评估体系严重滞后，在两者的共同作用下，导致农村土地市场缺乏专业土地评估机构和科学合理的土地价值评估标准，不利于农村土地抵押、担保等资本化行为的开展，从而导致金融机构开展农村土地抵押等活动积极性不高。从涉农贷款借款人角度来看，普通粮食农业经营风险低于养殖业、经济作物种植业和设施农业的风险，目前农业保险发展显著落后于农业产业诉求，直接制约农业规模化经营，间接制约农村土地经营权资本化进程；从农村金融体系角度来看，除农业保险外，对于农村土地经营权抵押贷款等资本化形式的保险以及农业保险的再保险仍然有巨大市场空间；从农村政府角度来看，受限于地方政府财力，当前风险补偿机制保障力度不足，虽然不少区域建立了风险补偿基金和风险保证金机制，但补偿基金规模普遍偏小，对于涉农贷款的覆盖力度较弱，并不能有效补偿和缓释金融机构发放涉农贷款所产生的风险。

四 资本化未来发展趋势

随着城镇化水平不断提升和我国经济快速发展，农村消费升级已经在路上，并且利用金融手段盘活农村存量资产致富的人也越来越多，当前农村金融体系滞后于日益增长的农村金融需求，为适应这种变化，涉农金融机制必须积极应对，丰富农村产权资本化产品种类，提供更多元化、更便捷、成本更低的金融服务。同时，市场力量将不断推动以政府为主导的配套体系和制度环境的完善，从而促进资本化进程提速。

（一）以农村土地经营权为基础的农村金融产业链业态更加丰富

目前，我国以农村土地经营权为基础发展起来的金融产品仍然处于发展初期向中期迈进的阶段，在传统城市金融体系在农村金融体系中完全"复制"完成后，未来可以期待农业产业基金、农业私募股权投资基金和农业科技创业投资基金等金融机构的兴起，及农业再保险、农村土地经营权抵押贷款资产证券化、农业信贷资产质押再贷款等多种农村金融创新产品出现。也就是说，以农村土地经营权为基础的农村金融产业链业态发展趋势将表现为：业态更加丰富、价值链不断延长和创新稳步加速，进而促进能够提供整个农业产业链金融解决方案的金融资源整合平台出现（见图9）。

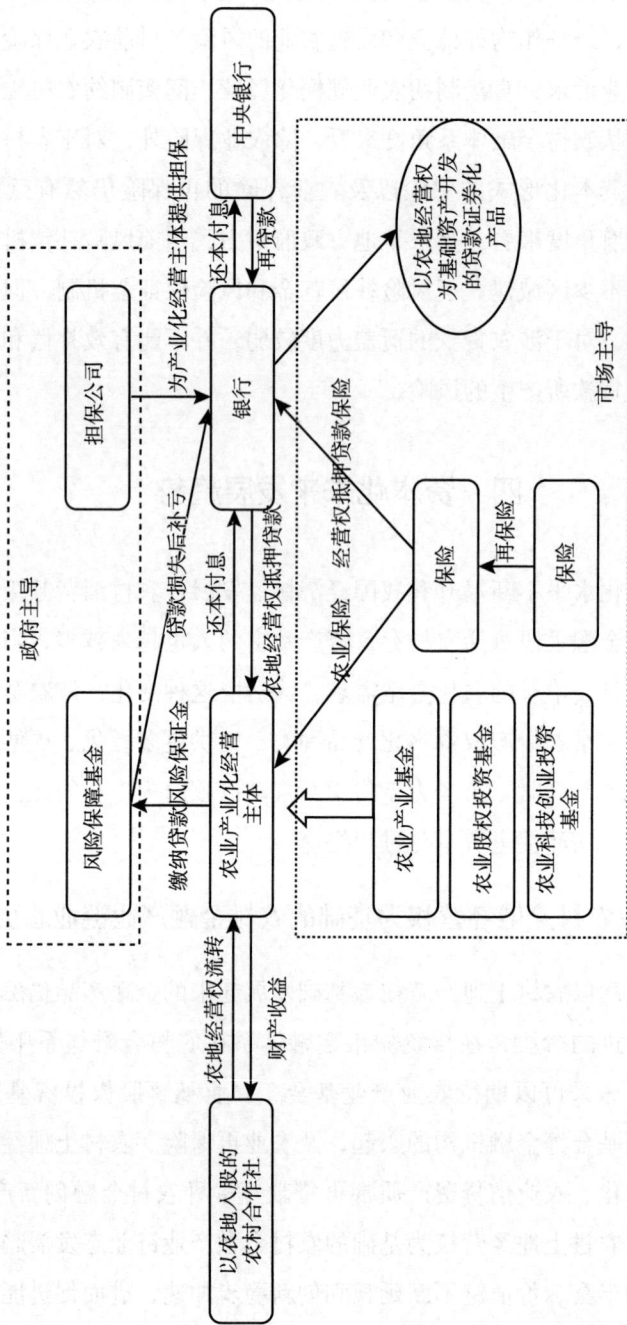

图 9 以农地经营权为基础的更加丰富的农村金融业务链条

（二）农村土地经营权资本化各类业态的资产证券化可期

从制度变革角度来看，农村土地"三权分置"为农村土地经营权资产证券化奠定了坚实基础。"三权分置"确立后，农村土地的收益性、风险性和产权明确性三大资产属性将进一步明晰，未来通过抵押贷款、租赁、土地信托、农地入股等形式将农村土地经营权进行资产证券化，既可以盘活农村土地资产，又可以持续为农民带来财产性收入。如果说抵押贷款、土地银行等农村土地经营权资本化形式只是对于城市金融的"简单复制"，已经推动农村金融产品体系有了长足进展，那么作为更高级的金融创新产品形式，资产证券化在农村土地经营权资本化进程中还并未发挥力量。

我国资产证券化试点起源于 2004 年，但在 2006 年和 2009 年暂停受理后出现阶段性停滞，在 2014 年发布新规后才驶入快车道（见图 10）。资产证券化产品不断推陈出新，收益权、抵押贷款、票据资产等创新业态不断出现，但涉农领域的产品一直处于空白状态。在政策引导和扶持、农村金融体系完善的新形势下，资产证券化将成为盘活农村资产和提升资产配置效率的有效工具。可以说，资产证券化有着广阔的市场空间，只要作为基础资产的农村资产规模足够大、流程能够实现标准化，农村资产的资产证券化业务的市场空间也必然逐步打开。

（三）资本化进程中的配套体系和制度环境不断完善

农村经营权资本化进程的配套体系中农地流转平台、担保体系和不良资产处置三大类主体尤为重要，这三大类主体对应整个经营权资本化链条的三个阶段。农地流转平台处于经营权资本化的初始阶段，为经营权的市场定价提供基础条件；担保体系为流转过程中，农业产业化经营主体的个体信用资质提供增信，在一定程度上缓解农村融资难问题；不良资产处置体系处于流转过程的最后阶段，对农村土地经营权流转过程产生的问题进行"纠偏"。当前资本化进程配套体系已经基本建立，不断完善配套体系就成为提升资本化效率的必然选择。

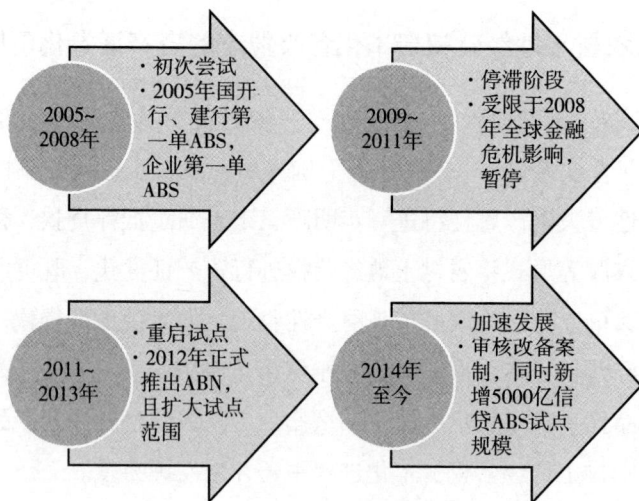

图10 我国资产证券化历史进程

资料来源：根据公开资料整理。

同时，构建农村土地经营权资本化的良好制度环境应主要从两方面入手，即交易制度框架和交易监管机制。一方面是进一步完善交易制度框架，具体可从培育市场化价值评估机构入手，同时搭建交易主体明确、交易流程规范、交易内容合法清晰的产权交易市场；另一方面要强化农村土地经营权流转过程中的交易监管机制，通过定期检查和动态监测等手段确保市场的规范运行，进而保证交易公平，控制交易风险。伴随着"三权分置"改革的不断推进，各地将在原有的资本化手段基础上出现更多的经营方式，健全规范的交易规则和监管制度亟待建立。

五 政策建议

我国农村土地经营权资本化进程总体处于平稳健康的发展状态，但也在其发展过程中暴露出不少需要重视和解决的问题。如法律法规与当前政策文件理念冲突、土地金融产品数量较少、交易监管体系亟待完善、非粮化问题突出、政策支持力度不足等。农村土地经营权流转的数量和效率直接影响我国粮食安全和经济结构调整，在坚持"三权分置"的基础上，必须积极稳妥地推进土地经营权资本化进程。

（一）进一步完善相关法律法规

针对目前政府导向与已有法律法规冲突的情况，需要尽快修订完善《物权法》《担保法》《农村土地承包法》等法律法规，从法律法规层面明确三权分立的内容、性质及法律关系。同时边试边行，进一步推动土地抵押贷款、资产证券化、农地入股等经营权流转形式相关法律法规，加强对各方利益主体的法律保障。有专家建议通过农村土地确权来赋予土地更清晰的产权，但仍需要保持清醒的是，权利边界的划清只是流转的基础制度保障，流转过程的法律保障目前仍然滞后于农村土地经营权资本化的进展。

（二）加大政府对涉农金融机构的支持力度

鉴于农村土地资本化过程中所具备的高风险性特征，需要加大政府对农村土地金融发展的支持力度，降低金融机构的运营成本，包括针对农村金融机构制定针对性财税优惠政策、给予农村金融机构特定低息资金支持。例如法国农村土地金融机构可以享受农业预算项下的大量贴息资金支持，美国联邦土地银行除自有不动产外免征其他税收。除前述优惠政策外，对农村土地经营权为基础的信贷、农业补贴、农产品期货、农业保险等农村金融产品的政策倾斜，也将对更多社会资本参与农村金融市场建设起巨大支撑作用。

（三）加快土地金融产品体系建设

对农村土地经营权资本化的业务流程进行梳理，可以发现多个环节的参与主体缺失，尤其是农村土地评估机构、农业保险机构、农村土地抵押担保机构等主体的建设。从美国土地银行发展历史来看，农地抵押贷款只是农村土地资本化的初始阶段，农村金融体系还需要囊括农业保险体系、农村土地经营权抵押贷款担保体系、农村金融产品资产证券化机构体系和农村金融政策扶持体系等。在土地确权颁证的基础上，制定标准化的土地价值评估体系，完善土地定价市场机制，并进一步推动农地抵押、资产证券化等活动提速，最终实现整个土地金融组织体系的不断完善。

（四）积极吸引社会资本参与或控股涉农金融及相关产业机构

目前，为推动农村土地经营权资本化进程而设立的大部分土地银行、物权融资公司等机构都是由地方政府出资，社会资本参与设立的占比较少。不可否认，社会资本能够优化股权结构，提升机构的公司治理水平，有效提升相关机构的积极性，同时，借助对农民信息更加了解的农村信用社和村民委员会等力量，也能有效解决涉农贷款借款人征信问题和土地经营权评估问题，而这两个问题恰恰是农村土地经营权资本化推进过程中的难点。因此，建议积极调动社会资本参与涉农金融及相关产业机构的设立，发挥市场力量在资源配置过程中的决定性作用，从而有效提升相关涉农机构的运营管理效率。

参考文献

王力、杨利峰等：《农村土地收益保证贷款市场化思考》，《银行家》2016 年第 12 期。

杨利峰：《农村土地收益保证贷款市场调查》，《银行家》2016 年第 6 期。

袁梦、陈印军等：《我国家庭农场发展的现状、问题及培育建议——基于农业部专项调查 34.3 万个样本数据》，《中国农业资源区划》2017 年第 6 期。

B.15
农垦国有农地资产化和资本化实践

王　进[*]

摘　要： 依托国有农地的国有农业经济在历史上和现实中都发挥过重要作用。农垦是国有农业经济的骨干和代表，农垦土地占国有农地绝大部分。多年发展凸显出农垦土地权能缺乏明确界定、资产价值不能显现的问题，需要通过推进国有土地资源资产化、资产资本化，释放土地潜能、提高土地市场化配置水平，增强农垦核心竞争力、壮大农业国有经济。近年来全国部分地区通过作价出资、授权委托、抵押担保等形式进行了有益的探索，取得了初步的成果。

关键词： 农业国有经济　农垦　国有农地资产化　抵押担保

一　历史上的国有农业经济和国有农地

历史上，国有农业和与之适应的土地所有形式一直在国家经济生活中发挥着重要作用。在国有土地上进行生产的国有农业经济曾经是国家整个农业生产的主流。先秦时期，以井田制为代表的国有农业经济占主导地位，农业的主要形式是领主组织奴隶在国有土地上进行农业生产。随着先进工具和技术的广泛应用，生产力大为提高，开始向未开垦的土地进军，于是土地私有

---

* 王进，山东大学经济学博士，特华博士后科研工作站博士后。曾在财经媒体和地方政府工作多年，现在国家部委工作，主要研究方向为农业金融。

制萌芽了。商鞅变法后，"废井田，开阡陌"，从制度上彻底废除了井田制。私有制的出现激发土地所有者和生产者积极性，农业的生产力得到显著提高。但是历史上国有农业经济一直没有消亡，一直在保障军事供应、公共服务和调节生产关系方面发挥着重要作用。

（一）保障军事供给的需要

兵马未动，粮草先行，冷兵器时代的军事行动在很大程度上依靠人数和战马数量取胜，粮食和战马草料保障决定了军队的战斗力和综合实力。在运输和组织效率低下的古代，在粮食产区和边境之间的运输成本极高，清代中叶的记录显示，从江南运送价值 1 两白银的粮食到西域，运输成本高达 30 两，显然此前时代类似的运输成本不会比清代更低。而近两千年的时间里，古代中国一直面临北方游牧民族的巨大威胁，需要保持相当数量的边境驻军。大规模的驻军的粮食保障一直是统治者头疼的问题。汉武帝在发动对匈奴的三次战役中，动用的兵力超过 100 万，巨大的粮食消耗让统计者根本无法从当地购买获得补给，长期来看由于巨大的成本也无法从内地运输保障，所以在对匈奴战役结束后，汉武帝命 60 万军队在河西走廊屯田，以军队的组织化耕种保障部队自给自足。其后，屯田就成了历朝历代保障边境驻军粮食供应的基本形式。汉代晁错明确提出，屯田的目的是为了实边，主张移民实边，一面当兵，一面屯田，以组织兵农合一的办法对付游牧民族的兵民合一。曹魏时期屯田从单纯的军垦又发展出成建制的民屯，专门设置典农部掌管民屯，各州设置典农中郎将或典务校尉，负责一个州郡的民屯。此后历朝历代屯田不绝，对屯垦的组织管理日臻完善。唐朝从中央政府到地方各级都有负责屯垦管理的机构，中央有工部屯田郎中，掌管全国屯田事宜，道有营田使，州县有营田务。元朝的屯垦组织管理比唐朝更完善，有关统计资料显示，从世祖中统三年（1262 年）三月到文宗至顺元年十二月，军民屯面积总计 1748 万亩，其中军屯面积 830 万亩，民屯面积 768 万亩。明代屯垦不仅有严密的基层组织与管理方式，而且从中央到地方各级都设有专司屯垦的行政管理机构和对屯垦进行监督的监察机构。

（二）区域发展和公共服务的需要

中国古代在一个新的王朝建立之初，面临的头等大事就是尽快弥补战乱造成的损失、恢复农业生产、稳定社会、安抚边疆，确保政权的稳固。秦汉时期的屯垦在这方面起到了举足轻重的作用，并树立了良好的榜样。所以，我国古代历代王朝都以古为鉴，从巩固政权、稳定社会的现实需要出发，大力推行屯垦。因此，屯垦不仅是重农主义思想的体现，也是社会稳定和发展的迫切要求。

一是实行屯垦可以促进边疆和少数民族地区经济繁荣。自秦统一六国之后，中国就成为一个疆域辽阔的多民族国家，在以后的历史变迁过程中，不断又有新的少数民族纳入中国版图，而少数民族居住的地区多为经济落后的边远地区。为了维持这些地区的社会稳定和经济发展，历代王朝都在这些地区开展不同规模的屯垦。从秦朝对东南闽越、西南云贵、西北甘肃、东北辽沈等地进行的军队驻屯和移民垦殖开始，一直到清朝对新疆、康藏高原等少数民族地区的大规模屯垦，都有力地促进了这些地区的农业开发和经济发展，并巩固了国家的统一。

二是保障水利、赈灾等公共服务的需要。水利兴修是保障粮食增产的重要措施，但水利设施这样大规模、大投入的公共产品，恰恰是大地主所不愿投入、小农又无力投入的。屯田部队在负责种植的田卒之外单独设立治渠卒负责水利兴修，提高了土地的产出效率。据《史记·河渠书》记载，著名的漕渠、河东渠、龙首渠、辅渠、灵轵渠等，均是调遣数万乃至数十万士兵修建，使得数十万顷良田得以灌溉。粮仓也是一项必备的大型农用设施，古代屯垦部队对其给予了应有的重视。屯田部队根据区域和职级依次设立都尉仓、候官仓、部仓，设立专门的守谷卒负责军粮的储存、保管、发放，建设布局谨严的仓储体系，以保证军粮的储存、转输和发放。农业生产的周期性和易受自然灾害影响的特点使政府需要承担青黄不接时期和荒年的赈灾职能，国家直接控制的屯垦仓库就成为赈灾的重要载体。

三是促进农业科技的创新和应用。无论是军屯还是民屯都有高度组织化的特点，很多先进的种植技术都会率先在屯垦地区应用推广，汉代赵过发明的代田法就率先在西北屯田中应用并推广到全国。

（三）缓和人地矛盾的需要

古代农业经济的基本矛盾是人地矛盾。土地的私有制在促进生产力发展的同时，也使土地兼并成为趋势。大土地所有者通过买卖获得大规模土地后，再租给无地和失地的农民，可以坐享国家税收和地主地租之间的差额。文献记载，汉朝名义上是三十分之一的低税率（即3.33%），但是土地被大土地所有者占有之后，种地的农民实际上承受的地租高达50%。大土地所有者收取的超量地租又反过来激励了土地兼并进一步加剧，农民承受的地租更高。当交完地租的剩余不能保证生存需要的时候，农民自然会选择脱离土地成为流民。流民积少成多，最后演变成农民起义，颠覆政权。不少学者把土地兼并称作我国历史上不可根除的顽疾，并总结出土地兼并——农民起义——改朝换代的交替循环论。据梁方仲编著的《中国历代户口、田地、田赋统计》一书统计，历史上人均耕地紧张程度十分明显，在有记载的年份中人均耕地10亩以下的年份占41%以上。

农地国有可以部分地缓解这种人地矛盾。政府主要通过平均地权和安置流民两个途径重新配置土地资源和劳动力资源，使市场恢复运行效率。汉武帝时期实行假田制、赋民公田、限民名田，王莽时期实行王田制，东汉时期实行度田制，两晋时期出台占田令，北魏至唐中期颁行均田制。两宋时期还曾经试行"计口授田"和"公田法"。这些国有土地制度的形式各不相同，但用意都在以国家权威对抗地主豪强，达到均田的目的。

二 当代的农垦和国有农地

（一）农垦——国有农业经济的代表

中国特色农业经济体系，是在农业农村长期改革发展的实践中逐步形成的，既包括农村集体经济、农户家庭经济、农民合作经济，又包括农业国有经济。这一体系，是我国以公有制为主体、多种所有制经济共同发展的基本经济制度在农业农村领域的重要体现，是农业农村发展不断取得辉煌成就的基本保障，是符合我国国情农情、适应社会主义市场经济发展要求的战略选择，必须长期坚持并不断完善。

新中国的农垦事业是在特定历史条件下为承担国家重要使命而建立的。自 1939 年设立延安光华农场开始，经过 70 多年的艰苦创业，中国农垦已在全国 31 个省区市建成了 1781 个国有农场、6000 多家国有及国有控股企业。在国有土地上从事农业生产经营，是农垦最本质的属性，也是国有农业经济的主要实现形式。农垦是以国有土地为依托，以农业生产为基础，实行农工商综合经营，第一、第二、第三产业融合发展的特殊组织，在国有土地上从事农业生产经营是农垦的本质属性。作为以国有农场为基本单位，集经济性、社会性、区域性于一体的特殊组织，农垦具有总量不大但作用大、份额不大但贡献大、块头不大但地位高的特征，是国有农业经济的集中代表和主要实现形式，具备鲜明的战略性、先导性和公共性。无论是耕地面积、资产总额、生产总值还是农业生产力发展水平，农垦在我国国有农业经济中都占有绝对优势并处于领先位置，是国有农业经济的重要组成部分，是推进中国特色农业现代化的骨干力量。

（二）农垦土地基本情况和特征

1. 农垦土地的基本情况

土地是农垦最重要的生产资料，是农垦的生存之本、发展之基、民生所依，是国有资产的重要组成部分，是构建中国特色社会主义农业经济体系的重要物质基础，是全国农垦 1400 多万人口赖以生存的基本生活来源。农垦要在推动乡村振兴建设现代农业中发挥示范作用、在维护国家粮食等战略产品安全中发挥国家队作用。2015 年调查显示，全国农垦国有土地总面积约 5.49 亿亩，农用地 3.95 亿亩，其中耕地 0.99 亿亩。

2. 农垦国有土地的基本属性

《中华人民共和国宪法》对我国土地所有权做出了规定:"城市的土地属于国家所有。农村和城市郊区的土地,除由法律规定属于国家所有的以外,属于集体所有。"《中华人民共和国土地管理法》则对土地使用权做出了规定:"国有土地和农民集体所有的土地,可以依法确定给单位或者个人使用。使用土地的单位和个人,有保护、管理和合理利用土地的义务……单位和个人依法使用的国有土地,由县级以上人民政府登记造册,核发证书,确认使用权。"《中华人民共和国土地管理法》中还明确了国家实行土地用途管制制度并界定了每种用途土地的范围:"国家编制土地利用总体规划,规定土地用途,将土地分为农用地、建设用地和未利用地。"其中农用地是指直接用于农业生产的土地,包括耕地、林地、草地、农田水利用地、养殖水面等。

农垦农用地由国家无偿划拨使用,形成了农场对国有农用地的使用权,使用权主体为土地使用权凭据载明的法人实体(包括农垦集团、农场、企业、科研单位等)和个人。由于法律上对国有农用地使用权的取得、权能等都缺乏明确的规定,导致在保护和利用中缺乏法律依据。这种情况直到2015 年中发 33 号文件出台后才有改观。

3. 农垦土地与集体农地的区别

20 世纪 80 年代,在农村家庭联产承包责任制的影响下,农场国有农用地从由农场统一经营逐步发展到以职工家庭承包经营为基础的双层经营,在不少国有农场派生出农垦国有农用地承包经营权的概念。尽管国有农场在实践中借用了农村土地承包经营的名义,但事实上,农场土地和农村集体土地性质上有着本质的不同,国有农场职工土地承包租赁经营也与农村集体土地承包经营有着本质区别。具体体现在:

(1)权属权能不同。国有农场土地所有权归国家,使用权归农场。农场取得的使用权属于用益物权,具有占有、使用、收益和部分处分的权能,具体体现为对农业生产的规划布局、组织调度等统一经营权能和对职工土地发包等管理权能,承担着支持农场生产的经济职能和维持职工生活的保障职能。职工家庭承包租赁国有农场土地,是在劳动关系基础上、通过土地承包合同建立起来的债权关系，不可确权发证、不可继承，非经约定不得流转。而农村集体土地所有权归村集体，农民根据村民的成员身份权拥有承包经营权，属于物权，可确权发证、可继承。

（2）合同性质不同。国有农场与农场职工之间既有由《劳动法》和《劳动合同法》等法律规范的企业与职工之间的劳动关系，又有由《合同法》规范的土地租赁关系，农垦职工家庭承包经营合同属于具有劳动合同性质的租赁合同，是农场进行生产经营的一种民事行为。而农村土地承包合同具有物权的公示效力，只要承包合同成立，就意味着国家法律对身份性家庭承包经营权赋予了物权性质的保护。

（3）合同内容不同。农垦土地承包经营合同遵循的是债权约定原则，承包期限、面积、承包费用等基本内容由农场和职工双方商定，并由职工代表大会通过，依据的是债权公平、自愿、有偿的基本原则。而农村土地承包合同遵循物权法定原则，《土地承包法》对于土地承包合同的期限、权利义务、征占补偿等基本内容都进行了明确规定，合同双方主体不得任意更改。

（4）权利性质不同。农垦职工土地承包经营权体现的是债权的请求权，依据合同双方当事人的约定而形成，体现的是相对性、平等性、相容性，农垦职工的生产经营活动需要依合同约定并符合农场生产规划。而农村土地承包经营权体现的是物权的绝对性、支配性、排他性，权利主体完全可以依据自己的意志和意愿行使自己的权利，农民在自己承包土地上进行的合法生产经营活动不受任何人干涉。

综上所述，农场和职工在平等协商一致的基础上签订土地承包租赁合同，农场通过向职工发包土地进行生产经营，并为职工缴纳社保费用；职工承包租赁土地交付承包租赁费，职工土地承包经营权的性质是基于劳动合同基础上的一种债权。

（三）国有农地资本化的必要性

多年来，农垦在土地确权保护和开发利用等方面做了大量有益尝试，取得了显著成效。但随着农垦改革发展的不断深化，农垦土地保护不力、利用不充分等问题日益凸显，严重制约了经济社会的进一步发展。

农垦作为国有农业经济的骨干和代表，承担着重要的战略使命。土地作为农垦建设现代农业、保障国家粮食安全和重要农产品供给、发挥农业现代化示范带动作用的重要物质基础，需要通过土地确权发证、划定永久基本农田、严格用途管制等，加强农垦土地管理，强化土地保护硬约束，确保培育大粮商的物质基础得到有效的保护。农垦土地属于国有划拨用地，现行法律法规，对划拨给国有农场使用的农用地、职工住宅用地和建设用地权能没有明确界定。需要通过盘活农垦土地特别是国有农用地资源，推进国有土地资源资产化、资产资本化、释放土地潜能、放大土地价值、提高土地市场化配置水平，增强农垦核心竞争力、巩固和壮大农业国有经济。

土地是农垦最重要的生产资料，但其资产价值一直未能充分显化，农垦各类地仅作为资源使用，未确认价值和计入资产，以农业为主业的农垦企业资产负债率普遍偏高，融资能力受到限制，市场竞争力不强。以安徽农垦为例，2014 年底安徽农垦集团资产总额 78.93 亿元，净资产 14.57 亿元，资产负债率高达 81.5%。由于人多、社会负担重、融资渠道有限等问题，垦区经济社会发展受到制约。

《中共中央国务院关于进一步推进农垦改革发展的意见》（中发〔2015〕33 号，以下简称《意见》）在国有农垦土地管理方面进行了政策创新，在总结全国农垦土地管理经验的基础上，借鉴国内成熟经验和先进做法，立足当前、着眼长远，从战略和全局的高度明确了创新农垦土地管理方式的方向、重点和要求，无论从理论上、还是从实践上看都有重大突破，必将对农垦改革发展产生广泛而深远影响。《意见》在土地确权、资产化、管理利用等方面都做了部署，赋予农垦更加充分的土地使用权能。

三 农垦土地资产化、资本化的生动实践

《中共中央国务院关于进一步推进农垦改革发展的意见》参照十八届三中全会对农村集体土地的有关政策规定，赋予了国有农场更加充分的土地使

用权权能。《意见》要求农垦要稳步推进土地资源资产化和资本化，这是深化垦区集团化、农场企业化改革的重要举措，对于放大国有资本功能，增强国有农业经济活力、控制力、影响力和防风险能力具有重要意义。尤其在推进农垦国有农用地资产化方面开启了农垦土地制度改革的破冰之旅。

推进农垦土地资源资产化和资本化，是深化农场企业化、垦区集团化改革的重要途径，对做大做强农垦经济，放大国有资本功能具有重要意义。《意见》明确规定，省级以上政府批准实行国有资产授权经营的国有独资公司、国有资本控股公司等农垦企业，其使用的原生产经营性国有划拨建设用地和农用地，经批准可以采取作价出资（入股）、授权经营方式处置。同时，《意见》提出要有序开展农垦国有农用地使用权的抵押、担保试点。

（一）农垦土地作价出资（入股）

《意见》规定，农垦企业改革改制中涉及的国有划拨建设用地和农用地，可以作价出资（入股）。也就是说，一定年期的土地使用权，可以通过评估作价、以国家股的形式注入农垦企业资本金，作价出资的国有土地使用权由农垦企业持有，可以按出让用地出租、转让、抵押担保。这项政策较好地解决了划拨用地使用权处置问题，可以快速有效地盘活企业土地资产，壮大国有农业经济资产规模，降低资产负债率，提高融资和抗风险能力。

在全国各省区市，已经有不少地方开始了农垦土地作价出资入股的尝试，有的还取得了很好的效果。以下仅举安徽、广东、海南三例。

安徽。土地作价出资的根本目的是实现资源资产化。一方面可壮大垦区资本规模，提升经济总量，降低资产负债率，增强融资和抗风险能力；另一方面，通过将土地作价出资、土地资源集中到集团公司，有利于保护政府可掌控的国有土地储备资源，增强政府对国有储备土地的集中统一管理和全局调度能力，有利于守住耕地红线。安徽农垦目前已作价出资土地 304 宗、面积 63.99 万亩，其中农用地 163 宗、63.75 万亩，建设用地 141 宗、2386.49亩。首批将 63.99 万亩土地评估作价作为国有资本金注入农垦集团后，使安徽农垦集团总资产增加到 328 亿元，注册资本 100 亿元，位居省属企业前列，成为安徽省内最大的现代农业企业集团。

安徽农垦土地作价出资主要遵循以下原则：一是不改变土地性质，作价出资后的土地仍属国家所有、政府管理、农垦经营。二是不改变土地用途，原属耕地的仍为耕地，原属林地的仍为林地，原属建设用地的仍为建设用地，农垦集团坚持按原用途使用土地。三是暂时不对土地进行处置，未来需要处置时，需按国家和省土地管理政策法规办理。

为用好土地作价出资成果，探索多元化融资方式，实现土地资源资产化、资产资本化，安徽农垦集团在土地作价出资完成后的第一时间，启动了中期票据债券发行工作。2015 年底，安徽农垦 10 亿元中票发行获银行间交易商协会审核通过。目前，首期 5 亿元中期票据银行间市场成功发行，年利率为 4%。2017 年，安徽农垦 10 亿元永续债券又获银行间交易商协会审核通过。

广东。广东农垦集团是以广垦畜牧集团股份有限公司作价出资（入股）、授权经营方式处置的试点单位。目前，已完成土地资产状况清查工作的资料搜集，下一步将重点开展有关国土地资产状况清查工作，协助编制土地清查和权属咨询报告。

海南。在保持农业用地性质不变的前提下，将优质农业用地通过作价出资方式转为出让农业用地，成为海南农垦部分公司对合作公司的重要出资方式。到 2017 年底，海南农垦东昌农场已完成 3555 亩农业用地的资本化，经评估后价值总额 1.4933 亿元，依据相关规定向东昌公司注入资本金 5973 万元，有效增加了公司资金实力，也为东昌公司对外合作入股提供了有力保障。东昌农场公司已在部分资本化土地上合资建立了水果产业公司，建设了胡椒标准化示范基地。

（二）农垦土地授权经营

《意见》规定，省级以上人民政府批准实行国有资产授权经营的国有独资公司、国有资本控股公司等农垦企业，其使用国有划拨建设用地和农用地，经批准可以采取土地授权经营方式处置。也就是说，国家将一定年期的国有土地使用权作价后授权给省级农垦企业经营管理，省级农垦企业可以向其直属企业、控股企业、参股企业以作价出资（入股）或租赁等方式配置土地。授权经营土地使用权对集团内部完全等同于出让土地使用权，需要对外处置时，则需要经土地部门批准，并补缴土地出让金。这种安排有利于国有土地的集中统一管理和调度，有利于壮大国有资产规模、构建母子公司资产管理体系，对推进垦区集团化、农场企业化改革具有重要意义。

全国部分垦区在地方政府的支持下，在不改变土地性质、不改变土地用途的前提下，将土地评估作价注入农垦集团、转增国有资本金，壮大了垦区企业集团资产规模，有力促进了现代农业发展。宁夏农垦经自治区政府同意，将229宗120.1万亩土地作价出资，总地价79.89亿元，目前已注资56.48亿元，集团总资产增至127亿元，资产质量显著提升。江苏省政府先后分10批将272宗土地作价出资至江苏省农垦集团有限公司，出资总额达到3.79亿元，有效降低了集团公司的资产负债率。另外，甘肃、陕西等垦区在进行农场公司化改造或与其他垦区开展经济合作时，也采取了部分农用地作价出资或入股的方式。

（三）农垦农用地抵押、担保试点

《意见》要求有序开展农垦农用地使用权抵押、担保试点，这是解决农业企业融资难题的重要政策利好。农垦是我国现代农业建设的排头兵，肩负着保障国家粮食安全的重任。农业是投资大、回报周期长、风险大、收益较低的产业，在现实生产中，农场经济实力较弱，但要推进规模化生产，加强农业基础设施建设等都需要大量资金，农垦拥有大面积优质土地，由于政策限制，不能抵押担保，造成了贷款难。按照《意见》精神，农垦就可以将一定年限的土地使用权进行抵押担保，从金融机构获得资金支持。这项政策的突破对农垦企业优化资产结构，增强融资能力，提高市场竞争力意义重大。相对其他的融资方式，抵押担保的操作性较强。相对于农村，农垦土地大多连片优质，且使用权长期稳定，农垦企业相对于个别农民也具有更强的经济实力，金融机构更愿意以农垦土地作为抵押物，为农垦企业提供金融服务。抵押担保不改变土地性质、不改变土地用途、不改变原有承包租赁关系、不改变权属，也就说，即使农垦企业到期还不上贷款，失去的也是一段时间的土地使用权，并不会造成国有资产流失。

由于农垦土地抵押担保是项崭新举措，所以要顺利推进开展试点，选择有条件的地方先行先试，总结经验，逐渐完善政策，有序推进。近年来，全国部分垦区陆续开展了农垦土地抵押担保的试点。2011 年，宁夏农垦采取土地使用权抵押担保方式发行了宁夏第一支农业企业公司债券，共募集资金18 亿元。债券的发行不仅缓解了企业的资金短缺压力，也使葡萄种植、奶牛养殖等优势特色主导产业得到快速发展。宁夏农垦的葡萄种植面积由2010 年的 4.3 万亩增加到 2014 年的 13.2 万亩，成为全国单个企业拥有葡萄基地面积之最；奶牛存栏由 2010 年的 2.97 万头增加到 2014 年的 5.2 万头，成为自治区最大的奶牛养殖企业。甘肃农垦一些农场在依法取得土地使用权证后，按有关程序批准，不少农场都采用农用地使用权抵押、担保来进行融资的尝试。广西等垦区在农用地使用权抵押担保方面进行了有益的尝试，取得了初步效果。广西的良丰农场在探索国有划拨农用地使用权抵押、担保试点方面大胆创新，目前已顺利实现了农场农用地使用权抵押，取得了 5 年期项目贷款 4500 万元，其中项目建设贷款 3500 万元、流动资金贷款 1000 万元，解决了农场"旅游休闲观光农业"项目建设资金问题。在广东，湛江垦区也开展了国有农用地使用权抵押、担保试点。由广东省农垦集团与民生银行就农用地抵押担保签订 10 亿元贷款授信额度协议，担保方式为国有农用地抵押担保方式，提供足值农用地抵押做担保，完成办理国有农用地抵押担保登记流程后，企业即可落实终审的各项条件完成提款。

参考文献

梁方仲编著《中国历代户田、田地、田赋统计》，上海人民出版社，1980。
李埏、武建国：《中国古代土地国有制史》，云南出版社，1997。

王守聪等：《打造中国农业领域的航母——新时期农垦改革发展理论与实践》，中国农业出版社，2018。

王守聪：《对创新农垦国有土地管理方式的思考》，载《耕读随笔》，中国农业出版社，2016。

《中共中央国务院关于进一步推进农垦改革发展的意见》（中发〔2015〕33 号）。

B.16
农村土地市场交易平台金融创新与实践

匡 婧[*]

摘 要： 我国农村金融需求的巨大缺口和农村土地金融改革政策的密集发布，呼唤着"土地经营权"这个农村的沉睡资产被早日激活。各地土地经营权抵押贷款试点在紧锣密鼓地进行，但绝大多数没有解决土地经营权价值评估体系缺失和抵押土地经营权处置变现两个难题。本报告通过介绍农村土地市场交易平台在南方地区和北方地区金融创新的实践案例，分析了农村土地市场交易平台利用其土地交易信息透明、土地经营权价值评估专业、土地经营权流转处置快速、农地金融相关资源能有效整合等优势进行农地相关金融创新实践的成果、瓶颈以及未来的发展展望。

关键词： 农地流转　农地市场交易平台　土地经营权抵押　金融创新

一　农村土地市场交易平台金融创新背景

（一）农村金融市场需求与现状

现代农业离不开金融的支持，长期以来农民贷款难成了农村金融不可回

---

* 匡婧，中国人民大学 MBA，原土流网金融事业部总监，现任职于长沙银行。研究方向为土地金融、互联网土地流转等。近十年主要从事"互联网＋"、土地流转及土地金融创新与实践工作，设计并推出了土流网"土流金服"系列土地金融服务产品。

避的问题，农村金融供给不足也成了制约农业现代化的瓶颈。数据显示，从2014年起，我国农村三农的金融缺口超过3万亿元。一方面农民渴求贷款，另一方面金融机构顾虑重重，原因不外乎：涉农项目风险大，成本高，缺乏有效抵押物，等等。

2016年两会期间重庆市市长黄奇帆曾估算，中国可流转农村土地市场价值在100万亿元左右。仅仅是1/10的农村土地市场被流转，可创造的土地经营抵押贷款市场规模就是上万亿元的，能够有效填补目前我国三农金融的缺口。

从2014年中央一号文件《关于全面深化农村改革加快推进农业现代化的若干意见》允许承包土地的经营权向金融机构融资贷款，到国务院2015年8月10日发布的《关于开展农村承包土地的经营权和农民住房财产权抵押贷款试点的指导意见》，再到2017年11月公开发布《中华人民共和国农村土地承包法修正案（草案）》第42条规定，"承包方可以用承包土地经营权向金融机构融资担保"，意味着国家在政策层面让土地经营权抵押贷款实践有法可依，农村资产得到进一步盘活。

政策的导向是明确的，市场的需求是巨大的，那么土地经营权抵押实践的参与主体金融机构参与的意愿呢？土地经营权抵押贷款是继农村联户担保信用贷款和农户小额信用贷款后，农村金融产品的再次创新。而这种创新模式能否打通农业外源性融资通道，唤醒农村"沉睡"的土地资产，解决农民生产经营的资金需求，最根本的核心在于"土地经营权"作为一类新的抵押物，其价值明不明确、相应的抵押债权是不是容易实现。目前各地金融机构包括商业银行，担保机构以及保险公司参与积极性不高的原因主要在于：抵押土地经营权的价值难以判定和土地经营权的抵押担保处置不能快速变现。

（二）农村产权交易平台的运营和发展

为了解决我国大部分地区农村土地流转供求信息不对称、交易对象寻找困难、产权流转交易面窄量小、农村土地闲置抛荒多、农民缺乏法律自我保护意识、口头协议流转居多、土地纠纷难处理等问题，更有效地对接农村土地资源与市场需求，优化土地资源配置，2014年11月和2015年1月国务院分别下发了《关于引导农村土地经营权有序流转发展农业适度规模经营的意见》《关于引导农村产权流转交易市场健康发展的意见》。在政策推动与市场需求的背景下，全国各地农村产权交易平台先后开始出现。农村土地产权交易平台是指"为强化市场力量对土地资源配置的影响，对被政府征用的农民土地、农村土地承包经营权、农村集体建设用地使用权、农村宅基地及房屋所有权农村林地使用权，按照依法、诚信、公开、公正、公平的原则，通过拍卖、竞价、招标投标、协议和其他法律、法规、规章规定的方式进行交易，并提供信息咨询、交易行为规范与监管、争议处理等综合服务的机构"。

农村产权交易平台运营主体以政府为主，服务内容主要包括为农村各类产权提供信息发布、撮合交易、政策咨询、权属确认、交易鉴证、抵押担保服务、资产处置和纠纷处理等相关服务。目标是建立权责明确、归属清晰、流转顺畅、符合市场经济规律的农村土地流转市场，这是农村土地有序，活跃流转的必要前提，是开展农村土地金融的基础。

二 农村土地市场交易平台金融创新优势

本报告所定义的农村土地市场交易平台是指为了更好提供土地流转专业化服务，最大限度地撮合流转交易，把农地流转相关服务通过信息化等现代科技手段有效组织起来形成的互联网线上和线下交易平台的总称。农村土地市场交易平台的经营主体可以是政府组织也可以是法人企业。农村产权交易平台可以理解为农村土地市场交易平台的一类。受政府部门编制人手不足、工作时间短、市场化经营经验不足等限制，大部分农村产权交易平台交易对象参与度低，通过平台撮合交易成交量少。现在也有部分地区政府通过购买社会化服务的方式购买土地流转主流交易平台企业的专业服务来建设和运营当地的农村土地市场交易平台，而政府部门主要负责建立规章制度和确权登记备案。虽然这种模式还在发展的初级阶段，但是笔者认为政府权威建立规则，专业平台提供服务的强强联合方式将是我国农村土地市场交易平台发展的大趋势。

农村土地金融服务是农村市场交易平台提供的土地流转相关服务之一，农村市场交易平台金融业务创新具有以下几方面的优势。

（一）让资源信息和交易信息更加透明、有效

一方面，农村土地市场交易平台上面有海量的待流转土地资源信息以及大量的土地需求信息，通过对土地待流转信息和土地需求信息进行有效的引导、筛选、控制、传输，可以使得作为金融供给方的银行和作为土地需求方的客户及时、准确、全面地对市场有效信息进行把控；另一方面，通过平台对交易信息和金融服务项目信息的公示，可以让服务和交易更加透明化，减少由于人为不利因素带来的负面影响，最大限度地避免纠纷。

（二）有效解决抵押农村土地经营权估值难题

从目前各地农村土地承包经营权抵押贷款实践不难看出，商业银行参与积极性普遍不高，重要顾虑之一就是农村土地经营权价值评估机制缺失。目前由于缺乏有资质的评估机构，没有成熟的科学评估体系，缺乏专业的评估人才，加上银行系统内部对土地经营权价值不是特别熟悉，土地流转市场不够成熟，大多数评估价值依赖于政府农经机构根据当地土地经营权流转指导价格评定，评估价值受人为因素影响较大，缺少统一标准，必然增加由于估价差异导致的银行管理成本。

农村土地市场交易平台上面有大量真实的土地流转交易信息，包括价格信息，通过这些土地交易价格信息的大数据分析能根据每块土地的大小、位置以及其他综合信息计算出与市场价格最贴近土地估算价值。基于交易大数据的估值体系，能有效破解"价值评估难"的问题，建立客观的、科学的、符合市场需求的评估机制。

（三）解决土地经营抵押贷款处置变现的问题

农户用于土地经营权抵押贷款的土地，一般地块规模不大、比较分散而

且地理位置不一定好。因此，参与土地经营权抵押贷款的银行多数持有这一类型的土地；而银行能对接到的土地流转需求方一般是当地的企业或者种养殖大户，需求往往是集中度较高、规模比较大、地理位置优越的土地，供需不匹配使得即使银行拿到抵押土地也没办法处置变现。农村土地市场交易平台上面则有海量的土地需求者，有机构、企业，也有小户和单户，能够提高银行和市场的匹配度，解决抵押土地经营权快速变现需求，消除银行处置变现的后顾之忧。

（四）整合农村土地金融服务市场各方资源，实现优化配置

农村土地金融服务市场相关方主要包括：土地需求方、土地经营方、金融机构、政府部门、其他服务提供方等。土地需求方和土地经营方都有可能是农村土地金融服务需求方，一般土地需求方和土地经营方在大量资金用于支付土地经营权后，需要借贷更多的资金用于购买农业生产资料和器具、生产设施配套、支付人工工资等。同时土地需求方也是抵押土地经营权处置时可能的接收方；涉农金融机构一般为农村土地金融服务提供方，包括涉农商业银行、涉农担保公司和保险公司，主要提供涉农贷款、涉农担保和农业保险相关服务。政府部门是农村土地金融服务的支持方，主要提供流转备案，交易鉴证，抵押登记等服务。涉农金融机构，可以在农村土地市场交易平台上不断拓展农村土地的抵（质）押贷款业务，适时创新金融产品和服务；农村土地金融服务需求方，可以在平台上面快速匹配可以满足自身金融需求的金融服务机构和政府支持部门，以及其他服务提供商；政府部门实时根据市场需求完善政策管理制度，提供后台保障；农村市场交易平台可以最大限度地整合各相关方的资源，开展信息发布、组织交易、抵押融资、保险服务等配套服务，提高服务效率，优化配置。

近年来，农村土地市场交易平台从刚开始只在金融服务中参与处置环节，受委托流转处置抵押土地经营权，到通过整合资源、服务创新并全流程参与土地经营权抵押贷款服务，在我国土地经营权抵押贷款实践中到了积极的作用。

三 农村土地市场交易平台金融创新案例

我国南北方土地特点有着较大的差异，南方地块相对分散，人均面积较小，水源充足；北方地块相对平整，人均面积较大，更容易实现规模化经营，水源却相对缺乏，这些情况差异使得南北方土地流转市场也有不一样的特征。但是南北地区对土地经营权抵押贷款的需求则是一致的，为了寻找南北地区都合适的土地经营权抵押贷款模式，我们各选择了南北地区中的一个创新案例进行分析。

（一）南方地区案例

1. 案例背景

南方 H 县是全国第一批土地经营权抵押贷款试点地区，当地农业以种植和养殖为主。截至 2017 年 11 月，全县土地流转面积 48. 67 万亩，占全县耕地面积的 52. 63%，全县发展的专业合作社达 794 家，规模化经营的比例越来越大，新型农业经营主体对贷款的需求也越来越多。

A 平台是一家全国性质的以农村土地流转为主体的土地市场交易平台，根据其平台上多年的农地流转交易形成的大数据库，再结合土地本身的综合信息以及其线下实体分支机构对当地土地市场的评定情况，能比较科学地评估土地的农地经营权价值。同时，平台上有大量的土地资源土地需求方，能快速匹配土地市场需求。B 银行是一家全国性的涉农国有商业银行。C 担保公司是当地一家涉农国有融资担保公司。

2. 案例操作模式

该模式的参与企业主体包括农村土地市场交易平台、商业银行和担保机构。农村土地市场交易平台提供土地经营权估值服务、贷后抵押土地经营权处置服务；商业银行提供风控审核和资金发放服务，担保机构提供还款反担保服务。申请人提出土地经营权抵押贷款申请后，参与企业进行联合调查和独立审批。农村土地市场交易平台根据抵押土地经营权估值提供贷款参考意见，银行发放贷款，担保机构对贷款资金做90%的还款反担保，一旦发生还款违约，担保公司先行向银行支付约定的担保赔偿金，委托农村土地市场交易平台处置抵押土地经营权。农村土地市场交易平台在约定时间内没有将抵押土地流转成功则按照约定的价格回购抵押农村土地经营权。

三大主体在各自行业领域发挥优势：担保机构充分发挥其风险识别、风险控制、风险分担、保后管理等行业优势，进行保前调查、担保审查审批、出具担保意向函和担保合同、保后管理、逾期赔付和债权催收等；商业银行充分发挥其客户资源、风控审核、贷款资质、网点数量和分布等行业优势，进行实地调查、审查审批、发放贷款、贷后管理及逾期催收等；农村土地市场平台充分发挥线上线下流转能力和土地经营权估值优势，进行实地调查、土地估值、协助完成贷款登记、土地经营权处置和回购等。

3. 案例流程

贷款客户D是H县的珍珠蚌养殖大户，进行珍珠养殖十余年，具有成规模的珍珠养殖场所，有比较成熟的珍珠养殖技术。2016年珍珠行情比较火，客户D在原有500多亩珍珠水面的基础上又流转1000亩水面，支付了5年的流转费用，准备扩大再生产。一次性支付的水面流转价格在700元/亩左右，仅土地流转费用一项就再投入了约350万元，后续的生产资料购买、道路硬化、扎蚌的人工费用等资金还需要300万元左右，这成了他的难题，传统的银行借贷或民间借贷完全不可能填补这么大的资金缺口，土地经营权抵押贷款项目成了他的唯一希望。客户D在当地农经局办理了1500亩土地经营权证后，在A平台提出了1500亩水面经营权抵押贷款服务申请，申请金额300万元，贷款期限2年。接到贷款服务申请后，A平台对提交的抵押土地信息做了初步的评估，满足开展当地土地经营权贷款业务的基本要求，于是联合B银行和C担保公司一起对该项目进行了实地调研。B银行和C担保公司主要对客户的个人资产状况、个人征信状况、农业生产经营的相关信息进行调查。

A平台主要对其用来抵押的土地经营权的土地综合情况、结合平台交易大数据以及当地流转成交价格进行全面评估，认为：申请贷款的经营权总价值估值在 560 万 ~ 630 万元，水面综合条件以及地理位置较好，可流转性较强，已付租金剩余年限 4.5 年，建议发放贷款金额 300 万元。结合 A 平台的评估建议，B 银行和 C 担保公司经过内部审批一致认为该客户经营情况良好，资产属实，没有不良信用记录，符合发放贷款项目要求。D 客户在当地农经局办完土地经营权抵押登记，和 C 担保公司、B 银行分别签署完担保合同和借款合同后，顺利地拿到了 300 万元的资金，还款方式第一年付息，第二年按月等额本息。

（二）案例二

1. 案例背景

北方某县 Q 县是省内的土地经营权抵押贷款试点地区，截至 2017 年 10 月，Q 县农村土地流转面积 94.4 万亩，农村土地流转率为 56.8%。当地农业以种植业为主，该县地势平坦，较容易实现规模化种植。

T 平台为农村土地市场交易平台，Y 银行是一家涉农国有商业银行，P 保险公司是一家商业财产保险公司。

2. 案例操作模式

该模式的参与企业主体由农村土地市场交易平台、商业银行和保险公司组成。农村土地市场交易平台提供土地经营权估值服务、贷后抵押土地经营权处置服务；商业银行提供风控审核和资金发放服务，保险公司对项目做贷款履约保证保险。申请人提出土地经营权抵押贷款申请后，农村土地市场交易平台和商业银行进行联合实地调查和独立审批，农村土地市场交易平台利用自身专门开发的土地经营权抵押线上审核系统将已经通过审批的项目资料上传给保险公司，保险公司进行项目审核后，再将审核结果通过系统反馈并出具电子保单。农村土地市场交易平台对抵押土地经营权估值并提供贷款参考意见，银行发放贷款，保险机构对贷款资金做 90% 履约保证保险，一旦发生还款违约保险公司对银行赔付未偿还贷款金额的 90%，并委托农村土地市场交易平台对土地进行流转。在约定时间内没有将抵押土地流转成功，则按照保险赔付金额的约定比例赔付给保险公司，直到抵押土地经营权成功流转。

3. 案例流程

贷款客户 W 是 Q 县的种养殖大户,从事种养殖行业 30 余年,成立了专业合作社,拥有流转土地五万亩,其中多半数土地进行小麦种植。2016 年下半年,客户 W 为了更好地进行农业生产,需要资金 200 余万元进行土地整改,包括水渠、田埂、田间道路硬化等改造。自由资金都用于平日的生产经营,短时间内无法从现金流中抽取资金,如何筹集 200 万元成客户的难题。客户 W 在当地农经局办理了土地经营权证和水利证后,在 T 平台提出了 9800 亩土地经营权(同时包括自己修建的为 9800 亩土地提供水源的水利工程)抵押贷款申请,申请金额 200 万元,贷款期限 1 年。接到贷款申请后,T 平台对提交的抵押土地信息做了初步的评估,然后联合 Y 银行一起对该项目进行了实地调研和独立审批。Y 银行主要对客户的个人资产状况、个人征信状况、农业经营的相关信息进行调查和评估。

T 平台结合平台交易大数据、线下流转成交价格、土地综合情况以及提供水源的水利工程等对抵押土地经营权进行全面评估,认为:申请贷款的经营权总价值估值在 1000 万~1200 万元,该土地地势平坦,拥有 4 个水库,具有良好灌溉资源,已付租金剩余年限 10 年,同意客户申请发放贷款金额 200 万元。结合 T 平台的评估建议,Y 银行初步审核通过 200 万元贷款申请。于是 T 平台将项目申请材料、T 平台和 Y 银行初步审核意见通过线上审核系统上传给 P 保险公司,P 保险公司三个工作日内完成了线上项目审核和电子保单的发放。客户在当地农经局办完土地经营权抵押登记,购买了 P 公司履约保证保险,与 Y 银行签署完借款合同后,顺利拿到了 200 万元的资金,贷款期限一年,还款方式按月等额本息。

(三)案例创新点

(1)在国家成熟的土地经营权价值评估体系建立之前,引入了农村土地市场交易平台参与土地经营权抵押贷款实践,可以依靠平台长达几年的线上数据积累结合土地综合情况形成的土地评估体系对抵押土地经营权价值做相对科学、符合市场价值、精准客观的评估，解决实践中的评估难问题。

（2）我国目前土地流转市场化程度不高，依靠银行或者当地政府自主流转被抵押土地经营权有很大的束缚，时效长，交易成本高。引入农村土地市场交易平台后，不仅能更好地利用和匹配当地的流转需求，全国性的线上平台还能带入外地的投资者，实现抵押土地的快速处置。

（3）大部分土地经营权抵押贷款实践中，金融机构的风险释放都是依赖政府财政资金"兜底"或者"救火"，补贴比例从10%到50%不等。表面上看，政府的补贴降低了一部分金融机构风险，提高了金融机构参与贷款业务的积极性。可是从长远来看，增大了政府的财政压力，政府的过度保护也会使得市场发展不健康。同时风险基金的补贴并没有释放实际的项目风险，抵押土地经营权的变现仍然得不到快速实现。以上两个创新的案例模式引入涉农担保机构、保险公司、农村土地市场交易平台。担保机构和保险公司分散了商业银行的资金风险，农村土地市场交易平台对抵押土地经营权的快速流转处置能力是项目还款来源的有利保证，能最大限度地调动市场的能动性。

（4）Q县的土地经营权贷款案例是国内首例社会化企业和保险公司共同参与到农地经营权抵押贷款模式的全新探索，投保受理的全过程操作都在互联网平台上进行，贷款发放实效性得到了极大保证。

（5）农村土地市场交易平台、商业银行和担保/保险公司三方利益共享，风险共担，利用各自优势强强联合的模式，能更好地解决金融机构的后顾之忧，形成风险闭环，提高金融机构参与的积极性，更好地满足新型经营主体大额资金的需求。

（6）农村土地交易平台从土地经营权抵押项目的申请阶段开始参与实践，对抵押土地经营权的综合情况比较熟悉，和客户早期建立联系，在还款风险可能出现或者刚刚出现时能够帮助客户快速对接土地需求方，提前利用土地流转资金偿还贷款，避免风险落地。

（7）上述案例模式使得一旦出现贷款违约，抵押土地经营存在处置的可能性，倒逼经营主体选准项目，科学经营，避免被处置风险。

四　农村土地市场交易平台金融创新实践瓶颈

　　农村土地市场交易平台利用估价和交易流转专业优势，整合银行、保险、担保、评估、登记等服务机构，为农户提供一站式金融服务，减少了农户的贷款成本，提高了金融业务的便捷性；风险的分摊和释放机制提高了金融机构参与土地经营权抵押贷款的积极性，在一定程度上缓解了实践地区的贷款难，给新型经营主体带来了实惠。但是农村土地市场交易平台金融创新实践也遇到了不少困难和问题，接下来我们先介绍一个个别案例。

　　G县为某土地经营权抵押贷款试点县，该县某村民从银行获知通过办理土地经营权证进行抵押登记可以获得贷款，于是去当地政府给自家承包的土地办理了土地经营权证，并通过银行申请贷款金额30万元，贷款期限2年，权证面积130亩，剩余经营权年限8年，资金用途：用于购买鱼苗和饲料。权证信息和资金用途基本符合当地土地经营权抵押贷款政策要求，以往无不良贷款记录。银行根据当地政府土地经营权流转参考价值估算抵押土地经营权价值并发放了15万元的贷款。还款方式：第一年每月还息，第二年按月等额本息。第一年还款压力小，客户没有出现逾期。可是第二年还本金不久，客户便出现了逾期。逾期超过三个月后，银行在逾期追款的同时，准备启动抵押土地经营权处置的相关工作，却发现了如下问题。第一，权属人与实际经营人不符的情况：在委托农村土地市场交易平台进行流转处置工作时，发现该土地并非贷款客户本人实际经营，多年前已转包给另一村民，也就是在该农地经营权办理抵押登记之前这个土地实际已经流转给了另外一个人。查看根据政府颁证登记走访笔记，村干部亲自证实并签字该土地经营权归属人为客户本人。令人意外的是，贷款客户与实际经营村民签订的流转合同也有当地村干部的第三方见证签名。第二，经营权证面积不符：第三方核实该土地的实际面积只有40亩左右，而经营权证上面却有130亩。第三，资金用途另做他用：由于土地实际经营人并非客户本人，资金显然没有投入生产，而是投入其他工程项目。因为涉及其他村民的合法权益，想要处置流转抵押土地难度太大，加上法律法规的不完善，使得银行行使自己的债权难度大大增加。

通过这一案例和之前的两个案例，不难分析出当前农村土地市场交易平台金融创新实践遇到的主要困境。

（1）确权进度慢。农村土地承包经营权确权登记颁证是明确土地经营权归属，开展土地经营权抵押业务的重要前提，也是保障农户和金融机构权利的重要依据。案例一和案例二的两个客户都是在贷款需求的驱动下办理土地经营权证，然后再申请贷款，这无疑会影响贷款资金发放的时效性，甚至有些贷款需求客户因为确权登记进度慢而无法抵押土地经营权及时获得贷款，投入生产。

（2）银行提供的贷款周期与农业生产周期不匹配。案例一客户的贷款期限是两年，还款方式是第一年每月还息，第二年按月等额本息；案例二客户的贷款期限是一年，还款方式为按月等额本息。农业生产与传统中小企业生产不同，其生产经营具有明显的周期性。以案例一中的客户举例来说，该客户进行的是珍珠蚌养殖，在 H 地区珍珠养殖行业中，珍珠蚌根据生长年限不同分为"一年蚌""两年蚌""三年蚌"，蚌壳的上市交易周期是以"年"为单位的，在同一块池塘内一般都是年限交替式养殖，这样可以保证每一年都有蚌壳可以上市出售；为了提高蚌壳运输的存活性，一般的蚌壳交易多集中在气温 15 摄氏度左右，也就是当地每年的春节前后，所以在每年的春节前后是当地珍珠养殖户资金回笼的高峰期，而其他月份则是需要不断地投入生产资金进行养殖。按月等额本息的还款方式，明显与客户生产经营周期不匹配，容易给客户带来还款压力，埋下还款违约隐患。

（3）小规模土地经营权贷款难。案例中两个客户都是已经实现上千亩规模化种养殖的客户，在其他农村土地市场交易平台参与的金融实践案例中，抵押土地经营权规模一般小到 100 亩，大至上万亩，贷款金额从 10 万元到 800 万元不等。虽然农村土地市场交易平台上不缺乏小至几十亩甚至几亩土地经营权需求的客户，小规模的土地经营权抵押风险也能在一定程度上面释放。可就金融机构而言，只有一定规模的土地，才会形成一定量的贷款需求，金融机构的单位成本才显经济，小量的农贷需求通过抵押贷款模式管理成本比较高，费时费力，但是小额的信贷产品又不能够完全覆盖这部分群体的资金需求。

（4）租金按年付费的土地经营权无法获得抵押土地经营权贷款服务。对于金融机构来说，只有一次性支付一年以上流转租金（租金支付剩余年限需要大于贷款年限）的土地经营权才有抵押价值。案例一和案例二中两个客户由于水利设施、道路硬化等硬件投入较大，一年支付了三年以上土地流转租金，能顺利获得贷款。但是对于大多数从事农业生产的生产经营主体，由于土地流转资金成本较大，一般租金为一年一付，难以通过土地经营权抵押服务获得贷款。

（5）土地经营权抵押登记制度不够严谨，存在漏洞。个别案例中，客户为了获得贷款，虚报了土地面积，隐瞒了土地已被流转给他人的事实，而当地村干部很明显存在包庇行为并出具了虚假的证明和承诺书，导致土地经营权实际面积与证书/抵押面积不符，土地经营权所有者和实际经营者不符，为银行行使抵押债权设置了很大的障碍。产生的原因是土地经营权证的发放以及抵押登记制度不够严谨，让人有机可乘，农户甚至部分政府人员对土地经营权抵押贷款认识不够，没有意识到涉嫌骗贷的严重性。

（6）土地经营权证上对土地描述不精确。我国绝大部分地区的土地承包经营权证上面对土地的描述只有面积和模糊的四至，没有勾勒出具体的土地形状。这给土地经营权抵押贷款中土地面积核实工作带来了困难。贷前调查中一般都由申请客户现场告知银行抵押土地具体包括哪些范围并进行测量，土地经营权证模糊的四至无法判断客户指认是否属实，是否有指认周边多余面积等问题。只要客户指认地块面积和权证面积，地理位置基本符合，则基本认定为可有效抵押面积。一方面增加暗访手段核实增加成本，另一方面在中国人情社会的现实情况下也不一定能完全杜绝类似问题。这也是个别案例中为什么前期贷款调查没有调查出面积差异的原因。

（7）土地经营权抵押贷款资金用途缺乏监管。从三个案例中我们能看到，虽然对申请资金用途做了明确的要求，但是对于发放的贷款资金实际是缺乏监管的，所以出现了个案中客户长时间将应用于生产投入的资金另做了他用，没有得到有效的监督和约束。

（8）金融机构开展相关创新业务审批流程长，效率低。目前我国土地经营权抵押贷款都在试点阶段，政府、金融机构、相关服务企业都在摸索符合我国国情和市场需求的业务模式。农村土地市场交易平台对市场客户比较了解，在金融创新实践中也累积了一定的操作经验，能不断地根据市场需求和实践经验完善和创新金融产品。在与金融机构洽谈相关创新业务的合作过程中，比较常见的场景是，即使各县级支行、市级分行甚至省级分行对项目设计非常认可，但是一级级正式申报和审批的过程却比较漫长，长则一至两年，短则至少半年，效率低，不能快速适应市场需求。

（9）制度缺失、市场不成熟造成退出阶段土地处置风险大。在个别案例中因为土地经营权在抵押前已经流转给了其他人，而银行的维权不能影响到第三方的利益，很显然无法通过依靠抵押的土地经营权处置回收贷款。那么银行是否能够追究涉案村干部和贷款客户等人责任，如何确保自身的利益，对此暂时没有相关制度和法规的支持。

五　农村土地市场交易平台金融创新实践的展望

农村土地经营权抵押融资的实践创新，在一定程度上解决了农村资产缺乏有效抵押标的的难题，拓宽了农民的融资渠道，可以解决农村经营主体扩大再生产、自主创业等资金需求；但是目前农村土地经营权抵押融资仅在试点阶段，市场的发展成熟还需要各参与方一起努力和改善。政府方面，需要加快土地经营权的确权登记颁证工作，简化农地经营权抵押贷款登记相关手续，降低农户成本；完善抵押登记制度，杜绝人为造假，责任到人；修订相关法律法规，健全市场体系以降低退出风险，是金融机构获得维权的法律依据；完善产权流转交易市场结构，探索建立统一、开放、安全、有序、活跃的市场体系；金融机构方面，完善农村金融体系，增加金融供给；创新涉农信贷产品品种和服务，满足多样融资需求，简化贷款流程，根据农业生产周期特点设计相应贷款产品，提高农户贷款积极性；加强机构间的合作，增强合作模式的灵活性。

有了政府部门和金融机构的配合，未来农村土地市场交易平台金融创新实践有了更大的想象空间。

（1）深化与政府产权服务机构的合作。目前农村土地市场交易平台和政府机构的合作主要停留在政府提供土地确权颁证、土地流转备案、土地经营权抵押登记等服务上，也有少数政府通过购买企业的平台技术软件和线下运营服务共同搭建农村土地市场交易平台，笔者认为后者即政府和企业共同搭建农村土地市场交易平台是大趋势，一方面能让政府集中有限的资源做更细致更符合市场需求的政策支持和服务，另一方面能够充分利用企业的能动性活跃市场。同时，政府确权数据和农村土地市场平台的对接，能够保证抵押土地经营权的权属无争议，加上流转业务和金融业务信息的权威公示，能有效减少金融业务处置阶段可能存在的纠纷。

（2）整合更多的农业服务企业。农村土地市场交易平台目前主要整合政府提供备案登记、政策支持服务，整合银行提供贷款服务，整合保险公司和担保公司提供还款担保、还款履约保险服务以及农业保险服务，未来还可以整合农业生产资料企业和农产品销售企业提供农资、农具、农技、农产品收购等服务。一方面为客户提供便捷的、从土地流转开始到农产品收购的一揽子服务，另一方面将用于生产资料购买等用途的贷款资金直接打入相关企业账户，减少贷款资金挪用风险，降低资金监管成本。

（3）协助金融机构建立农村信用体系，改善农村信用环境。长期以来农村信用体系的缺失是制约我国农村金融的重要瓶颈，信用体系缺失导致信息不对称，金融交易成本上升，影响了金融机构的金融供给意愿。农村土地市场交易平台有农户的土地经营权权属信息、土地经营权流转信息、土地金融服务信息，以后还有其他农业服务的交易信息，这些信息资源在一起自成体系，实现信息共享，不但能协助金融机构建立和完善农村信用体系，加速金融机构金融决策速度，提高金融供给意愿，而且可以不断提高农户信用意识，改善农村信用环境。

（4）创新更多符合市场需求的农村金融产品服务。目前，农村土地市场交易平台的农地金融创新实践主要以土地经营权抵押贷款为主，项目一般要求流转农地一次性支付 3 年以上租金，也就是只有已支付剩余租金的支付年限在 3 年以上的土地经营权才能作为抵押物而被认可。而大部分的农业生产经营者即使想一次性支付 3 年以上租金以获得更便宜的租金，更安全的租赁关系，也没有足够的资金，这就需要创新出土地经营权租金贷相关的产品满足市场需求；另外，土地经营权抵押贷款主要服务于有一定规模土地经营权所有者，怎么激发小规模的土地经营权的资产属性，为更多的农户提供融资服务也是农村市场交易平台服务的创新方向。

参考文献

李勇坚、王弢：《中国"三农"互联网金融发展报告》，《西南民族大学学报》（人文社会科学版）2016 年第 8 期。

李树超、丁慧媛：《农村土地产权交易平台建设的必要性、问题及对策分析》，《江苏农业科学》2016 年第 2 期。

刘长猛：《农村土地确权意义与作用探讨》，《河南农业》2017 年第 28 期。

丁毅森：《农村土地经营权抵押贷款助力供给侧结构性改革》，《农村经济与科技》2017 年第 2 期。

王文凤：《农村土地经营权抵押贷款的阻碍及强化措施》，《中国经贸》2017 年第 10 期。

张龙：《土地经营权抵押贷款风险管理》，《管理世界》2017 年第 8 期。

徐华君、操颖卓：《农村土地承包经营权抵押贷款的现实困境与价值评估研究》，《金融监管研究》2017 年第 3 期。

文净：《重庆农村"三权"抵押贷款风险及对策研究》，硕士学位论文，重庆大学，2015。

蔡琳雅、罗华伟：《三权分置下促进土地经营权抵押贷款的思考》，《当代农村财经》2017 年第 5 期。

B.17
农村土地市场开发 PPP 模式的
创新与实践

伍家颖 *

摘　要：　党的十七届三中全会决定改革征地制度，进一步完善了农村
土地市场开发和征地补偿机制。本报告针对农村土地市场开
发 PPP 模式开展实践研究，系统梳理了农村土地市场开发相
关政策问题，包括农村土地分类方式、农村土地所有权、农
村土地供应方式、农村土地使用权出让方式和农村土地市场
开发其他规范性政策；分类总结了 PPP 模式在农村土地市场
开发中的应用，包括土地一二级开发 + PPP 模式、片区综合
开发 + PPP 模式、特色小镇 + PPP 模式、全域旅游 + PPP 模
式、休闲农业 + PPP 模式、农业产业园 + PPP 模式以及保障
性住房 + PPP 模式；并进行了农村土地市场开发 PPP 模式的
典型案例分析。本报告认为，相对于传统方式而言，PPP 模
式在农村土地市场开发方面具有明显优势，而农村土地市场
开发 PPP 模式的理论研究和实践经验均有不足，需要在发展
中不断调整和创新。

关键词：　农村土地　市场开发　PPP

---

* 伍家颖，金融学博士，现供职于中国 PPP 基金投资业务部，主要研究领域为中国 PPP 投资实务和研究。

本报告所述"农村土地市场开发 PPP 模式",是指通过政府与社会资本合作（PPP）的方式，在政府提供财政支持并发挥其杠杆作用的前提下，引导和鼓励社会资本参与农村土地市场的开发，或参与农村公共服务项目的投资、建设以及运营。该模式采取市场化运作机制，"引资"和"引智"相结合，由地方政府投入具有引导性质的小部分财政资金，并配套提供制度、法律、政策等保障措施，吸引和鼓励那些依法设立且具有投资、建设、运营能力的社会资本方，积极主动地参与农村土地市场开发或农村公共服务项目。

一 农村土地市场开发的政策问题解析

（一）农村土地分类方式

根据国土资源部《关于印发试行〈土地分类〉的通知》（国土资发〔2001〕255 号），土地采用三级分类体系，其中，一级类包括农用地、建设用地、未利用地；二级类包括耕地、园地、林地、牧草地等农用地，商服、工矿仓储、公用设施、公共建筑、住宅、特殊用地、交通用地、水利建设用地等建设用地，以及有关未利用地；三级类是在原来两个土地分类的二级地类基础上调整、归并、增设而来的。现行 PPP 模式所涉及土地大部分为建设用地，一小部分为农用地，也有农用地转化为建设用地等情况。

（二）农村土地所有权

根据《土地管理法》及其修正案有关要求，我国农村和城市郊区的土地（除法律规定属于国家所有的以外），宅基地和自留地、自留山均属于农民集体所有，在土地使用上实行用途管制、有偿使用、耕地保护、建设用地审批等制度。PPP 项目用地符合划拨用地条件的，可以通过划拨方式取得土地使用权，而划拨土地使用权如果转让、出租及抵押的，在符合相关条件的前提下，经市、县人民政府土地管理部门批准，并办理出让手续及交付土地使用权出让金后方可进行。PPP 模式所涉及的农村土地所有权，需严格按照法律法规关于土地划拨及其使用权转移的要求进行操作。

（三）农村土地供应方式

根据财政部、发改委、人民银行《关于在公共服务领域推广政府和社会资本合作模式指导意见》的通知（国办发〔2015〕42 号）精神，应在公共服务领域大力推广政府和社会资本合作（PPP）模式，实行多样化土地供应，采取多种方式保障项目建设用地。一是符合划拨用地目录的项目，在不改变土地用途的情况下，可按划拨方式供地；二是依法批准可以抵押的建成项目，土地使用权性质不变，待合同经营期满后，连同公共设施一并移交政府；三是实现抵押权后改变项目性质应该以有偿方式取得土地使用权的，应依法办理土地有偿使用手续；四是不符合划拨用地目录的项目，以租赁方式取得土地使用权的，租金收入参照土地出让收入纳入政府性基金预算管理；五是以作价出资或者入股方式取得土地使用权的，应当以市、县人民政府作为出资人，制定作价出资或者入股方案，经市、县人民政府批准后实施。

（四）农村土地使用权出让方式

土地市场开发 PPP 模式需严格按照土地使用权出让的法律法规进行操作，一般而言，土地使用权的出让方式包含协议、招标、拍卖三种，而《招标拍卖挂牌出让国有建设用地使用权规定》补充了第四种方式——挂牌。此外，对因发生土地转让、场地出租、企业改制和改变土地用途后依法应当有偿使用的，可以实行租赁，租赁只作为出让方式的补充。

（五）农村土地市场开发其他规范性政策

根据财政部《关于坚决制止地方以政府购买服务名义违法违规融资的通知》（财预〔2017〕87 号），严禁将储备土地前期开发，农田水利等建设工程作为政府购买服务项目。《关于联合公布第三批政府和社会资本合作示范项目加快推动示范项目建设的通知》（财金〔2016〕91 号）指出，PPP 项目主体或其他社会资本，除通过规范的土地市场取得合法土地权益外，不得违规取得未供应的土地使用权或变相取得土地收益，不得作为项目主体参与土地收储和前期开发等工作，不得借未供应的土地进行融资；PPP 项目的资金来源与未来收益及清偿责任，不得与土地出让收入挂钩。《国土资源部、财政部、中国人民银行关于印发〈土地储备管理办法〉的通知》（国土资发〔2007〕277号）、《国土资源部、财政部、中国人民银行、中国银行业监督管理委员会〈关于加强土地储备与融资管理的通知〉》（国土资发〔2012〕162号）以及《关于规范土地储备和资金管理等相关问题的通知》（财综〔2016〕4号）指出，土地收储和前期开发的相关工作应由土储部门承担，前期开发中的基建工作需通过公开招标的方式选择有资质的第三方单位进行等。

二 PPP 模式在农村土地市场开发中的应用分析

（一）土地一、二级开发 + PPP 模式

一般而言，PPP 模式所指政府和社会资本合作侧重于基础设施和公共服务领域，且具有公共（公益）性和运营（市场）性，而土地一级开发项目一般不具有运营（市场）性，土地二级开发项目也大多不具有公共（公益）性。从相关政策上看，土地一级开发不得以政府采购服务的方式运作，社会资本不得作为 PPP 项目主体参与土地收储和前期开发等工作，由此可见，纯粹的土地一级开发或二级开发不具备 PPP 模式运作条件。

土地开发 PPP 项目的现实案例中，有些将原本不具有运营和市场属性的土地一级开发引入运营和市场属性，有些将原本不具有公共和公益属性的土地二级开发引入公共和公益属性，或者采取土地一级开发和二级开发联动的方式。如某些产业园区开发、特色小镇等项目。

（二）片区综合开发 + PPP 模式

"片区综合开发"是根据国家以及地方政府规划的规划，对特定范围进行一体化改造、建设、经营和维护的一种区域开发方式。一方面，片区综合

开发包括土地一级开发，如按照土地利用总体规划、城市规划以及储备计划等要求，由开发主体对土地进行拆迁、平整和市政基础设施建设，使之具备上市供应条件；另一方面，片区综合开发包括区域内的基础设施、公共服务设施等项目的建设和运营。

片区综合开发＋PPP模式，兼具融资与管理功能，有利于缓解融资难问题，降低地方政府的资产负债率，调动社会资本参与该区域基础设施建设的积极性。片区综合开发项目可根据各子项目的特点而分别选择或兼项选择实施模式，比如BOT、TOT、BOO和O&M等。

（三）特色小镇＋PPP模式

根据住房和城乡建设部、国家发展和改革委员会、财政部2016年7月联合发布的《关于开展特色小镇培育工作的通知》的要求，要充分发挥市场主体作用，创新建设理念，转变发展方式，促进经济转型升级，推动新型城镇化和新农村建设。到2020年，要培育1000个左右各具特色、富有活力的休闲旅游、商贸物流、现代制造、教育科技、传统文化、美丽宜居等特色小镇。

特色小镇＋PPP模式的土地利用包括住宅用地、商业用地和公共服务用地、产业用地以及农村集体土地等，用地保障是社会资本和投资人高度关注的问题。

（四）全域旅游＋PPP模式

全域旅游是指以旅游业为优势产业，对区域内各类资源进行全方位的优化提升，以带动和促进经济社会协调发展。全域旅游PPP项目中，一是纯政府付费类完全无收益的旅游公共产品，由政府承担全部开发费用；二是虽有一定收益但存在巨大资金缺口的公共产品，政府提供可行性缺口补助；三是纯自主经营类公共产品及其旅游产业链，采取使用者付费模式。

全域旅游＋PPP模式，一般需对区域内的农田、村庄、城镇等土地进行整理开发、整治规划、修复利用，甚至深度治理，建设游客中心、服务中心、营地、驿站、道路等公共设施，形成有现金流回报的衍生项目，并实现产业收益和综合服务收益。

（五）休闲农业 + PPP 模式

农业部《关于积极开发农业多种功能大力促进休闲农业发展的通知》（农加发〔2015〕5 号）提出，要明确用地政策、加大财税支持、拓宽融资渠道、加大公共服务，鼓励利用 PPP 模式，加大对休闲农业的金融支持。

在休闲农业的土地开发方面，一是支持农民发展农家乐，闲置宅基地、整理结余的建设用地可用于休闲农业；二是鼓励利用村内的集体建设用地发展休闲农业，支持有条件的农村开展城乡建设用地增减挂钩试点，发展休闲农业；三是鼓励利用"四荒地"（荒山、荒沟、荒丘、荒滩）发展休闲农业。

（六）农业产业园 + PPP 模式

《中共中央、国务院关于深入推进农业供给侧结构性改革加快培育农业农村发展新动能的若干意见》（中发〔2017〕1 号）明确提出，要加强现代农业产业园建设，以规模化种养基地为基础，依托农业产业化龙头企业带动，聚集现代生产要素，建设"生产 + 加工 + 科技"的现代农业产业园。

现代化农业产业园主要趋向于特色园区建设和运营，可通过 PPP 模式引导社会资本投入园区建设，包括农旅结合体、田园综合体、农业科技园、农业休闲园、农业博览园以及家庭农场等。

（七）保障性住房 + PPP 模式

保障性住房是指政府为中低收入的住房困难户所提供的限定价格、限定标准或限定租金的住房，当前主要包括廉租房、公租房、经济适用房、政策性租赁住房、定向安置房等，有别于完全由市场形成价格的利益化商品房，由项目公司承担集资、建设、运营和维修保护。

根据《经济适用住房管理办法》和《廉租住房保障办法》规定，经济适用住房建设用地和廉租住房建设用地实行行政划拨方式供应；限价商品房可通过出让方式供应土地，在政府采取招标、拍卖、挂牌方式出让商品住房用地时，由建设单位通过公开竞争方式取得土地。此外，对某些方式投资的公共租赁住房、建设用地还可以采用出让、租赁或作价入股等方式有偿使用。

三 农村土地市场开发 PPP 模式的典型案例分析

（一）A 市某片区城中村改造 PPP 项目

通过该项目建设，加快 A 市片区建设步伐，完善新城区基础设施，创造优越的投资环境和便利的生活条件，将新城区打造成现代商业新城、文化休闲新城和宜居生态新城。

1. 项目概况

A 市某片区城中村改造 PPP 项目包括广场、道路、水渠、公园、沿江风光带等 12 个子项目。项目总投资近 30 亿元，规划总用地面积近 10 万平方米，建设期为 5 年，运营期为 10 年。A 市政府授权 A 市地产集团（国有独资）公司作为政府方出资代表，与中标社会资本方合资成立项目公司（SPV），项目公司负责项目的基础设施建设、融资、运营和维护等工作。特许经营期满后，社会资本方将运行良好的项目资产无偿移交给 A 市政府或其指定的其他机构。具体产业定位为以下四类。

（1）文化、旅游、休闲娱乐、创意产业：以广场区为中心，发展文化产业，并带动周边旅游、休闲娱乐、文化创意产业的发展。

（2）房地产业：重点以商业地产、高档居住社区为主，同时注重居住的多元化。新区开发早期的带动性产业，也是新区发展的基本产业，加速生产要素的集聚，并形成新区的支柱产业之一。

（3）综合高端商业和传统特色商业：分为现代型综合性高端商业和结合传统风貌的传统特色商业，作为完善城市的基本服务功能。

（4）现代服务业：商务办公、金融保险、信息咨询、教育服务产业。

2. 项目要素

该项目已列入财政部 PPP 项目库。项目采取"BOT + 可行性缺口补助"模式，资本金为总投资的 30%，剩余部分资金由社会投资人筹措。

3. 项目进展

项目已基本完成相关采购工作，"某央企、某国资设计院、A 市市政工程公司、某国有商业银行"联合体中标该项目。项目公司已注册成立，注册资本已实缴到位。

4. 投资方案

中标社会资本方拟向第三方投资机构出让项目公司股权（具体股权机构情况见表 1）。投资方案核心要素主要包括以下 7 项。

（1）股权转让规模：近 3 亿元。

（2）投资期限：15 年。

（3）项目实施模式：BOT。

（4）项目回报机制：可行性缺口补助。

（5）纳入预算情况：纳入 A 市财政预算。

（6）收益支付频率：按年计算投资回报。

（7）交易结构。

表 1　具体股权机构

序号	出资方	类型	出资比（%）
1	A 市地产集团	政府代表方	1.74
2	某央企	社会资本方	0.67
3	A 市市政工程公司	社会资本方	0.5
4	某央企勘查研究院有限公司	社会资本方	0.57
5	某信托公司	股权融资	26.52
6	某投资机构	股权融资	10
7	金融机构	贷款	60.31
合计			100

（二）B 市特色小镇 PPP 项目

该项目是综合性文化旅游产业开发运营项目，包括土地一级开发、风景区基础设施、公建配套和文化旅游产业投资等，拟通过项目实施使域内旅游基础设施条件得到完善，保护和传承特色文化。

1. 项目概况

B 市特色小镇 PPP 项目依托 B 市历史人文资源和沿江生态旅游资源，整体开发建设以 B 市文化旅游广电新闻出版局为实施机构，分为文化园核心景区、文化产业发展区、湿地保护区、历史名人墓保护区、文化体验区和文化民俗区六个区域。项目总投资估算近 50 亿元，开发合作期 30 年，含建设期 3 ~ 5 年，整体规划土地面积大约 10 平方公里。

2. 项目要素

该项目已列入财政部示范项目，采取"存量项目 TOT、新建项目 BOT + 使用者付费 + 可行性缺口补助"模式，建设期 5 年，运营收费期 25 年。该项目资本金为总投资的 30%，剩余部分资金由社会投资人筹措。

3. 项目进展

目前，项目已基本完成相关采购工作，项目公司已注册成立。"某民营文化投资公司、某央企"联合体中标本项目，社会资本方所有出资由民营企业负责，某央企承担项目建设。

4. 投资方案

中标社会资本方拟向第三方投资机构出让项目公司股权，投资方案核心要素主要包括以下 7 项。

（1）股权转让规模：4.5 亿元。

（2）投资期限：30 年，投资满 6 年后可提前退出。

（3）项目实施模式：存量项目 TOT、新建项目 BOT。

（4）项目回报机制：使用者付费 + 可行性缺口补助。

（5）纳入预算情况：纳入 B 市财政预算。

（6）收益支付频率：按年获取投资收益。

（7）交易结构（见图1）。

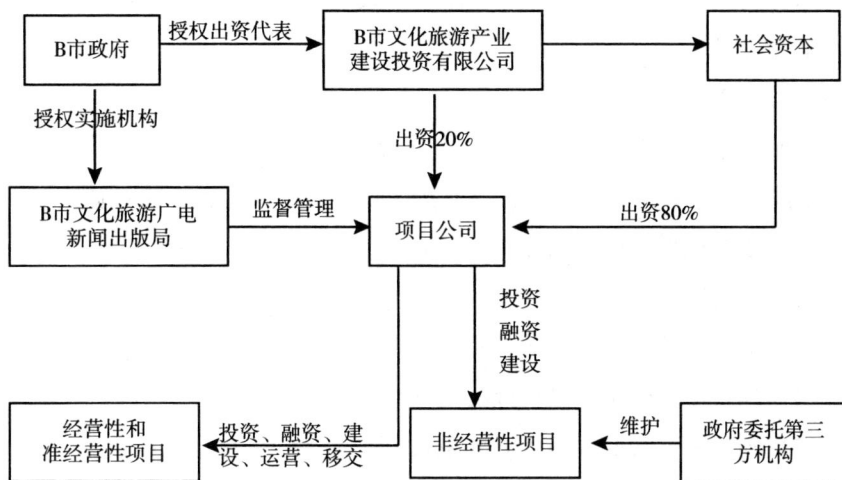

图1　交易结构

（三）C 市沿江风光带及道路综合工程 PPP 项目

C 市沿江风光带及道路综合工程 PPP 项目是 C 市城市圈发展战略的重要组成部分，是集防洪、棚户区改造、生态环境、旅游观光、城市交通和休闲健身于一体的重大民生工程，已纳入财政部 PPP 信息库。

1. 项目概况

本项目分三期建设，包括 14 个子项目，规划范围地处沿江两岸，全长约 15 公里，规划总面积约 13 平方公里（含水域面积），分自然、人文、活力、郊野四大特色区段。

2. 项目要素

政府出资方代表为 C 市城市建设投资开发有限公司，社会资本方为某央企及其旗下基金公司，双方组建项目公司进行融资、建设、运营、维护等工作。项目采用"PPP + 使用者付费 + 可行性缺口补助"模式实施，合作期 22 年，所有子项目在 5 年内竣工，各子项目运营维护期 17 年。

3. 项目进展

该项目处于执行阶段，采购工作已完成，中标社会资本方为某央企及其旗下基金公司。

4. 投资方案

本项目总投资估算约 50 亿元，资本金占比 30%，拟设立 C 市沿江风光带及道路综合工程项目基金。投资方案核心要素主要包括以下 7 项。

（1）投资规模：12 亿元。

（2）投资期限：22 年。

（3）项目实施模式：BOT。

（4）项目回报机制：可行性缺口补助。

（5）纳入预算情况：纳入 C 市财政预算。

（6）收益支付频率：按年计算投资回报。

（7）交易结构（见图 2）。

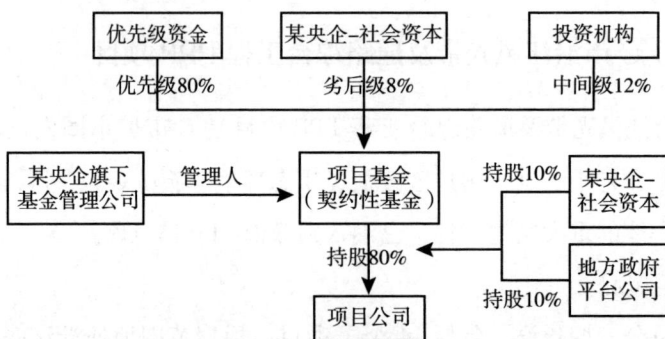

图 2　交易结构

（四）D 县现代农业产业园 PPP 项目

本项目为农业产业园建设项目，产业园主导产业为茶产业，总投资约 11 亿元，计划分 2 年实施，总建设周期为 2018~2019 年。

1. 项目概况

项目建设内容包括茶园建设、院士及专家工作站、企业工程技术中心、茶叶质量追溯与管理中心建设、茶树良种繁育基地、茶叶集中精制中心、清洁化初制加工厂房改造、茶叶交易所、茶庄园建设 9 个子项目。

2. 项目要素

本项目合作期限暂定 20 年，其中建设期 2 年（项目要素具体情况见表 2）。

表 2　项目要素

项目名称	D 县现代农业产业园 PPP 项目
入库情况	省级 PPP 项目库
总投资额	约 11 亿元
建设内容	茶产业及其延伸产业建设
资本金	2.7 亿元
采购方式	公开招标
项目模式	BOT
项目阶段	识别阶段
中标社会资本方	暂无，尚未招标
实施机构	某县现代高效农业园区管理委员会
区域层级	县级
项目期限	20 年
回报机制	使用者付费 + 可行性缺口补助
纳入预算情况	纳入县级财政预算

3. 项目实施进度安排

一是项目前期准备工作。主要包括编制项目可行性研究报告及审批、编制项目环境影响评价报告表及审批、工程地址勘察、初步设计、施工图设计以及办理其他相关手续，耗时 5 个月。

二是项目建设实施阶段。分施工准备和建设实施两个阶段，耗时 13 个月。

三是施工准备。包括开工前准备和开工审批，耗时 1 个月。

四是建设实施。主要分土建施工、设备采购及安装两个部分，根据项目拟建规模、结构类型以及建设条件初步测算，计划耗时 16 个月。

五是竣工验收阶段。主要包括验收准备和验收两个阶段，拟耗时 2 个月。

四 结论

农村土地市场开发的资金需求较大，地方政府财政资金有限，划拨资金难以满足土地开发资金需求，也难以有效维系机构运转；土地储备机构如向银行借款，资金成本高，还款压力大。相对于传统方式而言，PPP 模式在农村土地市场开发方面具有明显优势，有利于优化资源配置、引入社会资本、减轻政府财政支出压力，有利于通过社会资本方激励约束机制，制订最佳方案、引用先进设备、改进管理方式，从而有效控制项目建设成本，提高运营效率，提升服务水平。

同时，PPP 模式在农村土地市场开发方面的利用还处于初步阶段，直接针对农村土地 PPP 项目的相关政策措施和实践业务操作还不是很成熟，目前主要在土地一二级联动开发、片区综合开发、特色小镇、全域旅游、休闲农业、农业产业园、保障性住房等方面，间接地涵括或涉及农村土地市场开发领域。可以说，农村土地市场开发 PPP 模式的理论研究和实践经验均有不足，存在诸多问题和不确定性风险，还需要在摸索中前进，在尝试中发展，在发展中不断调整和创新。

参考文献

《中华人民共和国土地管理法》及其修正案。

国土资源部《关于印发试行〈土地分类〉的通知》（国土资发〔2001〕255 号）。

财政部、发改委、人民银行《关于在公共服务领域推广政府和社会资本合作模式指导意见》的通知（国办发〔2015〕42 号）。

《招标拍卖挂牌出让国有建设用地使用权规定》（国土资源部令第 39 号）。

财政部《关于坚决制止地方以政府购买服务名义违法违规融资的通知》（财预〔2017〕87 号）。《关于联合公布第三批政府和社会资本合作示范项目加快推动示范项目建设的通知》（财金〔2016〕91 号）。

《国土资源部、财政部、中国人民银行关于印发〈土地储备管理办法〉的通知》

（国土资发〔2007〕277 号）。

《国土资源部、财政部、中国人民银行、中国银行业监督管理委员会〈关于加强土地储备与融资管理的通知〉》（国土资发〔2012〕162 号）。

《关于规范土地储备和资金管理等相关问题的通知》（财综〔2016〕4 号）。

住房和城乡建设部、国家发展和改革委员会、财政部《关于开展特色小镇培育工作的通知》。

农业部《关于积极开发农业多种功能大力促进休闲农业发展的通知》（农加发〔2015〕5 号）。

《中共中央、国务院关于深入推进农业供给侧结构性改革加快培育农业农村发展新动能的若干意见》（中发〔2017〕1 号）。

Abstract

《Chinese Rural Land Market Development Report (2018 – 2019)》 is the first domestic blue book in China that focuses on the rural land market development. The blue book aims to research the theories and practices of Chinese rural land market system reform and tease out the status quo and existing problems of rural land market and its financial development so as to bring out policy advises for the development of rural land market. The book is divided in to four parts including a general report, system, market and finance.

The general report analyses the development of rural land market from 2016 to 2018 and the main problems appeared during the period. Based on the analysis, it then forecasts the development trend. In 2016, significant developments were identified in terms of legal foundation, policy support, infrastructure construction, introduction of market participants and service system deepening. It is worth noting that the cooperation and complementary advantages between government and market have effectively encourage the agricultural supply side reform. With the gradual accomplishment of rural land certification, the rural land market will have unprecedented opportunities in which finance industry will play a key role in enhancing market vitality and providing liquidity backstops.

In the system part, transitions of Chinese traditional social land thoughts, Chinese rural land financial policies and agricultural insurance system are mainly studied based on both historical and empirical dimensions of the development process of Chinese rural land system. In order to improve the efficiency of land utilization rate, increase the social output, the adjustment of agriculture productive relationships and structures have been constantly put into consideration in the past decades. In recent years, our agriculture finance policy support system has been generally established however urgent issues also appear at the same time. The agriculture insurance system plays a critical role in pushing the development of agriculture insurance while there is still lack of a higher level of top-level institutional design.

The market part analyses the status quo and characteristics of Chinese rural land market development under 'separation of three powers' from five aspects: rural land certification and dispute resolution, state action and its transition, rural land finance, trading institutions for rural land transfer and rural collective construction land system. By studying cases on Tuliu. com, it also researches the current situation and issues of the social services of China rural property rights exchange market. Detailed arguments are made for critical problems by referring to approaches such as field research, international comparison, statistical research and case analysis.

The finance part focuses on the study of innovation and practice of rural land financial services by studying the mortgage loan business for rural land management right, agricultural insurance development, capitalization of rural land management right, rural land market exchange platform, PPP model for rural land market development. Specifically, issues relating to capitalization of agricultural reclamation of state-owned land are analyzed in this part. With consideration to the practical experience of national rural land financial services, creative and high value proposals are brought out in this area.

In sum, the blue book focuses on studying the development of rural land market especially in the areas of social service of rural property rights exchange market, innovation and practice of rural land financial services and the state action for building up rural land market and aims to push healthy and fast development of Chinese rural land market.

Keywords: Rural Land System; Rural Land Certification; Rural Land Market

Contents

I General Report

Abstract: Since 2017, the pilot work of confirmation, registration and certification of rural contracted land has been progressing smoothly, which has significantly promoted the development of agricultural land transfer and transaction market. The government plays a key role in promoting the construction and development of the rural land market. In the development of the rural land market, a large number of PPP projects have been launched. Intermediaries in the rural land market have developed rapidly, and various investment and financing services involved in the rural land market have developed vigorously. This report summarizes the development situation of rural land market in 2017, analyzes the key issues involved in the development of rural land market in 2017, and forecasts the development trend and key points of rural land market.

Keywords: Rural Land Market; Rural Land Finance; Rural Land Transaction Platform; Social Services

II System

Abstract: Many thinkers put forward their own views on land issues in

Chinese history, forming a rich heritage of Chinese land thoughts. In this paper, the land thoughts of traditional Chinese society from the pre-Qin to the end of the Qing dynasty were sorted out, and their changes were studied and explained. With the progress of the time, people have a more and more profound understanding of the land system.

Keywords: China's Traditional Society; Land System; Land Thoughts

B. 3   Study of Chinese Rural Land Financial Policy

Zhan Hui, Li Chengwei / 060

Abstract: Rural land fiscal policy is an important content of the attributes of modern financial livelihood, an important guarantee to promote the development of modern agriculture, and an important means to control the externality of rural land resources. Under the current background, we should focus on the areas of financial support for rural land, with the focus on supporting land operation on a moderate scale, land pollution control and rural factor market construction. We will make innovations in ways of supporting rural land, further integrate fiscal funds related to agriculture, increase fiscal guidance for financial support to agriculture, and explore more ways of cooperation between the government and private capital (PPP).

Keywords: Fiscal Policy; Rural Land Function; Modern Agriculture; PPP

B. 4   Study of Chinese Agricultural Insurance System

Wang Zitong / 090

Abstract: Institution is a form of organization, which helps to reduce the uncertainty of social production and economic transactions. This report constructs a general analysis framework of agricultural insurance system, divides the national institutional environment into political system, economic system and legal system, and examines its impact on agricultural insurance system from different perspectives. This report holds that the basic political system of socialism in China determines the decision-making mechanism, livelihood orientation and efficiency orientation of the agricultural insurance system, the administrative structure of decentralized central and local governments determines the hierarchical management system of the agricultural insurance system, and the basic economic system of socialism determines the macro-objective, development orientation and mode of action of the agricultural insurance system, as well as the pace of development of the country's transition economy. Affects the pace of reform and development of agricultural insurance system and development goals; the legal system of agricultural insurance has been greatly developed. This report holds that agricultural insurance should be raised to the legal level of approval by the National People's Congress. It is suggested that the Law on Agricultural Insurance be formulated as soon as possible.

Keywords: Agricultural Insurance; Basic Systems; Top -level Design

III Market

Abstract: Grasping and implementing the policy of "three rights" division of agricultural land is the focus of rural work in the future. As an important part of the implementation of the "three rights" policy, the confirmation of rural land rights is the key to the success of rural reform. Based on the survey data of four provinces (including autonomous regions) from 2016 to 2017, this report makes a detailed analysis of the status of rural land rights confirmation, agricultural land disputes and some important issues in the process of land rights confirmation through statistical methods in the past two years. The survey shows that most of the peasants interviewed do not understand the meaning and real intention of the confirmation of rural land rights. It seems that the policy of the confirmation of rural land rights cannot promptly stimulate individual land investment in a short period of time. The disputes in the process of the confirmation of rural land rights will also have a negative effect on the effect of the confirmation work. This report explores the possible ways and means to realize the division of "three rights" of farmland, and suggests that farmers, especially those in minority areas, continue to enhance their understanding of the policy of confirming rural land rights, actively guide farmers to increase land investment and accelerate the transfer of farmland, and establish a long-term and effective mechanism for regulating farmland disputes.

Keywords: Rural Land Confirmation; "Three rights" Division; Disputes Over Agricultural Land; New Business Entity

B. 6　State Action in the Development of Rural Land

　　Market Construction　　　　　　　　　　　　*Li Hao* / 122

Abstract: Under the framework of China's unique rural land system, the construction and development of rural land market is of great importance to the optimal allocation of assets and resources such as rural land. In this paper, the institutional basis of rural land market construction and development is sorted out. Based on the analysis of the policy measures and performance of relevant government departments in tianjin to promote the construction and development of rural land market, the evolution direction of government behavior in the construction and development of rural land market in the new era is proposed. The author believes that the government in promoting the construction of the rural land market development, played a crucial role in the process of rural land market construction development in new era, the government will gradually shift from the builders of the market for regulators and transition from market rules in order to adapt to the market rules, comply with market rules, from direct drive the market trading behavior into indirect guiding, monitoring the correct market behavior.

Keywords: Rural Land Market; Government Behaviors; Policy Performance; Tianjin Case

B. 7　Report on the Status quo of Rural Land Finance

Yu Lihong / 141

Abstract: Rural land financial system plays an important role in guiding the flow of agricultural capital, optimizing the allocation of rural resources, increasing rural capital investment, improving agricultural efficiency and accelerating rural economic development. This report defines the basic theories of the related concepts, development mechanism, system construction principles and contents of rural land finance; introduces the practical models of rural land finance, including rural land credit cooperatives, rural land mortgage loans, rural land trust, and agricultural land securitization; and combs the main problems faced by the development of rural land finance, such as the imperfect rural land transfer market, unclear rural land property rights relationship. The lack of rural land value evaluation system and the imperfect financial risk sharing and compensation mechanism of rural land. This report suggests improving the legal system of agricultural land finance, perfecting the mechanism of agricultural land circulation, constructing the mechanism of agricultural land value evaluation, strengthening the control of agricultural land financial risk, and giving full play to the rational role of the government, so as to promote the healthy development of agricultural land finance in China.

Keywords: Rural Land Finance; Development Mechanism; Practice Mode

B. 8　Report on the Trading Institutions for
　　　Rural Land Transfer

Zhou Xiaoya / 153

Abstract: The orderly circulation of rural land depends on the standardized and dynamic property rights trading market. The core component of the tangible market is all kinds of rural property rights trading institutions. This report systematically combs the development of rural land transfer market, elaborates the geographical distribution, organizational characteristics, operation modes and market institutions of rural property rights trading institutions, compares the provincial unified market construction modes of typical provinces, collects data of operation results, presents a clear market picture, and clarifies the market ecological functions of service institutions. Finally, this report summarizes the problems exposed in the development of rural land transfer trading institutions, including the difficulties in the implementation of rural property rights reform, the low proportion of rural property rights entering and trading, the lagging propaganda work of rural property rights trading institutions, the pluralism of the competent departments of rural property rights trading institutions, the reconstruction of rural property rights trading institutions and the light operation. This report suggests that we should summarize the experience and lessons in the development in a timely manner, gather the broad consensus of the industry; strengthen the implementation of rural property rights reform, do a solid job of "returning power and empowerment"; establish a unified market standard, break through the barriers of multi-management; strive to improve the market-oriented operation level of rural property rights trading institutions; and constantly solve the problems, form a multi-joint effort to jointly promote. The progress of China's rural land transfer market.

Keywords: Rural Land; Property Rights Transaction; Transaction Institution; Business Type; Market System

B. 9   Report on the Social Service of Rural Land Ownership
Exchange Market   *Li Xiaomei* / 170

Abstract: In January 2015, the state council issued the about to guide the healthy development of rural property rights circulation market opinion, rural property rights trading center began to" springing up across the country, a large number of farmers pay center set up not only stimulate and activate the rural property rights trading market of socialized service platform of vitality, also let this kind of platform appeared a series of problems. Based on soil inside two years service in rural China, 2016 – 2017 case of the property rights trading market experience, are analyzed from the points of view of operating experience, represented by the soil inside the socialization of rural China property rights transaction service platform of service content, service in the role of rural property rights trading market, are faced with the problem and solution, and by social service means to promote rural property right trading market development degree, trading activity and service industry standardization degree of realizability.

Keywords: Rural Property Right; Property Right Transaction; Agricultural Socialization Service; Government Purchase Service; Soil Flow Network

B. 10　Report on the Reform and Practice in Rural

　　　Collective Construction Land System　　*Zhang Weilin* / 188

Abstract: The dual land system barrier between urban and rural areas puts rural land and urban land in an unequal position. As the main means of production for farmers, land is greatly limited in system, which leads to the slow development of rural areas in China, the widening gap between urban and rural rich and poor, and a large number of idle land. Since the late 1990s, many rural areas have begun to spread the collective construction land trial, however, the land system reform involves many problems, even a little careless reform may deviate from the original intention. This paper attempts to explore the key problems of rural collective construction land reform by sorting out the rural collective construction land system and reviewing the reform and development process.

Keywords: Rural Collective Construction Land Reform Process Premium Distribution

Ⅳ Finance

B. 11 Innovation and Practice of Rural Land Financial Services

Li Lihua / 203

Abstract: Since 2015 in this paper generalizes the farmland financial service innovation patterns, it according to the farmland property rights in the form of mortgage financial service model based on farmland property right mortgage, "farmland + the ground facilities" combined guarantee mode, such as " + third-party financial institutions" guarantee model of five classes, and these patterns are summarized the common characteristics and the practice experience of analysis, puts forward the future sustainable development of the financial services model, and the function and the relationship between the parties undertake to explore them.

Keywords: Agricultural Land Finance; Agricultural Land Property Right Mortgage; Portfolio Guarantee; "Financial Institutions + Third-Party Guarantee"

B. 12 Study of Mortgage Loan Business for Rural Land
Management Right in Agricultural Bank

Zhao Wensheng, Wang Maoshan / 213

Abstract: Agricultural Bank of China (ABC) takes the lead in promoting agribusiness loans with the right to contract and operate rural land as collateral to provide financial support for the value discovery and market development of rural land resources. The specific measures include setting standards for business pilot access, urging sub-branches to speed up market exploration and pilot application, defining the objectives of business promotion, actively and prudently promoting business pilot, highlighting the key points of credit support and flexible use of products. Classic cases include jilin branch and hubei branch innovative land management mortgage loans.

Keywords: Agricultural Bank of China; Agriculture-related Loan; Concrete Measures

B. 13   Development and Practice of Agricultural Insurance

Wang Zitong / 222

Abstract: Since 2004, the CIRC piloted agricultural insurance in nine provinces and regions, China's agricultural insurance has achieved remarkable results, but it also faces different development problems in different historical periods. This report defines the definition and attributes of agricultural insurance, and expounds the development of agricultural insurance in China, that is, the growing of agricultural insurance business institutions, the continuous improvement of agricultural insurance system, the expanding scope of agricultural insurance subsidies, the increasing proportion of subsidies, the sustained and rapid growth of insurance premium scale and coverage, the effective play of economic compensation role, and the catastrophic wind of agricultural insurance. This report analyses the problems existing in agricultural insurance, and puts forward some suggestions on perfecting the system in an all-round way, strengthening the central financial premium subsidy, exploring the mechanism of organic combination of agricultural direct subsidy policy and agricultural insurance premium subsidy policy, speeding up the establishment and improvement of agricultural insurance access, and the withdrawal mechanism and other suggestions.

Keywords: Agricultural Insurance; Premium Subsidy; Access and Exit Mechanism

B. 14　Study of Rural Land Management Right Capitalization

Liang Xiaocui, Sa Rina / 239

Abstract: Capitalization of rural land management right is in the ascendant. Capitalization means not only enhance the mobility of rural land management rights as important production capital, but also greatly promote the process of agricultural scale management. Starting from the realistic background of the capitalization of rural land management rights in China, this report explores the innovative practice modes of capitalization, including farmland equity, land bank and land exchange, mortgage loan of rural land management rights, guaranteed loan of rural land circulation income and trust of rural land management rights, and summarizes several major problems faced by the capitalization of rural land management rights at present, including the conflict between relevant laws and regulations and current policies, the intensification of non-grain conversion, and the need to further improve the supporting system. This report holds that the future trend of capitalization is to enrich the rural financial industry chain based on the right of rural land management, to capitalize the various forms of rural land management, to improve the supporting system and institutional environment in the process of asset securitization and capitalization. It is suggested that relevant laws and regulations should be further improved, government support for agricultural financial institutions should be strengthened, and land should be accelerated. Local financial product system construction and actively attract social capital to participate in or control agricultural-related finance and related industrial institutions.

Keywords: Rural Land Management Right Capitalization; Agricultural Land Shares Cooperation; Management Right Mortgage Loan; Rural Land Trust

B. 15 Capitalization Practice of State-owned Agricultural Reclamation Land   *Wang Jin* / 261

Abstract: State owned agricultural economy relying on state-owned land has played an important role in history and in reality. Reclamation is the backbone and representative of the state-owned agricultural economy, and the land of reclamation accounts for the vast majority of state-owned farmland. Years of development have highlighted the problem that the value of assets can not be revealed, and the lack of a clear definition of the reclamation land rights and functions. It is necessary to release land potential, improve the level of land market allocation, enhance the core competitiveness of reclamation, and strengthen the agricultural state-owned economy by promoting the capitalization of state-owned land resources. In recent years, some regions of the country have made useful explorations in the form of capital contribution, authorization and mortgage guarantee, and have achieved preliminary results.

Keywords: Agricultural State-owned Economy; Reclamation; State-owned Farmland Capitalization; Mortgage Guarantee

B. 16 Innovation and Practice of Rural Land Market Exchange Platform   *Kuang Jing* / 274

Abstract: The huge gap of rural financial demand and the intensive issue of rural land financial reform policy call for the early activation of "land management rights" as a sleeping asset in rural areas. The pilot projects of mortgage loans for land management rights have been carried out intensively in various places, but the vast majority of them have not solved the two difficult problems of the absence of land management rights value evaluation system and the disposal of mortgaged land management rights. Through introducing the practical cases of financial innovation of rural land market exchange platform in southern and northern regions, this paper analyzes the achievements, bottlenecks and future development prospects of farmland related financial innovation practice in rural land market trading platform, thanks for its advantages such as the transparency of land trading information, the specialty of land management right value evaluation, the rapid transfer and disposal of land management right, and the effective integration of rural land.

Keywords: Rural Land Transfer; Rural Land Market Exchange Platform; Mortgage of Land Management Rights; Financial Innovation

B. 17 An Original and Practical Analysis of PPP and the Rural Land Market Development   *Wu Jiaying* / 290

Abstract: The Third Plenary Session of the Seventeenth Central Committee of the CPC decided to reform the land expropriation system and further improve the rural land market development and land expropriation compensation mechanism. This report carries out practical research on the PPP model of rural land market development, systematically combs the relevant policy issues of rural land market development, including rural land classification, rural land ownership, rural land supply, rural land use right transfer and other normative policies of rural land market development; classifies and summarizes the PPP model in rural land market development. The application includes land primary and secondary development + PPP mode, area comprehensive development + PPP mode, characteristic small town + PPP mode, global tourism + PPP mode, leisure agriculture + PPP mode, Agricultural Park + PPP mode and affordable housing + PPP mode. Typical cases of PPP mode in rural land market development are analyzed. This report holds that, compared with the traditional way, PPP model has obvious advantages in the development of rural land market, while the theoretical research and practical experience of PPP model in the development of rural land market are insufficient, and it needs constant adjustment and innovation in the development.

Keywords: Rural Land; Market Development; PPP

S 基本子库
SUB DATABASE

中国社会发展数据库（下设12个子库）

全面整合国内外中国社会发展研究成果，汇聚独家统计数据、深度分析报告，涉及社会、人口、政治、教育、法律等12个领域，为了解中国社会发展动态、跟踪社会核心热点、分析社会发展趋势提供一站式资源搜索和数据分析与挖掘服务。

中国经济发展数据库（下设12个子库）

基于"皮书系列"中涉及中国经济发展的研究资料构建，内容涵盖宏观经济、农业经济、工业经济、产业经济等12个重点经济领域，为实时掌控经济运行态势、把握经济发展规律、洞察经济形势、进行经济决策提供参考和依据。

中国行业发展数据库（下设17个子库）

以中国国民经济行业分类为依据，覆盖金融业、旅游、医疗卫生、交通运输、能源矿产等100多个行业，跟踪分析国民经济相关行业市场运行状况和政策导向，汇集行业发展前沿资讯，为投资、从业及各种经济决策提供理论基础和实践指导。

中国区域发展数据库（下设6个子库）

对中国特定区域内的经济、社会、文化等领域现状与发展情况进行深度分析和预测，研究层级至县及县以下行政区，涉及地区、区域经济体、城市、农村等不同维度。为地方经济社会宏观态势研究、发展经验研究、案例分析提供数据服务。

中国文化传媒数据库（下设18个子库）

汇聚文化传媒领域专家观点、热点资讯，梳理国内外中国文化发展相关学术研究成果、一手统计数据，涵盖文化产业、新闻传播、电影娱乐、文学艺术、群众文化等18个重点研究领域。为文化传媒研究提供相关数据、研究报告和综合分析服务。

世界经济与国际关系数据库（下设6个子库）

立足"皮书系列"世界经济、国际关系相关学术资源，整合世界经济、国际政治、世界文化与科技、全球性问题、国际组织与国际法、区域研究6大领域研究成果，为世界经济与国际关系研究提供全方位数据分析，为决策和形势研判提供参考。

法律声明

　　"皮书系列"（含蓝皮书、绿皮书、黄皮书）之品牌由社会科学文献出版社最早使用并持续至今，现已被中国图书市场所熟知。"皮书系列"的相关商标已在中华人民共和国国家工商行政管理总局商标局注册，如LOGO（✍）、皮书、Pishu、经济蓝皮书、社会蓝皮书等。"皮书系列"图书的注册商标专用权及封面设计、版式设计的著作权均为社会科学文献出版社所有。未经社会科学文献出版社书面授权许可，任何使用与"皮书系列"图书注册商标、封面设计、版式设计相同或者近似的文字、图形或其组合的行为均系侵权行为。

　　经作者授权，本书的专有出版权及信息网络传播权等为社会科学文献出版社享有。未经社会科学文献出版社书面授权许可，任何就本书内容的复制、发行或以数字形式进行网络传播的行为均系侵权行为。

　　社会科学文献出版社将通过法律途径追究上述侵权行为的法律责任，维护自身合法权益。

　　欢迎社会各界人士对侵犯社会科学文献出版社上述权利的侵权行为进行举报。电话：010-59367121，电子邮箱：fawubu@ssap.cn。

社会科学文献出版社